XIBU CHENGZHENHUA JINCHENG ZHONG
NONGMIN CAICHANXING
SHOURU ZENGZHANG DE YANJIU

西部城镇化进程中
农民财产性收入增长的研究

唐雪梅 著

西南财经大学出版社
Southwestern University of Finance & Economics Press

中国·成都

图书在版编目(CIP)数据

西部城镇化进程中农民财产性收入增长的研究/唐雪梅著 . —成都:西南财经大学出版社,2015. 8

ISBN 978 - 7 - 5504 - 1987 - 2

Ⅰ.①西… Ⅱ.①唐… Ⅲ.①城市化进程—影响—农民收入—研究—中国 Ⅳ.①F323.8

中国版本图书馆 CIP 数据核字(2015)第 138816 号

西部城镇化进程中农民财产性收入增长的研究

XIBU CHENGZHENHUA JINCHENGZHONG NONGMIN CAICHANXING SHOURU ZENGZHANG DE YANJIU

唐雪梅 著

责任编辑:王　利
助理编辑:魏玉兰
封面设计:何东琳设计工作室
责任印制:封俊川

出版发行	西南财经大学出版社(四川省成都市光华村街 55 号)
网　　址	http://www. bookcj. com
电子邮件	bookcj@ foxmail. com
邮政编码	610074
电　　话	028 - 87353785　87352368
照　　排	四川胜翔数码印务设计有限公司
印　　刷	郫县犀浦印刷厂
成品尺寸	170mm × 240mm
印　　张	13
字　　数	240 千字
版　　次	2015 年 8 月第 1 版
印　　次	2015 年 8 月第 1 次印刷
书　　号	ISBN 978 - 7 - 5504 - 1987 - 2
定　　价	68. 00 元

作者简介

　　唐雪梅（1975.01—），西南政法大学管理学院副教授，经济学博士。主要研究方向为技术经济学、网络营销和收入分配。在《管理评论》《情报杂志》《旅游学刊》等核心刊物上发表多篇论文，主持和参与研究多项省部级课题。讲授"管理学""技术经济学""企业社会责任"等多门课程。
本书受2013年度教育部人文社会科学研究项目"西部城镇化进程中农民财产性收入问题研究"（13XJC790005）的支持，受2012年度西南政法大学科研项目"基于'缩差共富'视角的居民财产性收入调控路径研究"（2012-XZRCXM005）的支持。

目 录

绪论

党的十八大提出坚持走中国特色的新型工业化、信息化、城镇化、农业现代化的"四化"道路，"新四化"将走中国特色的城镇化道路提到了一个新的高度。[①] 国务院副总理李克强从 2013 年以来，多次强调城镇化是未来中国经济增长的动力。城镇化是指由农业为主的传统乡村社会向以工业为主的现代城市社会转变的历程，是工业化进程中农村人口转化为城镇人口的必然过程，它包括人口职业的转变、产业结构的转变、土地和地域空间的变化、农民生活方式和农业生产水平的变化。十八大报告明确指出：以"推进城镇化为重点"，"城乡发展一体化"为手段，"加大统筹城乡发展力度，促进城乡共同繁荣"。可见我国的城镇化是富裕农民、城乡协同发展的过程，是以工促农、以城带乡、城乡一体化的过程。新型城镇化成为我国城乡经济、社会、生态、文化等方面协同持续发展的动力，成为我国探索城乡社会良性循环发展并能为中国社会带来福祉的发展思路和实践。

从国际经合组织区分发达国家与发展中国家的标准来看，城镇化率是一个很重要的指标。很多现代化的发达国家，城市化率基本上高达 80% 以上。联合国《世界城市化展望》（2012）指出，从 2011 年到 2050 年，世界城镇人口将从现在的 36.3 亿增加到 62.5 亿，城市化率由 52.08% 提高到 67.13%，其中较发达地区将提高到 86.26%，而欠发达地区也将提高到 64.08%。[②] 而到 2011 年底，我国包括常住人口在内的城镇化率刚过 50%，真正的城镇化率应当是户籍人口的城镇化率，我国户籍人口的城镇化率仅 35%，低于世界城市化率 52% 的平均水平。[③] 14 亿人口的中国，其城镇化规模和潜力是空前的，但城镇

---

① 王朝明，马文武. 城乡教育均衡发展、城乡收入差距与新型城镇化的关系 [J]. 财经科学，2014 (8)：97-108.

② 联合国经济和社会事务部. 世界城市化展望 [EB/OL]. [2012-04-06] http://www/hse365 net/renjuhuanjing/yiju/2012051543201_2 html.

③ 李克强. 协调推进城镇化是实现现代化的重大战略选择 [J]. 行政管理改革，2012 (11)：4-10.

化的进程是长期的、战略性的。城镇化不仅是农民身份的转变、农民职业的转变，更是生活空间的转化。农民市民化的过程，从供给角度看，将使农村富余劳动力向城镇转移，意味着城镇化有利于劳动生产率的提高；农村人口向城镇的转移，从需求角度看，意味着消费潜力的释放，有利于消费结构的升级，有助于社会经济的发展。但是农民由农业生产转入城镇工作，由于农民科学文化素质不高，工作多处于劳动链条的最末端，其工资性收入低，收入的稳定性差。发展经济学家托达罗（Michall P. Todaro）指出农民迁入城市分为两个阶段：农民首先在不需要太高技术的"传统城市部门"找到工作，这些岗位工作环境差、收入低、待遇低、福利差、工作稳定性差，经过一定时期后，他们才能在现代工业部门中找到固定的工作①，这个过程必然导致农民的收入水平在一开始是比较低的。与此同时，城镇的住房和生活水平排斥了低收入的市民化农民融入城市生活，城中村、贫民窟容易诞生，农民容易从农村贫困复归于城镇贫困。例如，1960—1989年巴西的城镇化率从46.1%上升到73.1%，但由于大部分土地集中在大地主和大农户手中，农民转移到城镇后处于社会底层，大量的贫民窟在此过程中产生，社会贫富差距扩大。韩国等国的快速城镇化改革也都出现了市民化农民从农村贫困再陷于城市贫困。沃利·恩道（1995）认为，城镇化是双刃剑，"城市化极有可能是无可比拟的未来光明前景之所在，也可能是前所未有的灾难之凶兆"。温铁军说："所有人口超过一个亿的大型发展中国家，没有一个国家的城市化是成功的，都制造了大型的贫民窟"，"我们不能走其他发展中国家靠大型贫民窟来加快城市化的道路"，中国的城镇化要探索新的道路。要避免市民化农民不陷于城镇贫困阶层的困境，实现"城乡共同繁荣"目标，城镇化改革不仅要考虑城镇产业发展规划、城镇形态和布局，更需要解决好农民的收入问题、社会保障问题，这是城镇化改革是否成功的关键。当前，我国城乡居民之间的贫富差距较大，2012年城镇居民人均总收入为26 959元，农村居民人均纯收入7 916.6元，城乡居民收入差距明显。我国的城镇化是加强农业、富裕农民、繁荣农村的过程，在城镇化的进程中如何切实保障农民利益，提高农民的收入，使市民化农民不陷于城镇贫困阶层，这将是城镇化改革当前面临的一个重要而紧迫的现实课题。城市化固然重要，但城市化并不是目的，主要目的是逐步调整产业结构、就业结构和城乡关系，力争合理地解决农业、农村、农民这"三农问题"②，实现共同富裕的

---

① John R. Harris and Michall P. Todaro. Migaratio, Un-employment and Development: A Two Sector Analysis [J]. Economic Journal, 1970 (60).

② 温铁军. 中国的城镇化道路与相关制度问题 [J]. 开放导报, 2000(5): 21-23.

目标。城镇化不仅需要发展产业来促进农民的城市化就业，提高其收入水平，而且还要让农民的收入水平能够支撑其在城镇中有尊严的生活，而不是陷入城市二元化的贫民窟。

从当前居民收入的构成情况来看，城镇居民收入中，以 2012 年为例，工资性收入为 17 335.6 元，经营性收入为 2 548.3 元，财产性收入 707 元，转移性收入为 6 368.1 元；农村居民的收入中，人均工资性纯收入为 3 447.5 元，人均家庭经营纯收入为 3 533.4 元，人均财产性纯收入为 249.1 元，人均转移性纯收入为 686.7 元。尽管工资性收入城乡居民的差距最大，但是工资性收入在国民收入分配的初次分配环节，是按照要素的价值、按劳分配的原则进行分配的，随着农民城镇化进程中人力资本的积累、劳动方式的转变，农民工资性收入将会有较快的增长。转移性收入是由于居民生活空间的差异所导致的，随着农民由农村转移到城市工作生活，基本公共服务均等化，养老保险、医疗保险等的基本保障和转移性收入将和城镇居民趋同，这方面的收入差距将会改善。财产性收入（Property Income）是居民的生产性财产投资和管理而带来的增值经济收入，是一种衍生财富，与工资性收入、转移支付收入和经营性收入相比，是以拥有财产为前提，是财产的衍生物，其具有滚雪球的效应。这就是说，财产与财产性收入之间是相辅相成的关系，没有财产，自然没有财产性收入；有了财产性收入能进一步增加财产额度。而且，财产性收入具有累聚性效应，财产性收入可以通过积累的进行导致财产增加，财产增加导致财产性收入进一步增加，出现"滚雪球效应"。也就是说，农民当期的财产性收入低于城镇居民，不仅体现了农民当期的财产和财产的投资收益率低于城镇居民，而且农民未来期间如果财产积累难以达到城镇居民的水平，那么财产性收入差距仍将存在并扩大。财产性收入往往不需要获得者花费全部的工作时间和精力，却往往能以几何级数的规模增长，著名经济学家萨缪尔森说："收入的差别最主要是由拥有财富的多寡造成的。……和财产相比，个人能力的差别是微不足道的。"①中国社会科学院发布的《中国城市发展报告 2012》中指出，国内农民市民化的平均成本为 10 万元，进入中等城市的农民家庭配套成本为 50 万元，大城市将超过 100 万元。在城镇化进程中，市民化农民在城镇过上宜居、宜业、宜养的生活需要财产、财产性收入作为支撑。据有关部门调查，农民工在城镇的住房，52% 为用人单位提供的集体宿舍，47% 为租住"城中村"、城乡结合部或城市近郊区的农民住房，自购住房的比重不足 1%，缴纳住房公积金

---

① 王一鸣. 论个人财产 [M]. 武汉：湖北人民出版社，1998(11)：80.

的农民工比重不足 3%。城镇化推进、农民市民化需要解决好农民的财产、财产性收入问题，这关系到他们是否有能力在城镇中立足、生活和发展。因此，财产性收入调控是城镇化改革，是居民收入分配调控的关键环节。

早在 2007 年 10 月，党的十七大报告中提出了"创造条件让更多群众拥有财产性收入。保护合法收入，调节过高收入，取缔非法收入。逐步扭转收入分配差距扩大趋势"。[①]"财产性收入"这个新名词成为众多民众和学者关注的新事物。2012 年两会期间温总理又一次指出要继续实施结构性减税政策；加大财政、税收在收入初次分配和再分配中的调节作用，创造条件让更多群众拥有财产性收入。财产性收入是居民拥有的非限制性、限制性、完全限制性资产所获得的收入，包括出让财产使用权所获得的利息、租金、专利收入、红利收入和财产增值收益等。2007 年我国城镇居民人均财产性收入为 348.5 元，占城镇居民可支配收入的 2.53%；农村居民人均财产性收入为 128.2 元，占农村居民纯收入的 3.1%。尽管财产性收入占居民可支配收入（或纯收入）的比重较低，但是居民财产性收入近年来却超过同期其他收入的增长。城镇居民从 1995 年到 2007 年可支配收入的平均增长速度为 11.15%，而财产性收入的平均增长速度为 15.46%，财产性收入增长速度比可支配收入平均高 4.31 个百分点。农村居民从 1995 年到 2007 年，可支配收入增长速度平均为 10.08%，而财产性收入平均增长速度为 14.92%。到 2013 年年底，我国农村居民人均财产性收入为 293 元，比 2007 年翻了一番多；城镇居民人均财产性收入为 809.9 元，与 2007 年相比，增长了 1.3 倍。财产性收入正在成为居民收入增长来源的重要渠道。

但是，一个不容忽视的问题是在居民财产性收入快速增长的背景下，城乡居民财产性收入的绝对差距在扩大。改革开放前，由于生产力水平落后以及传统的吃"大锅饭"计划经济分配观念，城乡居民收入除了满足日常消费以外，结余很少，居民的私人财产很少，财产性收入更是微乎其微。自 1978 年实行改革开放政策以来，国民经济持续增长，年平均国内生产总值（GDP）增长率达到 9.83%，人们生活水平不断改善，实现了从贫穷到温饱再到总体小康的历史性跨越；人们的收入水平不断提高，居民财富也快速增长和积累。随着我国经济的不断稳步发展，国民财富不断积累，居民的人均财产性收入步入了快速增长的轨道。2005 年我国人均居民财产性收入增幅为 19.7%，2006 年为 26.5%，2007 年增速达到 42.8%，财产性收入增速超过同期工资性收入的增速，财产性收入正在成为我国居民收入增长的重要来源之一。在我国，财产性

---

① 本书编写组. 十七大报告单行本[M]. 北京：人民出版社，2007.

收入不仅表现出高速增长的趋势，而且还表现出绝对收入额和增长速度的巨大差异。2007年城乡财产性收入差距为220.3元，到2012年年底城乡居民财产性收入差距绝对额为457.9元，差距在扩大。农村居民财产性收入，不仅在总量上远远落后于城镇居民，而且来源渠道也不如城镇居民丰富，从东部和西部的农村财产性收入差距来看，差异也是非常明显。由于财产性收入的衍生性和聚集性，这将导致城镇化农民的财产性收入很难达到现有城镇居民的水平。要缩小这个差距，依赖农民自身的收入积累是难以实现的，只有通过制度性的顶层设计，通过制度变革来实现农民财产、财产性收入的变迁，才能为其城镇化生活奠定坚实的物质基础。这将是城镇化改革的重点环节，农民财产性收入的增长是城镇化改革成功的关键环节，它对于我国当前国民经济的均衡发展有着重要意义。广大农民群众财产性收入的稳定增长，有利于改变城乡收入二元差距的格局，在全社会缩小城乡居民收入差距，形成收入分配合理的橄榄型结构；有利于广大农民群众增加收入来源，形成合理的收入来源结构；东部和西部农村居民财产性收入的合理增长，有利于缩小居民之间的局域差异，有利于实现共同富裕的经济发展目标。因此，城镇化进程中，农村居民财产性收入的合理增长，特别是西部地区农民财产性收入的增长，将是城镇化进程中收入分配调控的关键环节。

在当前城乡之间居民财产差距明显的条件下，"城镇化"改革需要从制度上进行顶层设计，通过制度变革，探索农民财产增长、财产性收入增长的有效途径，形成合理的收入分配格局。在这方面，一些省市进行了有益的探索，例如，重庆市委在全国率先通过深化农村产权制度改革，通过"地票"交易、农房改造、农村"三权"抵押贷款、农村集体产权股份化改造等制度性改革，这些制度创新增加农民的财产性收入，提高了农村财产积累的能力，增加了农民财产的收益率。成都市推行了以"还权赋能"为核心，以建立"归属清晰、权责明确、保护严格、流转顺畅"的现代农村产权制度为目标的农村产权制度改革，对农村土地和房屋实施确权、登记和颁证；设立市、县、乡三级农村产权交易中心，推动农村产权规范有序流转；在全国率先创设耕地保护基金，制定农村产权抵押融资办法，引入农业担保和保险机制，增强了农业和农户抗风险能力，逐步破解了"钱从哪里来"的难题。成都市的这些市场化改革，促进了城乡统一的市场体制的形成，赋予了农民相对完整的市场主体地位，加快了土地规模化经营和农业现代化进程，使农民的财产实现了增值，农民的财产性收入得以提高。重庆市和成都市的这些探索，不仅有利于促进城乡收入的合理化，而且这些政策也有助于推动农村居民融入城镇，有助于推动城镇化的发展。因此，分析和研究这些地区已有的实践经验，探索城镇化改革中农民财产增值、财产性收入的增长对于促进当前的城镇化改革和发展具有重要的理论意义和现实意义。

理论意义：基于财产性收入分配视角的研究是对现有收入分配理论的丰富和深化。从古典经济学到马克思主义经济学，再到现代经济理论，收入分配一直是经济学研究的重要主题，关于收入分配的相关理论不断丰富。然而，这些研究的焦点始终在于收入分配特别是劳动收入的分配和差距的调控，实际上，财产性收入具有重要的社会效应和经济效应，其对居民的幸福感、消费投资行为、收入流动性和产业结构调整都具有显著影响。从微观上研究财产性收入对居民消费、投资行为的影响还较少，本研究将在这些方面进行一些尝试，这些研究将有助于丰富对财产性收入的认识。

宏观上，将农民财产增值、财产性收入增长作为城镇化改革的中心任务之一，将更有利于城镇化全面的、长远的、稳健的发展。财产性收入是我国转型期经济不断发展、改革不断推动而出现的新事物、新问题，对财产性收入的增长、调控目前还处于不断积累经验、"摸着石头过河"的阶段，深入系统地研究财产性收入的相关理论，研究新时期城镇化改革背景下的我国西部农民财产性收入增长问题，构筑基于城镇化改革的西部农民财产性收入调控框架，不但可以对已有研究文献形成有益补充，更为相关的宏观政策制定提供重要的理论支持。

现实意义：财产性收入是一种衍生财富，在其自循环的过程中具有富者愈富的马太效应，因此，政府必须介入社会财富的分配，通过各项调控政策打破财富分配的自循环，让财产性收入从"少数人拥有"到"更多人拥有"。在城镇化进程中，重庆地区的城乡统筹改革促进了重庆地区农民财产性收入的快速增加，为我国西部地区的农民财产性收入增长积累了经验。但在这些实践中的有益经验，还需要借鉴国外的财产性收入调控经验，还需要研究国外城镇化进程中的收入分配调控经验，通过理论地深化分析，才能更好地将实践中的城镇化改革有益经验进行提炼和推广，对实践中存在的问题进行分析，才能在城镇化进程中切实保障农民利益，提高农村资源的配置效率，实现城乡统筹发展、缩小贫富差距，实现共同富裕的目标。这些研究的成果对已有研究文献将形成有益补充，更为相关的宏观政策制定提供重要的理论支持，丰富宏观收入分配调控的思路。

第一章　文献回顾

从 2007 年党的十七大以来，关于财产性收入的研究成为国内学术界的一个关注和讨论的焦点，大量的学术文献如雨后春笋一般涌现出来。党的十八大以来，对城镇化的研究也成为学术界和实务界研究的中心问题。目前，国内关于财产性收入的研究主要从历史沿革、提高财产性收入的意义、现状、居民财产性收入增长的制约因素和提高的途径等方面展开；关于城镇化的研究主要集中于中国城镇化水平、速度和发展趋势。为了从理论上较为全面地梳理财产性收入的研究现状和成果，本书结合国外的相关研究从财产性收入范畴的界定、社会经济影响和增长的影响因素三个方面对文献进行了梳理，并对未来的研究方向提出了自己的看法，以期为相关的理论研究和政策制定提供有益的参考。

一、城镇化研究的文献述评

（一）城镇化的内涵

城镇化是指因为社会生产力发展而引起农村人口向城镇迁移的过程。在这个过程中，一个国家的农业活动逐步向非农业活动转换，经济结构不断得到调整和优化。世界各国工业化进程常常伴随着农村劳动力非农化、市民化的城镇化发展历程。城镇化是一个国家或地区现代化程度的重要标志。

1. 城镇化与农民市民化的概念

Urbanization 这个概念最早由马克思（1858）在《政治经济学批判》中提出，国外学者一般把 Urbanization 称为城市化，国内学者把 Urbanization 称为城镇化。简新华（2010）等学者认为 Urbanization 在中国特定的背景下翻译为城镇化更能反映中国人口的实际状况。1998 年中央提出解决农业、农村、农民问题的重要途径是城镇化，"十五计划"中首次把"积极稳妥地推进城镇化"作为了我国重点发展的战略之一，2001 年《中华人民共和国国民经济和社会发展第十个五年计划纲要》中提出："要不失时机地实施城镇化战略"，"城镇化"成为我国农村人口城市化的代名词。

城镇化引起居民的生产方式、生活方式、居住方式、精神文化、人际交往等都发生变化，因此城镇化涉及人口学、社会学、经济学、历史学的范畴，不同学科的学者对城镇化给予了不同的解读。人口学对城市化的定义强调农村人口向非农业人口的转移和集中，及其带来的城市人口规模扩张、城镇数量增加、城镇人口比重不断上升的过程[①]。美国社会学家 Louis Wirth（1989）认为城市化是乡村意识、行为方式、生活方式向城市方式发生质变的全过程[②]。地理学定义的城市化则强调的是人口、产业等非城市景观向城市地域景观的转化和集中过程[③]。经济学家从第一、第二、第三产业结构变化以及各产业劳动力比例的角度认为城镇化是农村经济向城镇经济转变的过程，是以第一产业为重心，向第二、第三产业为重心转变的经济发展过程。历史学家从历史文化发展中的角度认为城镇化是人类文明从农耕文化向城市文化过渡的历史现象。尽管，各学科对城镇化的内涵理解有所差异，但是都有一个共同点，那就是城镇化是人口由农村向城镇转移的过程。简新华（2010）从人口学、经济学、社会学等综合的视角，提出城市化或城镇化是指第二、第三产业在城市集聚，农村人口不断向非农产业和城市转移，使城市数量增加、规模扩大，城市生产方式和生活方式向农村扩散、城市物质文明和精神文明向农村普及的经济、社会发展过程[④]。这也就是说，城镇化包含以下方面：①从人口分布来看，农业人口比重下降，城镇人口比重增加，城镇规模扩大，最终促进城镇经济发展和农业现代化；②从职业转变来看，从事第二、第三产业的劳动力不断增加，从事第一产业的劳动力不断减少，居民收入增加，有助于产业结构的升级和转型；③从生活方式来看，自给自足的农村生活方式向城市生活方式转变，市场需求扩张，从而促进国民经济发展；④从资产布局来看，城市房地产因为农村人口市民化而得到发展，农村人口向城市的迁移也导致其财产向城镇迁移，城镇的经济实力增强；⑤从规模来看，城市的占地规模不断增长，农村占地规模由于城市土地的占用而呈缩小趋势。

---

① 张占斌. 新型城镇化的战略意义和改革难题 [J]. 国家行政学院学报，2013（1）.

② Louis Wirth. Urbanism as a Way of Life [J]. American Journal of Sociology, 1989 (49)：46-63.

③ 山鹿城次. 城市地理学 [M]. 武汉：湖北教育出版社，1986：106.

④ 简新华，黄锟. 中国城镇化水平和速度的实证分析与前景预测 [J]. 经济研究，2010 (3)：28-39.

城镇化进程是"农民市民化"的进程。"农民市民化"主要是指农民在向市民转化的进程中，获得城市居民的身份和权利，如居留权、选举权、受教育权、劳动与社会保障权等，以及适应城市并具备一个城市市民基本素质的过程①。自18世纪60年代工业革命以来，农业社会格局开始被打破，务农人口开始向工业领域转移，1800年世界城镇人口比重仅为5.1%，1850年为6.3%，而到2000年居住在城镇的人口已经达到世界总人口的47%，工业化极大地推动了城镇化的速度和规模的提升。

从其他国家城市化的过程来看，主要有两种不同的城市化路径，一种是以发展中国家为代表的"工业化滞后、人口城镇化超前"的虚假城镇化模式，一种是以发达国家为代表的"工业化、城镇化稳步推进"的渐进式城镇化模式。我国的新型城镇化不是片面注重追求城市规模和空间的扩张，不是以牺牲农业粮食、生态环境为代价，是着眼农民，实现城乡统筹发展、公共服务均等化的和谐发展方式。城镇化是经济发展到一定程度的必然道路，反过来，城镇化又会推动工业化、农业现代化发展。

2. 城镇化的衡量

由于城镇化是一种比较复杂的社会现象，由此引出种种测算方法，常见城镇化测算方法主要有人口比重指标法、城镇土地利用比重指标法、调整系数法、农村城镇化指标体系法与现代城市化指标体系法等五种。②

衡量城镇化程度的指标主要采用城镇化率，即城市人口占总人口的比重指标。党的十八大报告中强调我国要坚持走中国特色新型城镇化道路，区别于以往的土地城镇化和规模城镇化，新型城镇化的核心和本质是人口城镇化。从改革开始的1978年至2013年，我国城镇常住人口从1.7亿人增加到7.3亿人，城镇化率从17.9%提升到53.7%，已达世界平均水平。因此城镇化进程中的重点是农民的市民化问题，农民市民化需要创造什么条件、采用什么样的方式、走什么样的道路是城镇化发展研究的重点。

美国城市地理学家Northam（1975）对英、美城市率指标发展规律进行研究后，提出城镇化过程需要经过初期缓慢、中期加速和后期再减慢三个阶段的S型发展过程：初期阶段（城镇化率在30%以下），农村人口占总人口中比例的绝对优势，工业发展缓慢，提供的就业机会有限，农民市民化的进程缓慢；中期阶段，即加速阶段（城镇化率在30%~70%之间），在这个阶段工业基础

---

① 吴先华. 城镇化、市民化与城乡收入差距关系的实证研究——基于山东省时间序列数据及面板数据的实证分析 [J]. 地理科学，2011(1)：68-73.

② 姜爱林. 城镇化水平的五种测算方法分析 [J]. 中央财经大学学报，2002(8)：76-80.

已比较雄厚，工业大发展创造了大量的就业机会，农业劳动生产率大提高能够释放更多的农村劳动力，城市丰富的物质精神生活可以促进农民的迁移，城镇化率将比较快速地突破50%，甚至上升到70%；后期阶段（城镇化率在70%~90%之间），在这一阶段，农村人口数量已经较低，为了维持社会发展所必需的农业规模，农村人口的转化趋于停滞，城镇化率稳定在90%左右，城镇化发展更多地表现为城市人口由第二产业向第三产业转移。因此，城镇化率并不是越高越好，到达一定阶段后，城镇化率将稳定在一定水平上。2013年我国城镇化率超过53%，与发达国家的城镇化率相比，城镇化的发展还需要加快。国内学者张彦光修正了诺瑟姆的S曲线，提出了新的城镇化水平四阶段模型①，并指出我国城镇化率达到80%，即为饱和值，那么城镇化水平在40%左右时速度最快。

判断城镇化是超前还是滞后，是相对于工业化和经济发展水平而言的，主要采用城镇化率与工业化率的相互关系作为标准。城镇化发展水平可分为适度同步城镇化、过度城镇化和滞后城镇化。适度同步城镇化是指城镇化的进程与工业化和经济发展的水平趋于一致的城镇化。过度城镇化又称超前城镇化，是指城镇化水平超过工业化和经济发展水平的城镇化。滞后城镇化是指城镇化水平落后于工业化和经济发展水平的城镇化②。从1950年至今，中国的工业化一直超前于城镇化，反过来讲，与工业化水平相比，中国的城镇化一直是滞后的。这种滞后不仅仅表现为滞后于国内经济发展水平、滞后于工业化或非农化进程，也表现为滞后于国外同等发展水平国家或同样发展阶段的城镇化水平。赵焘（2014）指出2011年中国的城镇化率为0.5%，而美国在1920年就达到了这个水平，与中国发展水平相当的厄瓜多尔以及牙买加的城镇化率已经达到了66.9%及53.7%，都高于中国的城镇化水平，而且2011年中国的非农产值比重接近90%，远高于我国的城镇化水平③。

判断城镇化的速度是快还是慢，可以用每年城镇化率的变化率来测度。简新华（2010）认为可以看城镇化与工业化和经济发展的相互关系、城镇化水平的变动、城市发展的状况，又可以进行国际比较，考察同类国家或不同国家同样发展阶段的城镇化情况。陆大道（2007）对国外城镇化发展速度进行研究，认为城镇化发展速度的快慢可以通过国际比较来判断，例如从20%到

---

① 周一星. 关于中国城镇化速度的思考 [J]. 城市规划，2006(30).

② 简新华. 中国经济发展探索 [M]. 武汉：武汉大学出版社，2007：163.

③ 赵焘. 西部地区城镇化与城乡收入差距关系实证研究 [J]. 统计与决策，2014(16)：132－135.

40%的城镇化率，英国经历的时间为 120 年，法国为 100 年，德国为 80 年，美国为 40 年，苏联为 30 年，日本为 30 年。其中，德国和日本城镇化虽然总体上持续的时间可能较长，但是在工业化较快推进的时期，其城镇化也是较快推进的。

（二）城镇化的作用

城镇化对促进经济发展有重要作用。马凯（2012）认为我国城镇化发展进入关键阶段，城镇化是保持经济持续较快发展的强大支撑，是推动经济结构调整升级的重要抓手，是解决"三农"问题、促进城乡协调发展的重要途径。城镇化不是圈地造城运动，不是简单地强调农村人口进城，不是为利益集团谋取利益，而是通过物的建设，让农村人口从物质、文化、生活方式、权益保护等方面实现城乡一体化。具体而言，城镇化发展对经济社会发展有如下作用：

1. 正面作用

（1）城镇化是扩大内需的最大潜力。李克强（2012）指出城镇化使大量农村人口市民化，将一部分自给自足的农民转变为农产品市场的需求者，扩大了农产品的市场需求总量，而且城市的消费水平大于农村，将带来消费需求的大幅增加；与此同时，城市基础设施、公共服务设施以及住房建设等需求扩展，进一步扩大内需的潜力。

（2）城镇化对农民收入增长具有促进作用。城镇化发展有利于把农村富余劳动力从低生产率的农业部门转移到高生产率的城镇工业和服务业部门，从而使农民收入从低产出的农业转向高产出的工业和服务业部门，有利于农民收入的增长。林毅夫（2003）指出，减少农业人口是长期持续提高农民收入最根本的措施[①]。世界银行（1997）发布的发展报告显示高城镇化率的国家或地区，农民收入相对高于低城镇化率的国家或地区。刘易斯（1954）提出了著名的二元经济发展模型，主张通过城镇吸收农村剩余劳动力，进而促进农村经济发展，提高农业生产率，增加农民收入。Todaro（1969）的预期收入模型认为城乡预期收入差距是导致农业劳动者迁入城镇的主要动机。只要城镇预期工资收入超过农民收入，农村劳动力向城镇转移就会持续下去。这一转移过程会使农民的工资性收入得以持续增长。其他国家的经验也表明，城镇化对农民收入增长、城乡居民收入差距具有调节作用，例如韩国在 20 世纪 70 年代城乡居民收

---

① 范爱军，王丽丽. 我国城镇化发展与农民收入增长的实证分析 [J]. 山东社会科学，2007（3）：79-83.

入差距曾高达 3∶1，经过几十年的"新村运动"，城乡居民收入差距缩小到 1∶0.84，基本实现了城乡协调发展。赵焘（2014）认为，城镇化使农村劳动力向城市流动，城市劳动力市场竞争加剧，工资水平的上涨幅度有限，而农村劳动力的减少提高了农业的生产效率，最终导致城乡工资收入趋同。王淑梅（2007）通过实证研究证实城镇化不仅可以增加农民收入，而且在我国框架下，还可以大力促进我国 GDP 的增长。① 鲁建彪（2006）指出推进城镇化可以加快发展第三产业，增加农民就业门路和就业机会，带动农村剩余劳动力的转移；城镇化的加快，需要兴办商业、饮食、修理、交通、金融、保险、信息、文教等产业，从而需要大量的从业人员，因此，推进农村城镇化，使广大农村剩余劳动力流向城镇的非农产业部门，增加了农村就业机会和农民收入②。D. Gale Johnson（2002）认为城镇化发展采取小城镇发展模式，农民可以就近务工，"离土不离乡"，便于农民兼业，合理安排时间和精力，可以使农民获得更多的收入③。所谓农民兼业，是指农民可以既从事农业又可以从事其他职业活动，多途径获得收入。

（3）有利于农业规模化运营。城镇化发展有利于农业现代化的实现。农业人口向城镇的转移，促使农业部门劳动力与土地的比率发生改变，从而促进了农业的规模化经营和现代化生产技术的应用推广。例如美国在城镇化的进程中，一个农民生产一年所供养的人数由 1860 年的 4.5 人增长为今天的 128 人。杨继瑞（2008）认为我国农村人口比重过大，农村劳动生产率过低是农民收入增长滞后的主要原因。张占斌（2013）指出城镇化是大量的农村富余劳动力向城镇转移，使涉农人口的数量下降，农民人均占有的资源量将大幅增加，从而有利于实现农业的规模化生产，有利于推动农业的现代化水平，有利于提升农村的公共服务水平，城乡差距有望逐步减少，实现城乡共同繁荣发展。鲁建彪（2006）积极引入农地市场化流转机制，实行土地招标、入股、租赁、信托、转包、置换等多种有偿使用方式，使土地逐步向留在农村务农的种植、养殖专业户集中，大幅增加农业劳动力人均土地和其他自然资源的占有量，促进农业转向集约化经营，较快提高农业劳动生产率，不断优化农业成本和产量的关系，取得明显的农业规模经营效果，实现农民收入增加。城镇化、劳动力

---

① 王淑梅. 农民收入与城镇化关系的实证分析 [M]. 财政研究，2007（4）：59-62.

② 鲁建彪. 西部地区城镇化建设与西部农民收入问题研究 [J]. 经济问题探索，2006（7）：58-63.

③ D. Gale Johnson. Can Agricultural Labour Adjustment Occur Primarily through Creation of Rural Non-farm Jobs in China [J]. Urban Studies，2002：2163-2174.

的非农转移与城乡居民收入差距之间呈良性循环关系。

（4）城镇化对居民收入差距的影响。有关居民收入差距的研究成果浩如烟海，这些研究不仅从宏观的角度研究城镇内部、农村内部、行业之间、城乡之间和区域之间收入差距扩大的原因，还从个人或家庭微观的角度探讨不同的受教育状况、行业背景、所有制形式、年龄、健康以及其他变量对收入差距的影响，这些不同层面、不同视角的研究提出了很多有益的政策建议①。那么，城镇化对居民收入差距的影响又如何呢？绝大多数学者认为，市民化可以缩小城乡收入差距，城镇化水平越高，城乡收入差距越小（龚新蜀，2007；杨国安，2010；孙永强，2012）。国家统计局农调总队在研究二元结构对城乡收入差距的影响时，将城镇化加入控制变量，研究结果表明城镇化对于城乡收入比有正的效应②。而吴先华（2011）的研究则指出当前的城镇化发展模式并没有缩小城乡收入差距，相反，它在短期内进一步拉大了城乡之间的差距，但长期来看城镇化是通过市民化来缩小城乡收入差距③。申巳旺（2014）对河北省城镇化水平与农民收入影响关系的研究也得到类似的结论，城镇化发展初期对农民的收入有一个较大的负向影响，但是长期看，城镇化的发展会带动农民的收入水平提高。长期下，城镇化对河北省农民收入的贡献率为22%。④陈雨卉（2014）则指出城镇化的收入效应是把双刃剑，它对于大城市来说，可能加剧社会的收入差距。但如果主要是发展中小城市，重心在中下端，又可能成为缩小收入差距的有利条件⑤。

（5）社会经济结构调整。城市规模经济促进集约节约，可以摊薄公共基础设施的高成本，提供比农村更价廉质优的公共服务。陆大道（2007）指出城镇化是一个国家经济结构、社会结构和生产方式、生活方式的根本性转变，涉及产业的转型、新产业的成长、城乡的社会结构的全面调整、庞大的基础设施的建设、资源和环境的支撑以及大量的立法、管理、国民素质的提高等方面，它是长期的积累和长期发展的渐进式过程⑥。鲁建彪（2006）指出城镇化

---

① 陈建东，戴岱. 加快城镇化进程与改善我国居民的收入不平等 [J]. 财政研究，2011（2）：48-52.

② 国家统计局农调队课题组. 城乡居民收入差距研究 [J]. 经济研究，1994（12）：34-45.

③ 吴先华. 城镇化、市民化与城乡收入差距关系的实证研究——基于山东省时间序列数据及面板数据的实证分析 [J]. 地理科学，2011（1）：68-73.

④ 申巳旺，石海洋，黄丽曼. 河北省城镇化水平与农民收入影响关系研究 [J]. 当代经济，2014（16）：86-87.

⑤ 陈雨卉，栾贵勤. 城镇化发展与城乡居民收入差距相关性实证研究 [J]. 改革与开放，2014（11）：65-68.

⑥ 陆大道. 我国的城镇化进程与空间扩张 [J]. 城市规划学刊，2007（4）：47-52.

过程中，通过城镇教育、科技、文化、体育卫生资源的共享，通过现代市场观念的熏陶，提高农民的竞争意识；通过各种职业培训提高职业技能，从而使农民总体素质提高，增强其就业能力，并最终融入市民社会，提高其收入水平。因此，城镇化能使进城农民的素质提高，为提高广大农民的收入提供潜能。

2014 年，国务院召开推进新型城镇化建设试点工作座谈会强调，新型城镇化是关系现代化全局的大战略，是最大的结构调整，事关几亿人生活的改善。新型城镇化是综合载体，不仅可以破解城乡二元结构、促进农业现代化、提高农民生产和收入水平，而且有助于扩大消费，拉动投资，催生新兴产业，释放更大的内需潜力，顶住下行压力，为中国经济的平稳增长和持续发展增加动能。

2. 负面作用

在城镇化进程中，农民市民化需要支付迁移成本，其包括：①制度约束成本，例如户籍制度的歧视，导致居民读书、医疗、养老等方面存在后顾之忧；②就业搜寻成本，农民的就业需要找寻时间、需要中介机构服务；③生活成本，城镇的生活成本远远高于农村，在城镇的衣食住行都需要支付更多的成本；④机会成本，农民市民化后，原有的农具和家庭设施会闲置，得不到充分利用，有些耕地荒废，导致资源浪费。以上这些因素的叠加，将增加农民的市民化成本，降低农民的收入水平。

过度城镇化容易使农民从农村贫困陷入城市贫困。城镇化发展需要建立在城市经济发展的基础上，如果过度城镇化，城市人口远远超过城镇经济所需要的就业人口，就会导致严重的社会经济问题。例如，墨西哥在 1989 年的城镇化率就达到了 72%，但是由于墨西哥实施的是建立在农业衰败、工业滞后基础上的城镇化，从而导致了严重的经济社会问题，反而进一步扩大了城乡差距。张鑫（2013）对印度的城市化发展研究表明，印度过度城市化导致印度的贫民窟人口达到 1.7 亿。孟买、加尔各答等大城市有 1/3～1/2 的人口居住在贫民窟中，由此产生的失业、不公平和城市生活的恶化问题更为严重。农民城镇化的进程中，即使在城镇实现了就业，也难免存在身份等级、身份歧视，而且还会有许多人成为无业游民，这可能带来环境污染、交通堵塞、住房困难、文化破坏、街道丑陋等负面影响①。

赵焘（2014）认为，城镇化水平会对城乡收入差距起到扩大、促进作用：首先，很多地方的城镇化是没有公共服务均等化作为基础的"造城运动"，农

---

① 张鑫. 城镇化滞后：挑战与机遇并存［N］. 中国社会科学报，2013-07-08.

民被迫离开土地而迁往城镇，在缺乏工资性收入的情况下，土地经营收入的缺失容易导致农民收入不升反降；其次，农村内部较为富裕的农民迁往城镇，城乡居民收入统计的差距可能扩大；最后，在户籍制度限制下以及产业空心化的现实背景下，劳动力流动面临较大的制度障碍。

（三）我国城镇化发展滞后的原因及影响分析

我国的城镇化发展滞后于国民经济的发展，是学者们的普遍认识，林毅夫（2002）认为城镇化滞后的原因是我国计划经济时期高资金密集的重型工业化优先发展战略的影响，政府注重劳动力资源的利用，而忽视了劳动力"本身"向城市的转移[①]。李子联（2013）认为地方利益驱动、土地制度缺陷与户籍管制并存是导致我国人口城镇化与土地城镇化发展失衡的主要原因[②]；国务院发展研究中心土地课题组（2005）的研究表明土地城镇化扩张在于土地可使地方政府实现财政税收的最大化，财政分权是土地城镇化扩张的主要原因[③]；陶然和徐志刚（2005）认为中国人口城镇化滞后的根本原因在于流动人口缺乏基本的社会保障体制、居住和子女教育安排。[④] 孙海鸣从空间吸纳的视角分析了小城镇的城镇化滞后原因，他指出我国的行政区划管理僵化，使规模偏小的县级市缺乏集聚效应和辐射效应，对农民的吸纳能力有限。[⑤] 除此以外，温铁军（2000）认为城乡"隔绝"的政策制约以及资源配置的城镇偏向，单一的国家投资建城的建设方式限制了城市的更快发展。秦岭（2000）认为农村劳动力普遍具有亦工亦农的双重身份，他们白天做工、经商，傍晚务农，无暇顾及劳动技术的革新及生产方式的改进，农民兼业化的普遍存在延缓了农业产业化的进程和城镇化的进程。[⑥]

这种滞后对我国经济产生了以下制约作用：温铁军（2000）认为农业人

---

① 林毅夫.中国的城市发展与农村现代化 [J].北京大学学报：哲学社会科学版，2002（4）：12-15.

② 李子联.人口城镇化滞后于土地城镇化之谜——来自中国省际面板数据的解释 [J].中国人口·资源与环境，2013（11）：94-101.

③ 国务院发展研究中心土地课题组.土地制度、城市化与财政金融风险 [J].改革，2005（10）：12-17.

④ 陶然，徐志刚.城市化、农地制度与迁移人口社会保障 [J].经济研究，2005（12）：45-56.

⑤ 孙海鸣，赵晓雷.2005 年中国区域经济发展报告 [M].上海：上海财经大学出版社，2005：1-200.

⑥ 秦岭.农村城镇化滞后的主要根源及发展战略的选择与创新 [J].中国农村经济，2000（12）：41-46.

口比重高的直接后果是农民商品化消费水平低，造成"大中国，小市场"城市化发展的滞后，还造成人口结构、资源占用和收入分配结构不合理。到1999年中国城镇人口和乡村人口占全国总人口的比重分别为30.1%和69.9%，而同期城乡居民的年末储蓄存款余额却分别占总量的大约80%和20%。中国第一产业占GDP的比重只有18.7%，而第一产业劳动力占总劳动力的比重却仍然高达49.9%：就业结构与产值结构严重不对称。这加大了产业重组的难度，限制了第三产业的发展，国际经验表明，在城市化水平滞后的前提下，第三产业不可能有正常的发展。第三产业的不发展，极大地削弱了中国产业在其结构推移过程中吸收农业剩余劳动力的能力。[①] 张鑫（2013）认为农村人口和劳动力不能市民化，就业、住所不稳定会使企业"用工荒"和大城市服务业季节性缺工常态化，影响制造业的发展和城市居民的生活，除此以外，城镇化滞后还会带来各种社会隐患，例如农村留守妇女、留守儿童、留守老人和城市农民工临时夫妻等社会问题。

（四）推进城镇化的路径

不同国家的自然地理条件、资源禀赋、人口规模和历史文化传统不同，城镇化的格局包括城镇形态、规模、结构、空间布局、演进方式等也会不同。一般来说，土地稀缺、人口稠密、能源短缺的国家和地区，大都是集中型城镇化；土地广袤、人口密度小、人均占有能源和资源水平高的国家和地区，多数是漫延式城镇化[②]。我国各地社会经济发展水平差异较大，城镇化的方式要因地制宜地开展，目前学者们提出的我国城镇化推进思路主要如下：

（1）着重发展人口城镇化。李子联（2013）认为我国工业化进程的加快带来了城市建设用地的大规模扩张，但对人口城镇化所发挥的"吸纳效应"则相对有限，人口城镇化因而滞后于土地城镇化，中国推进新型城镇化的重点是促进两者之间的协调发展。实证研究表明，农地使用期限的延长及所带来的土地稳定性的增强，使得农民从土地承包中获得了更强的收益保障，由于其所带来的"保障效应"，坚定了农民向城市转移的信心，从而有利于人口城镇化与土地城镇化的协调发展，但效应的发挥应以完善的土地流转机制为前提。

（2）中小城市城镇化。城镇化势必意味着农民进入城市，而特大城市多已呈满负荷状态，因此，拥有更大发展空间和承载力的中小城市便成为此次城

---

① 温铁军. 中国的城镇化道路与相关制度问题 [J]. 开放导报，2000（5）：21-23.

② 马凯. 转变城镇化发展方式 提高城镇化发展质量 走出一条中国特色城镇化道路 [J]. 国家行政学院学报，2012（5）.

镇化的重点，而发展城市群则是发展中小城市的重要方式。

（3）城镇化意味着农民进入城市，他们需要在城市就业创业，这就需要城市能够通过相关产业发展来为其就业、创业提供平台。城镇化不仅仅是人口的城市化，更需要产业发展作为支撑。随着第二产业结构优化升级，自动化、信息化水平提高，第二产业对就业人口的吸纳能力会下降，因此，城镇化需要重点发展劳动密集型的第三产业。目前发达国家的服务业产值和就业比重有的高达70%~80%，而我国墓变服务业增加值为43%，就业比重为36%。因此，大力发展现代物流、电子商务、科研设计等生产性服务业和旅游、健身、养老、家政等生活性服务业是城镇化发展的主要路径。

（4）我国各地情况差别较大，发展不平衡，推进新型城镇化要因地制宜、分类实施、试点先行。各地可以积极探索多元化可持续的投融资机制，通过股权融资、项目融资、特许经营等方式吸引社会资本投入，拓宽融资渠道，提高城市基础设施承载能力，在实践中形成有效推进新型城镇化的体制机制和政策措施，推进城乡发展一体化、促进绿色低碳发展。做大做强中西部中小城市和县城，提升人口承载能力，促进中西部就近城镇化，逐步减少大规模人口"候鸟式"迁徙。

（5）资源不足是制约城镇化发展的一个关键影响因素。城市居民用电水平远高于农村，农民市民化后，用电量将大幅增加；目前石油的对外依存度为54%；城市居民的用水高于农村居民，目前主要通过南水北调工程来保障北京等地的城市供水。农民市民化后，这些电、油、水的资源短缺问题该如何解决；而且随着人口向城镇的集聚，水污染和空气污染问题也将更为突出，城镇化进程中建立何种绿色生活方式和消费模式，生产领域如何高效地节能减排，这些都是城镇化进程中必须破解的难题①。

（6）城镇化的速度不能过快。陆大道（2007）指出由于人口基数巨大，每年提高一个百分点的城镇化率，就业岗位就要求增加800万~1 000万，城镇化的速度要与产业发展的速度相匹配，与资源、环境的承载能力相匹配，否则就是冒进式城镇化。梁春梅（2010）指出城镇化发展对农民收入增长具有重大作用，我国在采用城镇化发展促进农民收入增长的政策上，应采取长期政策而非短期政策，力求避免其短期性行为，制定并实行积极的"农民收入增长先

---

① 李克强. 协调推进城镇化是实现现代化的重大战略选择 [J]. 行政管理改革，2012（11）：4-10.

导"的城镇化发展战略①。

（7）促进农村教育发展。王朝明（2014）指出我国城乡收入差距的拉大对新型城镇化具有阻碍作用；整个社会教育的发展可以促进城镇化速度的提高，而缩小城乡教育发展差距、实现城乡教育均衡发展虽然对城镇化速度具有放缓作用，但是对城乡收入差距具有缩小的作用，进而符合提高城镇化质量的要求。因此，要促进新型城镇化长足发展，必须提高城乡教育发展均衡度，通过整个社会教育发展，推动全民素质提高。

（8）体制创新，消除城乡二元结构。赵永平（2014）指出建立城乡统一的户籍制度，剥离捆绑在户籍制度上的各种差别性的公共福利待遇，实现城乡居民在享受公共服务等方面的地位平等和机会均等；创新土地制度改革，明晰土地产权，赋予农民对土地流转的主体地位，健全土地价格形成的市场机制；建立健全统一的社会保障体系，以城镇社会保障体系覆盖农民工为突破口，逐步实现从传统土地保障向现代社会保障转变，从根本上消除城乡二元结构和城镇内部新的二元结构，使城乡居民共享城镇化改革成果②。

马凯（2012）指出我国的城镇化发展水平要与工业化、现代化相适应，着力转变城镇化发展方式和提高城镇化质量，促进城镇化布局和形态得到优化，明显增强城镇可持续发展能力，完善城镇化健康发展的体制机制，以城镇化健康有序发展推动全面小康社会建设。具体措施包括：科学制定战略规划，发挥产业支撑作用，优化城镇化布局和形态，提高城镇综合承载能力，加快统筹城乡发展，积极破除土地户籍财税等体制障碍。推进城镇化，必须进一步大胆探索，破除体制尤其是城乡二元体制的障碍，推进户籍、就业、教育、社会保障等基本公共服务的全民覆盖，改善社会发展环境，不断推进各方面体制机制改革，为城镇化的健康有序发展提供保障。

（五）述评

综上所述，现有的文献对城镇化内涵、城镇化的衡量、城镇化的作用、我国城镇化发展滞后的原因及影响、我国城镇化的发展路径等进行了研究，这些研究有利于我国科学的规划和推进城镇化进程，促进中国社会的均衡稳定发展。与此同时，这些研究也指出城镇化的发展速度与产业的就业规模相匹配、

---

① 梁春梅，肖卫东. 城镇化发展与农民收入增长关系分析 [J]. 山东社会科学，2010（8）：102-106.

② 赵永平，徐盈之. 新型城镇化对缩小城乡收入差距的作用——基于城乡二元收入的理论模型与实证检验 [J]. 中南大学学报：社会科学版，2014（8）：37-42.

与城镇的资源环境承载能力相匹配，那么城镇化的合理规划和发展则有利于促进农民收入增长，缩小城乡收入差距。但是，城镇化是一个渐进的过程，需要因地制宜地进行科学规划，稳步推进，如果城镇化速度过快会导致城镇还未准备好对农民的吸纳能力，导致农民进城后难以获得相应的保障和收入；如果城镇化速度滞后，农民滞留在农村，农民的收入也难以合理地提高。

以上这些研究对于我国城镇化的发展难题提供了很好的思路，但是仍存在一些局限，主要表现为对农民现有财富和盈利能力的忽视。当前城镇化改革的焦点更多地集中于城镇的总体发展规划，着重强调产业对农民就业的支撑，强调户籍制度和社会保障制度的优化。农民进入城镇后生计解决、市民化待遇和公共服务的均等化问题是城镇化发展过程中必须解决的问题，但是除了这些问题以外，实际上宏观经济还必须要考虑另外一个非常重要的问题：农民历史收入欠账和这些市民化农民的社会阶层问题。著名经济学家萨缪尔森说："收入的差别最主要是由拥有财富的多寡造成的。……和财产相比，个人能力的差别是微不足道的"①。农民历年来的平均收入水平都低于城镇居民，农村家庭平均的财富积累水平也低于城镇居民，农村家庭的财富盈利能力也低于城镇居民，也就是说，即使市民化农民进入城镇能够找到就业岗位，工资性收入能够达到城镇居民的平均水平，但是农民仍然可能陷入城镇的贫困阶层，因为其现有财富基础和未来的财产性收入水平都低于城镇居民，和整个城镇居民的收入相比，市民化农民尽管也能在城镇生存和发展下去，但是其仍有可能因为财富的积累差异导致其陷入城镇贫困。因此，要解决农民不陷于城镇贫困这个城镇化发展难题，在城镇化进程中不仅要考虑市民化农民的工资性收入，更要考虑市民化农民的财产性收入，农民财产性收入增长机制的破冰是解决城镇化进程中农民收入的关键问题之一。鉴于此，本书专门研究城镇化进程中农民财产性收入的增长问题。

二、财产性收入研究的文献综述

财产性收入是我国转型期经济不断发展、改革不断推动而出现的新事物、新问题，对财产性收入的增长、调控目前还处于不断积累经验、"摸着石头过河"的阶段，深入系统地研究财产性收入的相关理论，不但有利于促进广大

---

① 王一鸣. 论个人财产 [M]. 武汉：湖北人民出版社，1998 (11)：80.

群众财产性收入的合理增长，也有利于不断扩大的财产性收入差距的缩小，实现社会主义建设的共同富裕目标。在这一背景下，从 2007 年以来，关于财产性收入的研究成为国内学术界关注和讨论的一个焦点，大量的学术文献如雨后春笋一般涌现出来。目前，国内关于财产性收入的研究主要从历史沿革、提高财产性收入的意义、现状、居民财产性收入增长的制约因素和提高的途径等方面展开。为了从理论上较为全面地梳理财产性收入的研究现状和成果，本书结合国外的相关研究从财产性收入范畴的界定、社会经济影响和增长的影响因素三个方面对文献进行了梳理。

（一）财产性收入范畴的界定

财产性收入是居民已有的财产通过投资和管理而带来的增值经济收入，是居民收入增长、财富不断积累的重要渠道。财产性收入的高低，主要取决于农民的财产。

1. 财产的内涵

财产是财产所有者的一组权利组合，包括财产的排他使用权、收益权、交易权、处分权等。按照居民所拥有的财产权利是否具有限制性，可以分为非限制性财产、部分限制性财产和完全限制性财产。非限制性财产是指居民拥有财产的使用权、收益权、交易权和处分权。部分限制性财产是指居民拥有财产的使用权、收益权、交易权或者处分权受到部分约束，不能完全自由地支配自己的财产，例如住房公积金财产只能用于房产投资相关支出，使用权受到限制。完全限制性财产是指这些资产由个人拥有，但是使用权、收益权、交易权和处分权等都受到限制，例如，退休养老金财产，个人账户的退休养老金属于个人拥有的财产，能够产生一笔财产性收入，但养老金财产不能转移给其他人，其使用权、收益权、交易权和处分权等受到限制①。

按照行使这些财产权利是否能够带来增值收入可以分为生产性财产和生活性财产（见图 1-1）。生产性财产是可以创造增值收入的财产，生活性财产则属于最终产品的范畴，社会成员对于这种财产的占有和支配不具有营利的属性。在一定范围内，这两种财产也是可以互相转化的。一方面，有些财产的物质属性决定了它们的用途可以在生产性使用与生活性使用上互换。例如，房屋如果所有者自己居住，就属于生活性的使用，而如果用于出租营利，则变为生

---

① 唐雪梅，赖胜强. 转型期我国居民财产性收入的调控研究 [M]. 成都：西南财经大学出版社，2012.

产性的使用。另一方面财产的价值形态，使得财产具有了高的流动性，可以在生活性消费和生产性投资之间互换，如社会成员所拥有的金融资产，可以是用于交易动机和谨慎动机的需求，也可以是用于投资有价证券之类的投资需求。生产性财产与生活性财产的根本区别，在于是否形成了以营利为目的的资产。

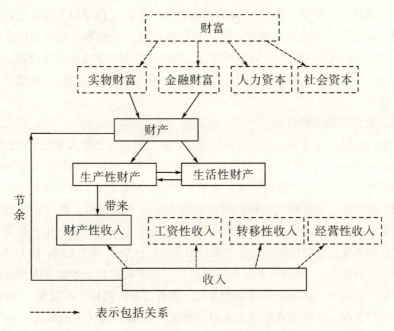

图 1-1　财产、收入、财产性收入的关系

生产性财产能够为所有者带来收入的时候，其本身就具有了资本的性质，马歇尔认为"从私人的观点看，资本是期望获得收入的那部分资产"。① 根据生产性财产投资产生的不同收入类型，可以将居民的生产性财产归纳为以下类型：①货币储蓄，能够产生利息形式的收入，此类资产包括现金、储蓄账户、支票账户等。②股票、债券和其他金融证券，能够产生红利、利息和资本增贬值形式的收入。③不动产，包括土地、房屋建筑物等，有以租金支付和资本增、贬值形式的收入。对于大多数人来说，这类财产主要是居民所拥有的住房资产。④不动产以外的其他"硬"财产，有以资本增值（贬值）形式的收

---

① 马歇尔.经济学原理 [M]. 北京：商务印书馆，1964：97-98.

入。① 此类财产属于无利息的资产，如贵金属（黄金、白金等）、珠宝、艺术品、名贵家具和所有收藏品。⑤机器、设备和其他有形产品，有以产品销售利润和资本增值（贬值）形式的收入，如营业设备、商品存货、机器工具等。⑥自然资源，如农田、油田、矿山、森林等，有以农作物、原材料或加工产品销售利润和资本增值（贬值）为形式的收入。⑦版权和专利，有以版税和其他使用费用形式的收入，例如：著作权、商标权、专利等。在以上这些财产中，对于当前我国农民的平均水平而言，其生产性财产主要是货币储蓄、少量的股票、农村的土地和房屋、农村拥有的林地和农作物。其他形式的财产数量非常的少。

2. 财产性收入的内涵

生产性财产通过居民的投资和管理而带来的增值经济收入就是财产性收入（Property Income），其源于居民的生产性财产，是一种衍生财富，是居民收入增长和财富积累的一个重要渠道。关于财产性收入的定义，理论界目前尚未形成统一的定义，各类报刊所指的财产性收入范畴不尽相同。在《新帕格雷夫经济学大辞典》中，明确指出："财产性收入是指金融资产或非生产性资产的所有者向其他机构单位提供资金或将有形非生产性资产供其支配，作为回报而从中获得的收入。"其涵盖了金融资产和非生产型资产，而不包含无形资产带来的财产性收入，如居民所持有的专利、专有技术、商标、商誉等。在国内，关于财产性收入比较权威的定义来自国家统计局编著的《中国城市（镇）生活与价格年鉴》，其认为财产性收入是指家庭拥有的不动产，如房屋、车辆、土地和动产，如银行存款、有价证券、收藏品等所获得的收入。具体包括利息收入、股息与红利收入、保险收益、出租房屋收入、其他投资收入（包括出售收藏品如邮票、艺术品等获得的增值收益，投资各种经营活动且自己不参与经营所获得的利润）。在这一定义中，财产性收入被局限于财产使用权让渡获得的收入，而没有把出卖土地房屋、机器设备、抛售股票等转让财产所有权而获得的收入纳入财产性收入的范畴。对此观点，高敏雪（2008）也认为出售所拥有的资产而获得的增值收入不是财产性收入②，刘伟（2011）则认为居民房屋出租是提供的住房服务，房屋租金收入是经营性收入，而不是财产性收

---

① 迈克尔·谢若登. 资产与穷人 [M]. 北京：商务印书馆，2007(10)：122.
② 高敏雪，王丹丹. "群众" 所拥有的财产性收入 [J]. 中国统计，2008(1)：24.

入①。与此观点相反，白暴力（2008）②、黄范章（2011）③、张俊伟（2010）④认为财产性收入具有丰富的内涵，财产性收入包括财产所有人通过让渡财产使用权和所有权所获得的收入和增值收益，例如利息、利润、财产增值收入等。这一界定，将房屋等有形资产的增值收益、房屋出租收入都纳入财产性收入范畴。

以上关于财产性收入范畴的观点，都仅考虑了居民具有完全权利的非限制性财产所带来的财产性收入，而对于完全限制性财产和部分限制性财产所带来的财产性收入则没有涉及。部分限定性资产和完全限定性资产也能够为居民带来财产性收入（迈克尔·谢若登，2007）⑤。部分限定性资产是指资产被指定用于特定目的，个人没有不受限制的使用权，例如个人账户的住房公积金是属于个人拥有的财产，能够产生一笔财产性收入（利息）。完全限定性资产是指由个人拥有，但个人不能直接占有这些基本资产，就像美国的退休养老金一样，个人账户的退休养老金是个人拥有的财产，能够产生一笔利息性质的财产性收入。一个国家居民财产性收入占可支配收入的比例是衡量市场化和国民富裕程度的重要尺度之一。为了准确地衡量居民所获得的财产性收入，财产性收入的范畴应该将非限制性、部分限制性、完全限制性财产所获得的收入全部纳入到财产性收入的范畴，包括出让财产使用权所获得的利息、租金（包括房屋租金）、专利收入、红利收入、财产增值收入、住房公积金收入、养老保险金收入等。这一财产性收入范畴界定包括了居民拥有所有权的所有无形和有形财产所带来的财产性收入，不管其使用权能是否受到限制。

3. 财产性收入的特点

周衍（2013）认为财产性收入与工资性收入、经营性收入、转移性收入相比较而言，具有以下不同特点⑥：第一，财产性收入的前提是财产的拥有，二者是相辅相成的关系。没有财产，自然就没有财产性收入；而财产性收入的

① 刘伟. 房租的"非财产性收入"属性及居民收入分类研究 [J]. 统计研究，2011（6）：22.

② 白暴力. 让城乡居民收入稳步增长—为什么要深化收入分配制度改革 [M]. 北京：人民出版社，2008：73.

③ 黄范章. 推行"财产性收入"大众化 深化收入分配体制改革 [J]. 经济社会体制比较，2011（2）：169-173.

④ 张俊伟. 财产性收入与居民消费关系初探 [J]. 重庆理工大学学报：社会科学版，2010（5）：4.

⑤ 迈克尔·谢若登. 资产与穷人 [M]. 北京：商务印书馆，2007：118-121.

⑥ 周衍. 西部地区城乡居民财产性收入差距分析 [J]. 重庆工商大学学报：自然科学版，2013（1）：46-50.

增加，就进一步增加了财产的拥有数额。第二，财产性收入与纯收入的其他组成部分不同，它是财产的增值，是一种衍生物。它不需要获得者花费全部的工作时间和精力，却往往能以几何级数增长。著名经济学家萨缪尔森说："收入的差别最主要是由拥有财富的多寡造成的。……和财产相比，个人能力的差别是微不足道的。"[1]第三，财产性收入是通过将财产的所有权或使用权转让从而获得经济利益，增加财产的拥有额度。财产性收入属于国民收入再分配的范畴，是一种非劳动收入。郭延飞（2013）认为财产性收入具有较高的风险性，财产性收入需要通过资本市场、房地产市场、金融市场等来获得，而这类市场不确定性大，容易受到经济波动和政策调整的影响。

（二）国外财产性收入的研究

国外经验研究显示，居民财产性收入是四种收入差距中最大的。萨缪尔森认为收入方面最大的不平等来源于所继承、所获得的财富差别。"鲜有例外，在收入金字塔顶端的人的大部分金钱都是从财产性收入中取得。相反，穷人几乎没有财产，也不可能用他们不存在的财富去赚取更多的财富。"[2] Tormalehto（2007）发现欧盟各国财产性收入基尼系数远高于可支配收入基尼系数[3]。Pryor（2006）发现财产性收入是导致美国家庭收入差距扩大的首要因素[4]。Lampman（1962）认为财产性收入分配的不平等是社会问题的一个根源。而Greenwood & Jovanovie（1990）则认为，由于穷人财富较少，享受金融服务的机会少，从而导致财产性收入差距扩大，而随着其财富积累的增加，其开始逐步享有更多的金融服务，收入分配差距开始缩小[5]。Li & Zou（1998）认为资本的收益存在边际收益递减性，随着穷人资本积累的增加，财产性收入分配不平等的状况将得到缓解[6]。

托达罗（1992）认为大多数第三世界国家个人收入分配极不平等的终极

---

① 王一鸣. 论个人财产 [M]. 武汉：湖北人民出版社, 1998(11)：80.

② 保罗·萨缪尔森. 微观经济学 [M]. 16 版. 北京：华夏出版社, 1999(9)：281.

③ Veli-Matti Tormalehto. Issues in Data Quality and Comparability in Eu-SILC [R]. SSRN Working Paper, 2007.

④ Frederie L. Pryor. The Anatorny of Increasing Inequality of US Family Incomes [R]. SSRN working Paper, 2006.

⑤ Greenwood. J. and B. Jovanovic. Financial Development, Growth and the Distribution of Income [J]. Journal of Political Economy, 1990, 98：1076-107.

⑥ Li, Hongyi and Zou, Hengfu. Income Inequality Is Not Harmful for Growth：Theory and Evidenee [J]. Review of Development Eecoomics, 1998, 2(3)：318-334.

原因在于极不平等和高度集中的资产所有权模式。① Galor & Zeira（1993）认为初始财富的高低影响个人的人力资本投资决策，进而出现劳动差别，导致收入差距扩大。Friedman（1962）还认为，个人收入不平等不仅反映了个人对风险选择偏好的差异，还体现了个人禀赋（如，人力资本、个人财产）的初始差别。②

关于经济政策对于财产性收入的影响，Bourguignon 和 Dasilva（2003）在研究经济政策对贫困和收入分配的影响时，将发展中国家现有的对居民收入分配产生主要影响的经济政策做出了归纳，其中影响居民财产性收入的经济政策主要包括税收政策（包括改变税基、税率级次、直接税和间接税的税率和补贴）、养老金和公共保险系统的管理等公共财政；土地改革（如自愿协商土地转移）、财政部门改革（如提供小额信贷、规范银行部门等）等结构性改革；财政政策、货币政策、汇率政策等宏观经济政策。③ Bruun（2000）实验发现引入财产税可以缩小收入差距并促进经济增长。④

对于财产性收入的影响，Banerjee & Newma（1993）则从工资和选择角度分析了个人初始财富不平等对收入分配格局的影响：在资本市场不完善的情况下，个人的借款数额会受到已有财富的限制。穷人无钱投资，只能选择为雇主工作，富人则自己开办企业并监督工人。由此，初始财富不同决定了个人的职业选择，而职业的差别又导致了收入差距。John K. Galbraith 在 *The Affluent Society*（1958）中指出个人福利不仅取决于本人的消费和收入水平，而且取决于社会的收入分配状况。财产性收入也是帮助贫困者脱贫的重要手段，迈克尔·谢若登（1991）教授在《资产与穷人》中指出，帮助所有的人尤其是贫困者减低长期贫困以达到社会公平，一直是社会政策的基本目标，达到这个目标不能只依赖于维持人们的收入与消费，而需要同时促进资产的长期积累，还有财产权力的赋予，这才是解决贫困问题的根本。⑤ 其思想核心就是要通过政府的政策调控使贫困者通过拥有财产的所有权、收益权、处分权进而获得财产性收入。

---

① 托达罗. 经济发展与第三世界 [M]. 北京：中国经济出版社. 1992.

② Friedman M. Capitalism and Freedom [J]. Chicago：University of Chicago Press，1962：81.

③ Bourguigon，F.，da Silva，L. The Impact of Economic Policies on Poverty and Income Distribution：Evaluation Techniques and Tools [R]. Washington：World Bank，2003.

④ Bruun，C.. Endogenous Growth in a Swarm Economy：Fighting Time，Space and Complexity [J]. Computing in Economics and Finance，2000.

⑤ 杨团、孙炳耀. 资产社会政策与中国社会保障体系重构 [J]. 江苏社会科学，2005(2)：206-211.

关于财产性收入的调控，古典经济学家瓦格纳认为，从社会政策的意义上来看，赋税是在满足财政需要的同时，纠正国民所得的分配和国民财产的分配。税收可以影响社会财富分配以至影响个人相互间的社会地位和阶级间的相互地位。因而税收的负担应当在个人和各个阶级之间进行公平地分配，即要通过政府征税矫正社会财富分配不均、贫富两极分化的弊端，从而缓和阶级矛盾，达到用税收政策实行社会改革的目的（王传纶、高培勇，1998）。旧福利经济学的主要代表人庇古在《福利经济学》①中指出在国民收入不变的情况下，把富人收入的一部分转移给低收入者，国民的福利就会增大，因为收入增加给穷人带来的效用要超过富人等量收入减少所降低的效用。庇古提倡富人"自愿转移"其收入给穷人。所谓自愿转移，指资本家自愿拿出自己的一部分收入，对穷人举办诸如娱乐、教育、保健等福利事业，或举办一些为资产阶级自身利益服务的科学和文化机构。但庇古也认为，收入自愿转移的数量往往小于社会所需要的收入转移数量，因而需要政府对收入的强制转移。所谓强制转移，主要是政府征收累进所得税和累进遗产税，然后通过直接转移（诸如失业保险、社会救济、免费教育、福利住宅）和间接转移（如价格补贴）等政策向穷人转移支付，使穷人受益。1936 年凯恩斯出版的《就业、利息和货币通论》一书中指出："我们生存其中的经济社会，其显著特点乃在不能提供充分就业，以及财富与所得之分配有欠公平合理。"② 收入分配的不公导致全社会消费倾向下降，进而影响有效需求。而扩大有效需求的补救方法是加强政府对经济的干预和调控，提高富人的个人所得税税率，加强对富人直接税的征收来重新分配收入，并运用转移支付政策来改善国民收入的再分配，缩小收入不均的幅度，从而刺激消费的扩大；利用利息的升降来控制货币供应和投资需求，利息降低到极低的程度就必然会大大加强投资的诱惑力，从而扩大社会有效需求。税率的调整和利率的升降必然影响到居民的财产性收入。1986 年诺贝尔经济学奖得主 James M. Buchanan 在其《自由的限度》一书中，指出促进"机会均等"的收入分配是诉诸于立宪秩序，诉诸于对政府和人的行为有永久性约束作用的制度。解决收入分配差距的问题可以通过转让税和公立教育部分矫正人们进入市场前的不公平。如果出身的不同所导致的收入不同是不公平的，那么，一个国家可以通过征收遗产税和赠予税来调节或矫正这种不公平。因为财产在代际之间进行"露骨"或"公平"的转移，会造成不公平的竞争

---

① 庇古. 福利经济学［M］. 北京：商务印书馆，2002.
② 凯恩斯. 就业、利息和货币通论［M］. 北京：商务印书馆，1963.

前提。

2. 我国居民的财产性收入现状

党的十八大提出："着力解决收入分配差距较大问题，使发展成果更多更公平惠及全体人民，朝着共同富裕方向稳步前进。"因此，要解决好收入分配差距问题，在城镇化进程中必须解决好农民的财产性收入增长问题。对于中国居民的财产性收入状况，大量的学者从财产性收入的绝对量、财产性收入的增长速度、财产性收入的城乡差距、不同收入群体的财产性收入差距、地区的财产性收入差距等角度分别进行了研究。

①城乡居民的财产性收入现状

刘凤根（2008）根据中国统计年鉴的相关统计数据对2002—2007年中国城乡居民人均财产性收入状况进行了研究，指出在经济和居民收入保持持续快速增长的同时，财产性收入出现比居民收入更快的增长势头，但是财产性收入的绝对量还是保持很低的水平，财产性收入差距表现为城乡差距、不同收入群体的差距、地区差距。[①] 曾为群（2008）研究指出，我国居民财产性收入虽趋向高速增长，但其基数较小；2002—2006年，我国居民财产性收入占人均总收入的比率虽然呈现逐年增长的趋势，但占居民总收入的比率也从未超过2%。[②] 秦交锋（2007）认为，我国城镇居民的财产性收入正处于快速增长时期，但存在获得财产性收入的人数还比较少、结构性矛盾比较突出等问题，也就是少数高收入者获得了绝大多数的财产性收入。[③] 2006年最高收入10%家庭人均拥有的财产性收入为1 279.28元，而最低收入10%家庭拥有的财产性收入人均只有35.29元。5年来，高收入家庭的财产性收入增长幅度明显高于低收入家庭，2006年最高收入10%家庭的财产性收入是2002年的3倍，而最低收入10%家庭的财产性收入只是2002年的1.36倍。

②农村居民的财产性收入现状

我国农民的收入主要由工资性收入、经营性收入、财产性收入和转移支付收入四部分组成。以2011年为例，农村居民的经营性收入占其纯收入的46.2%，而工资性收入占其纯收入的42.5%，财产性收入占其纯收入的3.3%，转移支付收入占其纯收入的8%。由此可见，当前经营性收入和工资性收入是

---

① 刘凤根.财产性收入及其经济效应研究［J］,湘潭大学学报:哲学社会科学版,2008(9):40-44.

② 曾为群.分配、金融制度与居民财产性收入增长［J］.湖南社会科学,2008(2):127-130.

③ 秦交锋.居民财产性收入增长存在的问题［J］.人民论坛,2007(215):21.

农民收入的主要来源。当农民市民化以后，其收入来源主要依赖于工资性收入，提高农民就业能力和提供更多就业机会是农民城镇化进程中所必须要解决的主要问题。与此同时，还需要考虑农民的财产和财产性收入增长问题。当前我国城镇居民之间劳动收入差距有所缓和，收入分配的差距主要来自财产性收入领域，特别是农村居民的财产性收入与城市居民相比有很大的差距。以2011年为例，城镇居民的人均财产性收入为649元，农村居民的人均财产性收入为228.6元，农村居民的财产性收入不仅表现为绝对量小、比重低，而且增长相对滞后，2005—2011年城镇居民的财产性收入增长了3.7倍，同期农村居民财产性收入只增长了2.6倍，是城乡收入差距的主要来源。特别是近年来房地产和金融业的发展，使城镇居民的财产价值得到快速增长，而农村居民所拥有的固定资产价值由于区位因素和产权因素导致其增长缓慢。农村居民的财产和财产性收入不仅少而且增长乏力，城镇居民财产性收入主要来源于房屋出租、利息和股息三个部分，而农民财产性收入主要来源于利息收入，来源渠道单一。由于金融资产存量较少，房产增值难，导致我国农民财产和财产性收入增长乏力。城镇化改革如果不解决好农民的财产问题，那么市民化农民一旦进入城镇，其财富水平、财产性收入水平必然低于现有的城镇居民，城镇化农民易于陷入城镇贫困。因此，在城镇化进程中，要解决市民化农民的收入问题，缩小城乡收入差距，就必须考虑农民财产、财产性收入的增长问题，这是城镇化改革顺利推进、城乡协调发展的重要环节。

③农民财产性收入的来源及差距研究

肖红华、刘吉良（2008）指出，农民资金财产性收入主要来自储蓄利息收益和股票、债券等投资收益。[①]据2006年《中国统计年鉴》的数据统计，2002年、2003年和2004年，农户储蓄存款分别仅占全国城乡储蓄存款总额的17.73%、17.54%和17.37%。在居民存款利息很低的情况下，除去利息所得税后，农民储蓄利息收入所剩无几。除大中城市和沿海经济发达地区的周边农村，中国广大农村地区，还基本上属于股票、证券、债券等新兴投资方式的处女地，农民通过这些投资方式获得的资金财产性收入很少。朱秋莲（2009）认为在整个社会中，绝大多数的农民只有少量财产，广大农民的财产基础薄弱，获取财产性收入的渠道较窄，财产性收入的增长有限，财产性收入对城乡收入差距存在放大效应，并且这种放大效应很可能被释放出来。刘巧绒

---

① 肖红华，刘吉良. 提高农民财产性收入的途径 [J]. 湖南农业大学学报：社会科学版，2008(4)：21-23.

（2008）、佟绍伟（2008）①，肖红华、刘吉良（2008）认为赋予农民具有物权性质的土地产权是获得财产性收入的基本条件，建立农村土地信贷覆盖网络是农民获得土地财产性收入的配套条件。王歧红（2008）的研究认为我国长期存在的城乡二元户籍制度使得国家农村居民在如劳动就业、投资等方面处于劣势，这种不合理的制度抑制了农民财产性收入的增长。吴丽容（2011）从资本市场的"马太效应"角度分析了农民财产性收入滞后的原因，农民不仅财富积累缓慢，还由于农村金融市场发展滞后，投资收益也低于城镇居民，从而拉大了城乡居民资本收益方面的财产性收入差距。孙益贤（2008）也指出自然的和人为的城乡市场分割是我国居民之间财产性收入分配不公的重要影响因素。付敏杰（2010）通过实证研究发现，农村居民的收入达到 5 000 元左右才可以具有财产性收入，而城镇居民不存在门槛效应，增加农民财产性收入，需要加大农村居民的金融支持力度，实现资本市场的城乡均等化。

（三）财产性收入的社会经济影响

作为居民收入的重要来源，财产性收入的分配结果具有深远的社会经济影响：从宏观层面看，其不仅对收入分配差距产生影响，更为重要的是将影响一个国家的社会结构；从微观层面看，其不仅影响居民的消费行为，还对居民的幸福感产生影响。

1. 财产性收入对贫富差距的影响

按要素分配收入，家庭占有财富的不平等必然加剧财产性收入分配的不平等，产生"富者愈富，穷者愈穷"的"马太效应"，扩大社会的贫富差距。国外的经验研究显示，居民财产性收入差距在四种收入差距中是最大的，是居民总收入差距的主要来源。James B. Davies & Anthony F. Shorrocks（1999）的研究显示，发达国家收入分配的基尼系数在 0.3 到 0.4 之间，而财产分配的基尼系数则在 0.5 到 0.9 之间。② Tormalehto（2007）发现，欧盟各国的财产性收入基尼系数远远高于可支配收入的基尼系数。③ Pryor（2006）利用 1975—2000 年美国家庭收入的面板数据，发现美国家庭财产性收入差距是导致美国家庭收入差

---

① 佟绍伟. 保护土地财产权，增加人民群众的财产性收入 [J]. 中国国土资源经济，2008（4）：27-28.

② James B. Davies and Anthony F. Shorrocks. The Distribution of Weath [C] //A. B. Atkinson and F. Bourguignon. Handbook of Income Distribution：Volume. 1999.

③ Veli-Matti Tormalehto. Issues in data quality and comparability in EU-SILC [R]. SSRN Working Paper，2007.

距扩大的首要原因。[1]

　　在国内，财产性收入差距也正在成为我国贫富差距的主因之一。李实（2007）认为，财产性收入取决于居民之间财富分布的平等程度[2]，2006 年的财产基尼系数表明，我国财产分布不均等性要高于收入，并且扩张幅度增大。[3] 贾康（2011）研究 1995—2010 年我国居民财产分布状况时，指出我国财产分布差距趋于扩大和复杂化，总体呈现金字塔形，中产阶层薄弱，财产分布重心低，居民财产的基尼系数明显升高[4]。特别是近年来，因为经济腾飞带来了中国社会资产财富的快速增值，我国土地、住房价格等突飞猛涨，财产增值带来的财产性收入使得贫富差距飞速扩大，随着财产性收入的积累效应，富人有能力购买更多的资产，这一自我膨胀与放大的过程，必然加速拉大财富多寡之间的差距（王天夫，2010）[5]。当前我国获得财产性收入的人还比较少，这也就是说少数高收入者获得了绝大多数的财产性收入（秦交锋，2007）。[6] 在尚未形成合理调节居民财产性收入机制的情况下，财产性收入的快速增加可能会导致扩大贫富差距（王一鸣，2007）[7]。姜晶（2009）认为增加广大农民财产性收入有利于进一步扩大中等收入者的比重。但处理不好，由于在经济发展中尚未形成协调不同群体利益和保护弱势群体的机制，则可能进一步拉大贫富差距。因此，在城镇化进程中，通过巧妙的制度设计和安排对财产性收入进行调控是贫富差距调控的关键，也是对宏观经济管理者智慧的挑战！

　　但另一方面，国内许多学者认为财产性收入增长是增加居民收入的重要途径，如果更多群众可获得财产性收入，就能逐步缩小收入分配差距。袁文平（2007）认为，我国居民的财产性收入尽管基数小，但是发展潜力很大，如果能够让更多的群众获得财产性收入，且人均财产性收入又快速增长，那么，收入分配的差距就能逐步缩小。[8] 姜晶、姚荣东（2009）认为，增加居民财产性收入有利于进一步扩大中等收入者的比重，有利于完善以公有制为主体、多种

　　① Frederic L. Pryor. The Anatomy of Increasing Inequality of U. S. Family Incomes［R］. SSRN Working Paper, 2006.

　　② 李实. 鼓励财产性收入将会加剧社会财富的集中［J］. 人民论坛, 2007(23)：23.

　　③ 罗楚亮, 李实, 赵人伟. 我国居民的财产分布及其国际比较［J］. 经济学家, 2009(9)：90-99.

　　④ 贾康. 调节财产分布 培育"橄榄型"社会结构［J］. 财经界, 2011(7).

　　⑤ 王天夫. 家庭财富累积影响未来社会结构［N］. 中国社会科学报, 2010, 9(8).

　　⑥ 秦交锋. 居民财产性收入增长存在的问题［J］. 人民论坛, 2007(23).

　　⑦ 王一鸣. 分配制度改革助推经济发展方式转变［N］. 中国经济时报, 2007, 11(8)：1.

　　⑧ 袁文平. "让更多群众拥有财产性收入"的意义重大［J］. 财经科学, 2007(11)：1-3.

所有制经济共同发展的收入分配制度。① 由此可见，财产性收入增长对收入差距的调节具有双面性，一方面可以促进居民的收入，但另一方面如果处理不好，则让少数富人凭借私有财产获得更多的收益，进一步拉大贫富差距。

2. 财产性收入对社会结构的影响

财产性收入不仅涉及收入分配领域，其分配结果对社会阶层的分化也会产生严重影响。美国社会学家 Robert J. Lampman（1962）认为，财产性收入分配的不平等是社会问题的一个根源。②

首先，财产性收入流动性低于工资性收入和转移支配收入，在重塑社会阶层时，财产性收入对社会结构调整的影响力小于工资性收入和转移支配收入。对此观点，杜鹏（2008）利用国家统计局深圳调查队在深圳市的数据证实了转移支付收入的收入流动性最大，劳动收入的收入流动性稍大，而财产性收入和经营性收入的收入流动性较小。在收入差距方面，深圳市居民的经营净收入和财产性收入的收入差距比较明显，且流动性不大。③ 财产性收入的低流动性，在收入分配差距较大的背景下，容易加固现有的收入分层结构。如果一个社会呈现出金字塔型的或者丁字型的社会结构时，财富和财产性收入为少数人所拥有，那么绝大多数人就难以通过努力、奋斗和劳动来实现合理的向"上"流动。权衡（2008）认为，快速的收入流动性可以从实质上改善收入不平等的状况，也可以大大减少不同收入阶层（高、中、低收入者）之间由于收入分配不平等所产生的社会心理压力和社会矛盾。④ 因此，一个合理的社会结构，需要加大社会的收入流动性，而财产性收入容易固化社会阶层分化，因此，可行的途径是通过各种宏观调控措施调节工资性收入或者转移分配收入，或者对高财产性收入人群征税，或者对居民的财产或者财产投资收益率进行调控。

其次，财产性收入具有较强的代际继承效应。Lawrence Summers 与

---

① 姜晶，姚荣东. 论增加个人财产性收入的意义 [J]. 广西青年干部学院学报，2009（1）：63-66.

② Robert J. Lampman. The Share of Top Wealth-Holders in National Wealth [M]. Princeton：Princeton University Press，1922，56：279-281.

③ 杜鹏，汪锋，张宗益. 时间和收入来源对城市居民收入分配差距的影响——对深圳市城市居民家庭收入变动性和收入来源的实证研究 [J]. 统计研究，2008（12）：22-29.

④ 权衡. "收入分配-收入流动"现代框架：理论分析及其政策含义 [J]. 学术月刊，2008（2）：82-87.

Laurence Kotlikoff 从典型消费者收入和消费轨迹中推算出家庭户财富的 80% 被继承①。财产的继承意味着财产性收入的继承。Samuelson & Zeckhauser（1988）认为金融投资、政策决策时现状偏好是选择时普遍存在的。② 这也就是说，当代人获得财产性收入的方式往往会传递给后代，有可能导致食利阶层的出现，直接影响后代人。因此，财产性收入不仅容易固化当代人的社会阶层，而且还容易遗传给后代人，决定后代人的社会阶层。在社会阶层的研究中，最不希望看见的就是韦伯的社会闭锁（Social Closure）现象，下一代复制上一代的阶层地位。因此，要减少财产性收入的代际传承效应，一个国家有必要合理地征收遗产税，促进同代人之间财产和财产性收入的平等性。

3. 财产性收入对消费的影响

从微观层面看，无论作为重要的收入来源，还是反映居民财富总量变动的指标，财产性收入对居民的消费行为都应该具有重要的影响。

财产性收入对消费的影响大于财产对消费的影响。Shefrin & Thaler（1988）在行为生命周期理论（Behavior Lifecycle Hypothesis）中将个人财富区分为三种心理账户：当前可支配收入（Current Income）账户、当前资产（Current Assets）账户、未来收入（Future Income）账户。③ 不同账户的财富的边际消费倾向不同，消费者倾向于较多地通过现金收入账户消费，而较少通过现期资产账户消费，几乎不通过未来收入账户消费。由此可见，作为现金收入的财产性收入部分对居民消费的影响大于财产对居民消费的影响。对此观点，Shefrin 和 Stateman（1984）的研究也可以得以佐证，他们发现，很多居民喜欢购买发放比较稳定的高股利股票，因为个人视股利为财产性收入，而不是资本，股利用于消费不是花掉自己的财产，不用卖股票而用股利当作日常消费开支对居民来说感到比较心安理得。④

财产性收入对消费的影响不同于工资性收入。作为财产的衍生物，财产性收入的来源方式有别于劳动工资收入，它往往不需要居民像劳动收入一样投入全部的时间和精力，因此，财产性收入在居民心目中的地位和工资性收入并不

① Kotlikoff J. Laurence and Lawrence H. Summers. The Role of Intergenerational Transfers in Aggregate Capital Accumulation [J]. Journal of Political Economy, 1981, 89 (4): 706-732.

② Samuelson, W. & R. J. Zeckhauser. Status Quo Bias in Decision Making [J]. Journal of Risk and Uncertainty, 1988, 1: 7-59.

③ Shefrin H, R Thaler. The Behavioral Life of Cycle Hypothesis [J]. Economic Inquity, 1988 (24): 609-643.

④ Shefrin, H. M. and M. Statman. Explaining Investor Preference for Cash Dividends [J]. Journal of Financial Economics, 1984, 13 (2): 253-282.

完全一样。工资性收入是维持最基本生活状态的收入账户，在中国人心中有最重要的地位，而财产性收入则能够带来更高的快乐体验，可以改善居民的生活品质，对人有更强的激励作用①（李爱梅，2005）。由于财产性收入与工资性收入存在心理差异，财产性收入对居民消费行为的影响并不完全和工资收入相同。张俊伟（2010）对1995—2007年我国城镇居民消费的研究中指出：城镇居民财产性收入的增加，不仅不能增加当期的消费支出，还会导致当期消费出现等额的下降，但财产性收入增加1单位，随后两年的消费分别增长0.15单位和0.36单位，而可支配收入增加1单位，会导致当期消费增加0.82单位。如果把捐赠行为也看作一种消费行为，那么居民的捐赠行为受财产性收入的影响和工资性收入的影响也是不同的。我国台湾学者张隆宏（2003）得出薪资收入占总收入的比例与捐赠金额呈负相关且显著的结论，即薪资收入占总收入的比例越高，则慈善捐赠金额越小。② Daneshvary & Luksetich（1997）实证研究得出股利所得占总所得收入的比例愈高，捐赠金额越大，呈显著正相关关系。③

4. 财产性收入对居民幸福感的影响

财产性收入高的居民拥有较高的幸福感、正向情绪和生活满意度。Sloan（1975）、Rizzo & Blumenthal（1994）、Thornton & Eakin（1997）、Showalter & Thurston（1997）、Mitchell & Hadley（1999）等实证研究都发现非劳动收入的增加确实会减少劳动的供给时间④，闲暇时间更多的居民，其生活的满意度往往更高。拥有财产性收入可以提高居民对环境的控制力，具有更多的经济安全感，提高居民承担风险的能力。国内学者吴丽民和陈惠雄对浙江的调查问卷得出随着资产的增加，资产的稳定性与抗风险性可以提高人们目前的幸福指数和5年后的幸福感预期。⑤ 财产性收入能够让人们有更加积极的生活态度，有更加高尚的价值追求和人生理想⑥（姜婕，2008）。

---

① 李爱梅，等. 中国人心理账户的内隐结构 [J]. 心理学报，2007，39(4).

② 张隆宏. 台湾个人捐赠行为及其所得诱因效果 [J]. 财税研究，2003，35 (4).

③ Daneshvary, N. and W. A. Luksetich. Income Sources and Declared Charitable Tax Deduction [J]. Applied Economics Letters, 1997, 4(5): 271-274.

④ Mitchell JM and Hadley J. Effects of Managed Care Market Penetration on Physicians' Labor Supply Decisions [J]. Quarterly Review of Economics and Finance, 1999, 39(4).

⑤ 吴丽民，陈惠雄. 收入增长与幸福指数演化——基于浙江的实证分析 [J]. 现代经济探讨，2009(6)：31-35.

⑥ 姜婕. 财产性收入变化对人生价值观的影响及其对策 [J]. 湖南城市学院学报，2008 (11)：20-22.

（四）提高农民财产性收入的对策研究

对于提高农民财产性收入的途径，学者们提出了众多有价值的观点。刘巧绒（2008）认为我国农民获得的财产性收入远少于城镇居民，并不是因为农民没有财产，而是农民拥有的土地、林地等财产带来的财产性收入得不到应有的保障。王文烂（2010）提出建立农村所有权制度，明确农民的产权，保障农民的资产可以转化为财产性收入。郭晓鸣（2012）认为，应当允许并支持农民持有承包地、宅基地、房屋、林权等财产权利进入城镇，既保障进城农民在身份转变过程中的基本利益不受损害，又为农民进城转变为市民提供不可缺少的资金支撑。叶兴庆（2012）认为，改革土地增值收益分配制度是扩大中等收入群体的重要举措。迟福林（2012）建议，尽快改革征地制度，保障农民征地谈判的主体地位，提高农民在土地增值收益中的分配比例，为一部分农民成为中等收入者创造条件。林家彬（2012）认为，农民市民化是一项涉及国家多项基本制度的、复杂的系统工程。土地管理制度、就业制度、社会保障制度、户籍管理制度等方面体制机制障碍亟待破除。Bourguignon & Dasilva（2003）将发展中国家现有影响居民财产性收入的经济政策做出了归纳，其认为税收政策、公共保险系统和养老金的管理、财政部门改革（如规范银行部门、提供小额信贷等）、土地改革等结构性改革是关键因素。Frederic L. Pryor（2007）研究美国财产性收入不平等时指出问题的原因在于高收入家庭比低收入家庭节省了更高比例的收入或是把更多的财富投资于 DRI（即红利租金和利息），而低收入和中等收入者可能把更多的储蓄用于没有回报率的资产上，比如购房，投资于个人退休账户或者其他在未来有回报率的养老安排上。因此，城镇化改革进程中解决好新入城镇居民住房问题、社会保险问题将有助于其财产性收入的增长。易宪容（2007）指出，财富成为财产和资本需要具备两个前提，一是需要明晰地界定个人财富产权；二是需要拥有合适的投资工具、投资产品和市场。刘凤根（2008）认为城乡股票市场结构不合理，严重制约了农村居民财产性收入的普遍提高。

易宪容（2007）[①] 从产品权界定、金融工具的发展、分配制度三个角度对提高居民财产性收入进行了分析。他指出，要让财富成为财产，成为资本，就必须有两个前提条件，一是个人财富必须要有清楚的产权界定，二是要有合适的金融市场和金融工具。与此同时，在计划经济体制下，财产基本上界定为共

---

① 易宪容. 关于财产性收入 [J]. 银行家，2008（9）：130-131.

有，那么转轨经济过程中，不仅是个人财富不断增长的过程，也是公有产权逐渐私有化的过程。也就是说，在这种产权私人化过程中，如果没有一套公平、公正的产权转化机制，那么个人财富增长也会相当不同，甚至相差悬殊。因此，创造条件让广大群众拥有财产性收入，不仅在于如何来清楚界定和保护产权，如何建立起有效金融市场，最为重要的是如何建立起一套有效的公平、公正的国有财产私人化的分配机制。

（五）文献述评

财产性收入分配是社会经济系统运行的重要子系统，其分配本身受多种因素的影响，远远比劳动收入复杂，而其分配的结果又具有深远的社会经济影响。本书从财产性收入的范畴、财产性收入的现状、财产性收入的宏、微观社会经济影响和农民财产性收入提高的途径等方面对现有的文献进行系统的梳理，已有文献为化解城镇化改革进程中农民收入增长难题提供了很好的思路，为实现"创造条件让更多群众拥有财产性收入"提供了很多好的建议，但是，现有的研究还可以在以下方面进一步深化：

第一，当前城镇化改革的焦点更多集中于城镇的总体发展规划，但农民进入城镇后生计解决和市民化待遇只是问题的一个部分，宏观政策必须要考虑农民历史收入欠账和这些市民化农民的社会阶层问题，这个问题的解决依赖于农民财产性收入增长机制的破冰。因此，城镇化进程中农民财产性收入增长问题是城镇化改革的一个关键。

对财产性收入的研究，很少有学者将其放在城镇化的进程中进行分析，分析城镇化对农民财产性收入的影响。而对城镇化的研究，更多的学者是分析城镇化对农民收入和城乡收入差距的影响，很少有学者分析农民财产性收入对城镇化的影响。而将两者联系起来分析，对于当前我国城镇化改革、居民收入分配体系的完善具有重要的现实意义。

第二，现有文献关于农民财产性收入增长的建议大多是党的十七大提出"创造条件让更多群众拥有财产性收入"后提出的，这些建议比较零散，尚未形成一个系统的农民财产性收入调控框架。党的十八大提出"坚持走中国特色新型工业化、信息化、城镇化、农业现代化道路"，推动"城镇化和农业现代化相互协调"，城镇化改革背景下农民财产性收入的增长问题可以有更多的突破和发展思路。因此，深入系统地研究农民财产性收入调控对城镇化改革实践能够提供一个全面的思考框架和有益的思路借鉴。

第三，城乡统筹试点在重庆和成都已经积累了相当多的经验，但也存在一些尚未解决的问题，例如已被征地的农民和未被征地农民之间财产性收入差距所产生的新的不公，现有文献对这些做法与农民财产性收入增长、城乡居民收入差距调整的关系还缺乏深入研究。深入研究重庆的城乡统筹试点将有助于西部财产性收入调控思路的拓展，有助于使提出的对策更具有实践可操作性。

第四，对其他国家财产性收入的研究。从研究领域来看，学者们主要集中于对国内财产性收入的研究，对国外的财产性收入研究文献很少。

第五，目前国内学术研究对财产研究得颇多且深透，但对于财产性收入社会经济影响的研究深度和广度尚待拓展。目前更倾向于从宏观层面研究财产性收入的重要性，而财产性收入的微观层面的行为、心理研究，国内目前还比较缺乏。

第二章 财产性收入对幸福感的影响

渴望幸福，追求幸福，是每个人的生活目标。英国哲学家休谟说过："一切人类努力的伟大目标在于获得幸福。"《2010 年中国城市居民幸福感调查》的研究结果表明，收入分配是影响我国居民幸福感的重要因素。自党的十七大提出"创造条件让更多群众拥有财产性收入"以来，我国居民的财产性收入不断快速增长。财产性收入作为财产的衍生物，来源于非生产经营所得，是基于财产的所得，属于分配领域的初次分配范畴，只有通过出让财产权能让财产，进入生产和交换领域后，才能获得财产性收入。而且财产性收入具有"滚雪球效应"，其往往不需要获得者花费全部的工作时间和精力，却往往能以几何级数的规模增长。因此，财产性收入有别于工资性收入和经营性收入，其对居民幸福感的影响机理也是有别于工资性收入的。

一、财产性收入对居民幸福感的实证研究

（一）幸福感的内涵

1. 幸福感的含义

幸福感的英语表述有 Hapiness，Well—being，Eudemonia，Psychological well—being，Subective Well-being（SWB）。心理学研究中常常使用 Subective Well-being，来表示幸福的心理感受，也称主观幸福感。美国研究幸福感的著名心理学家 E. Diener 指出："作为心理学的专门术语，主观幸福感（Subective Well-being，简称 SWB）专指评价者根据自定的标准对其生活质量的整体性评估。"[①] Andrews & Withey（1976）认为幸福感是由对生活的满意程度及所感受的正负情绪强度所整体评估而成。主观幸福感由情感和认知两个方面组成。情

---

① Diener E. Subjective Well- being [J]. Psychological Bulletin, 1984, 95 (3): 542-575.

感方面包括彼此独立的积极情感成分和消极情感成分，积极情感成分有如愉快、欣慰、自豪、对生活的热爱等；消极情感成分有如焦虑、抑郁、自卑、恐惧、厌烦、难受等。认知方面指个体构建一个适合自己的标准并将生活或作为整体或分为不同领域进行满意度评定的过程，涉及的重要概念即生活满意度。① 有较强幸福感的人，生活满意度较高，体验到的积极情感多于消极情感。

根据上述定义可以发现，主观幸福感具有三个基本特点：①主观性，根据自己设定的而非他人的标准进行评价，或者根据调查设定的标准。②整体性，生活质量是由家庭、婚姻、工作、学习等多因素构成，因此测量幸福时人们需要针对多个因素进行综合考量。③相对稳定性。通过对目标人群进行追踪调查，测量人们的长期幸福感时得出如下结论：从短期看，主观幸福感是时刻变化的；从长期看，主观幸福感是一个相对稳定的值，它不会随着时间的流逝或者环境的改变而发生重大变化。尽管个体遇到突发事件会产生情绪波动，但是在一段时间内将自动回复到个体幸福感的基准水平，主观幸福感是平稳波动的②。

2. 影响幸福感的因素

影响主观幸福感的因素有很多，包括个体的内在因素（如人格特质、健康状况、遗传基础等）和外在因素（如职场与就业、社会关系、财富、收入、消费、尊卑、声望等），这些都可能带来幸福感的差异。在对幸福感的影响因素进行的大量研究中，研究思路逐渐分化成两种：一条思路是热衷于探讨影响幸福感的客观因素，主要包括生活质量和各种人口统计学两类变量，如考察收入、住房、年龄、性别、受教育水平等客观或外在因素的影响；第二条思路是探讨个人认知方式、目标、文化背景、适应、应对策略等对主观幸福感的影响。由此可见，收入并不是决定幸福的唯一因素，但收入却一直是研究幸福的基点之一。因为贫穷与幸福无缘。如果你没有一定的收入，食不果腹、衣不蔽体、居无定所，快乐幸福生活就无从谈起。正如高尔基所言："人类生活的一切不幸的根源，就是贫穷。"

（二）收入与幸福感的关系

对于收入对幸福感的影响，学者们做了大量的研究，一个普遍的结论是低

---

① 陈惠雄，刘国珍. 快乐指数研究概述 [J]. 财经论丛，2005（3）.
② Diener E. Subjective Well-being [J]. Psychological Bulletin，1984，95（3）：542-575.

收入人群幸福感的制约因素主要是收入；在同一时期，高收入者的幸福感高于低收入者；稳定和持续的收入增加能够提高居民的幸福感。

1. 低收入者与幸福感

在一国内，制约低收入者幸福感的因素主要是收入过低。黄有光（2003）认为，在收入水平非常低的时候，收入与快乐之间关联度更为紧密。何正斌（2005）认为对于收入水平非常低的人群，收入与幸福的关系是很明显的。

Diener，et al（2000）在加尔各答抽取了一个样本，这个样本是由一些很贫穷的人组成的，结果发现，这个样本中的个体的收入和主观幸福感之间的联系非常紧密[1]。Lever（2004）在墨西哥进行的研究中，把918名被试者分成了极度贫穷、适度贫穷和不贫穷3组。研究的结果显示，最贫穷的组报告的主观幸福感最低，其次是适度贫穷组，最后是不贫穷组。[2]同时，这3组被试者在主观幸福感的一些维度之间也有统计学上的重大差异。

根据John Knight & Lina Song（2006），中国农村地区受调查的9 197名居民中，认为自身生活不够幸福（包括不怎么幸福与很不幸福两类）共占9%，即约28人。而在这28人中，又有63.6%的受访者认为，"不怎么幸福"的首要原因是收入过低。[3]一项针对中国的调查也显示，分别有54.6%和66.4%的中国城镇、农村居民认为贫穷是他们感到不幸福的主要原因[4]。

2. 高收入者幸福感与低收入者幸福感的对比

在一国之内，横截面数据分析显示收入更高的人平均而言具有更高的幸福水准，但相关性也不是很强。

根据Easterlin（1974）的研究，如果将日本的收入分为3组，处于最高收入组的平均幸福等级要显著地高于收入最低的一组[5]。Campbell，et al（1976）认为，收入对于幸福感有显著影响，高收入者的幸福感高于低收入者[6]。此结果也获得大多数相关研究的证实，如曾艳秋（2002）、黄国城（2003）等皆发

---

① Ed Diener，Robert Biswas Diener. Will Money Increase Subjective Well—being? [J]. Social Indicators Research，2002，57（2）：119-141.

② Lever J P. Poverty and Subjective Well—being in Mexico [J]. Social Indicators Research，2004，68（1）：1-20.

③ 韩士专. 幸福经济学之"收入观"新解 [J]. 江西社会科学，2007（3）.

④ 汝信，陆学艺，李培林. 2006年中国社会形势分析与预测居民生活质量调查报告 [M]. 北京：社会科学文献出版社，2005：52-66.

⑤ Easterlin，Richard. Does Economic Growth Improve the Human Lot? Nations and Households in Economic Growth [M]. New York：Academic Press，1974.

⑥ Campbell，Converse & Rodgers. The Quality of American life [M]. New York：Russell Sage Foundation，1976.

现收入对于幸福感具有正向的影响①②。Diener（1985）等人发现极其富裕的个体（样本取自福布斯上的最富裕美国人名单）和居住在同一个地区的对照小组相匹配，发现这些最富裕个体在6点计分生活满意度量表上的得分比对照小组要高出1个百分点③。林崇逸（2007）探讨人口统计、人格特质与财富态度对幸福感的影响，发现女性比男性幸福感高，高收入可以拥有较多的选择来满足欲望，因此，所得达到预期和快乐有同方向的变化④。这些发现都支持收入和主观幸福感之间的直接联系不是因为其他的变量，在家庭收入、幸福的横截面资料中（即同一国家、同一时间）能够清楚地发现高收入家庭通常比低收入家庭具有更高的幸福度。

根据 Kahneman & Krueger（2006）报告，在他们对美国2004年度的调查中发现，全美范围内高收入家庭（年收入超过9万美元）中幸福程度达到"非常幸福"这一层次所占的比率，是最低收入家庭（年度收入在2万美元以下的）对应比例的2倍；不过，中等收入家庭（年度收入为5万~8.999 9万美元）的相应比率与高收入家庭没有多少差异。⑤ Diener, et al（1999）的研究则说明高收入者较低收入者拥有较高的幸福感，但个人所得与幸福感间只有薄弱的关系，表示收入对于幸福感的影响效果较小，但仍可以预期高收入者因有较佳的物质条件和较多可支配权和选择，其幸福感将高于低收入者。⑥

3. 收入的增加速度与幸福感

从收入改变的角度来看，Diener & Biswas-Diener（1999）认为，只有当个体收入的增长是缓慢和稳定的时候，才会导致个体幸福感的增加⑦。但个体收入的增加与其幸福感的提高是没有必然联系的，有研究发现收入的迅速增加反

---

① 曾艳秋. 已婚妇女生活目标、目标社会支持与幸福感之相关研究——以高雄市育有国小子女之已婚妇女为例 [D]. 高雄：高雄师范大学辅导研究所，2002.

② 黄国城. 高雄市医院志工幸福感、死亡态度与生命意义感之相关研究 [D]. 高雄：高雄师范大学成人教育研究所，2003.

③ Diener E, Horwitz J, Emmons R A. Happiness of the Very Wealthy [J]. Social Indicators Research, 1985, 16: 263-274.

④ 林崇逸. 幸福与财富：幸福感影响因素的探讨 [D]. 世新大学财务金融系，2007.

⑤ Daniel Kahneman, Alan B. Krueger, David Schkade, Norbert Schwarz, Arthur A. Stone. Would You Be Happier If You Were Richer? A Focusing Illusion [R]. CEPS Working Paper, 2006 (125).

⑥ Diener, Lucas, Smith. Subject Well-being: Three Decades of Progress [J]. Psychological Bulletin, 1999, 125: 276-302.

⑦ Diener E, Biswas-Diener R. Will Money Increase Subjective Well-being? A literature Review and Guide to Needed Research [J]. Social Indicators Research, 2002, 57 (2): 119-169.

而会降低幸福感①。Brickman 等研究发现彩票中奖者并不像我们所预期的那样比控制组更幸福②。

（三）财产性收入与幸福感关系的实证研究结果

由上述文献的研究成果可以得知，收入对于某一时期的居民幸福感有重要的影响，收入越高，幸福感越强。一个人的收入包括工资性收入、财产性收入和转移支付收入。因此，财产性收入的增长也会影响居民的幸福感。

财产性收入是指家庭拥有的动产如银行存款、有价证券，不动产如房屋、车辆、土地、收藏品等所获得的收入，包括利息收入、股息与红利收入、保险收益、出租房屋收入以及其他投资收入。与工资性收入、经营性收入相比，财产性收入具有与其他收入不同的特点：①拥有财产是获得财产性收入的前提，财产与财产性收入之间是相辅相成的关系。没有财产，自然没有财产性收入；有了财产性收入，不仅能进一步增加财产额度，而且还能对其本身予以促进。②财产性收入是财产所有人通过行使对自己财产的占有权、使用权、收益权、处置权等权能，而获得的相应收益。③因此，要获得财产性收入，财产所有权人必须具有可以自由支配其财产的权利，即具有私有财产所有权。③财产性收入与工资性收入和经营性收入不同，它来源于非生产经营所得，是财产的衍生物。④财产性收入是基于财产的收入所得，属于分配领域的初次分配范畴。只有通过出让财产使用权让财产进入生产和交换领域变成资本以后，才能参与初次分配。⑤财产性收入具有广泛性社会上绝大多数人都拥有或多或少的财产，因此财产性收入的分布非常广泛，例如利息收入。⑥累聚性，也就是说财产性收入可以带来财产性收入，财产性收入通过聚集进行导致财产增加，财产增加导致财产性收入进一步增加，出现"滚雪球效应"。⑦财产性收入具有特定的指向性，工资性收入可以转化为财产性收入，而财产性收入就不能转化为工资性收入。由于财产增值的特点，它不需要获得者花费全部的工作时间和精力，却往往能以几何级数的规模增长。

财产性收入的增加对居民幸福感的影响，国内学者吴丽民和陈惠雄对浙江的 1 165 份调查问卷结果得出了如下结论：①应用单因素方差法对不同资产状

① Diener E, Sandvik E, Seidlitz L, et al. The Relationship between Income and Subjective Well-being: Relative or Absolute? [J]. Social Indicators Research, 1993, 28: 195-223.

② Brickman P, Coates D, Janoff-Bulman R. Lottery Winners and Accident Victims: Is Happiness Relative? [J]. Journal of Personality and Social Psychology, 1978, 36 (8): 917-927.

③ 程国栋. 我国农民的财产性收入问题研究 [M]. 福州：福建师范大学出版社，2005.

况人群、不同时期快乐状况平均水平以及差异显著性进行分析，分析结果显示，随着资产的增加，可以提高人们目前的幸福指数和 5 年后的幸福感预期。低资产组人群目前的幸福指数仅为 6.54，较高资产组人群低 0.7 个分值。②应用 LSD 法分析不同资产组人群幸福指数平均水平差异的显著性，分析结果显示，低资产组人群与中等以及高资产组的目前幸福指数之间的差异达到显著水平，而中等与高资产组人群的目前幸福指数之间的差异没有达到显著水平。这表明，资产在 50 万元左右的人群的目前幸福指数明显低于资产在 100 万元及其以上人群的平均水平。③采用肯德尔秩相关系数法分别分析收入、资产与不同时期幸福指数的相关关系。分析结果显示，收入仅与目前幸福指数在 0.01 水平上具有显著相关关系，相关系数 r＝0.133，而资产与目前幸福指数以及预期 5 年后幸福指数具有显著相关关系。$R_{资产·目前幸福指数}=0.122$，$R_{资产,5年后幸福指数}=0.067$，由此可以看出，资产具有的稳定性与抗风险性决定了其不仅影响人们的目前幸福状况，同时也较显著地影响到对未来幸福状况的预期。①

二、财产性收入和工资性收入的差异

为什么同样作为收入的重要组成部分，财产性收入和工资性收入对居民幸福感的影响会存在差异呢？本书认为财产性收入与工资性收入不同，它来源于非生产经营所得，是财产的衍生物，是基于财产的所得，属于分配领域的初次分配范畴，只有通过出让财产使用权让财产进入生产和交换领域变成资本以后，才能获得财产性收入。而且财产性收入具有"滚雪球效应"，能够通过财产性收入和财产的不断增长导致财产性收入进一步增长。由于财产增值的特点，财产性收入不需要获得者花费全部的工作时间和精力，却往往能以几何级数的规模增长。因此，财产性收入对于居民幸福感的影响机理应该有别于一般的工资性收入。财产性收入和工资性收入的差异主要存在于以下三方面：投入要素、劳动参与和收入结果（如图 2-1 所示）。

---

① 吴丽民，陈惠雄. 收入增长与幸福指数演化——基于浙江的实证分析 [J]. 现代经济探讨，2009（6）：31-35.

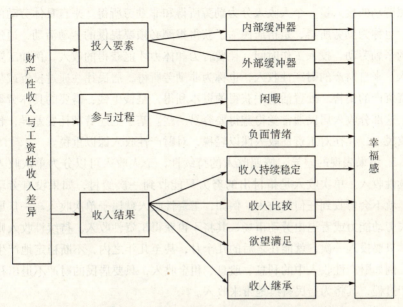

图 2-1　财产性收入与工资性收入对居民幸福感影响的差异

工资性收入和财产性收入的差异如表 2-1 所示：

表 2-1　　　　　　　　**工资性收入和财产性收入的差异**

	投入要素	参与过程	结果表现
工资性收入	劳动力	勤劳所得	单次收入
财产性收入	居民生产性财产	非勤劳所得	单次收入或者持续性收入

1. 投入要素的差异。从收入来源的角度看，收入的取得依赖于生产要素参与社会经济活动，通过要素的价值贡献而获得报酬。《中国城市（镇）生活与价格年鉴》将财产性收入定义为家庭拥有的不动产如房屋、车辆、土地，动产如银行存款、有价证券，收藏品等所获得的收入；根据劳动部《关于贯彻执行〈中华人民共和国劳动法〉若干问题的意见》，工资性收入是指用人单位依据国家有关规定或劳动合同的约定，以货币形式直接支付给本单位劳动者的劳动报酬。因此，工资性收入和财产性收入获得报酬的投入要素不同。工资性收入依赖的是劳动者的劳动力投入；财产性收入依赖的是居民牺牲现在消费的时间偏好，通过行使财产的占有权、使用权、收益权、处置权等权能而获得的增值经济收入。拥有财产是获得财产性收入的前提。

2. 参与过程的差异。投入要素的差异，决定了居民劳动参与方式的不同。

按照劳动的投入量，个人收入分为勤劳所得和非勤劳所得。来自具体劳动的收入，也称为勤劳所得，是指居民为了获得报酬必须要提供的劳动活动，通过自身的辛勤劳动、投入工作时间、耗费智力和体力才能获得的收入，例如工资性收入。来自财产的财产性收入，也称为非勤劳所得，居民往往通过投资或从所投资资产的销售、处置活动中获得的资本利得，是钱生钱，需要的具体劳动较少，这部分收入居民通常觉得赚得要容易一些。基于上述劳动耗费差异，各国在收税上，往往对工资性收入课以轻税，对财产性收入课以重税。

3. 结果表现的差异。按照收入的持续性，个人收入可以分为单次收入和持续性收入。单次收入是指付出的努力只能收到一次给付，如果没有劳动投入，就不会再收到任何的收入，例如，工资性收入就属于单次收入。一旦居民丧失劳动能力或者退出劳动市场，其将不再获得工资性收入。持续性收入则不然，只要投入一次，就能在之后的几个月，甚至几年之内，不断稳定地产生收入，例如财产性收入中的利息、股息、租金收入，只要居民的财产不退出社会生产过程，其将为居民持续地带来收入。

按照收入的稳定性，个人收入可以分为稳定的收入和不稳定的收入。工资性收入往往随着居民劳动能力、劳动时间以及外部经济环境的变化而变化，特别是企业单位的职工，其工资性收入随企业效益的变化而波动。而不同渠道的财产性收入的稳定性则存在差异，其增值（贬值）速度要么很快，波动幅度很大，例如股票，可预见性不强；要么增值速度很稳定，波动幅度很小，例如银行储蓄存款利息、房租、国债利息等，具有良好的可见期特点。

由于财产性收入和工资性收入在投入要素、参与过程和收入结果等方面的差异，其对居民幸福感的影响机理应存在差异。幸福感是人们的一种愉悦的主观心理感受，下面本文将从动态平衡理论中的内部缓冲器和外部缓冲器角度分析劳动和财产对居民幸福感的影响差异；从闲暇、负面情绪角度分析勤劳所得和非勤劳所得对居民幸福感的影响差异；从收入持续稳定性、收入比较和收入继承的角度研究了收入持续稳定性对居民幸福感的影响（如图2-1所示）。

三、财产性收入影响幸福感的机理

（一）投入要素差异与居民幸福感

根据动态平衡理论（Homeostatic Theory of Subjective Well—Being），居民的幸福感通常被维持在由人格决定的狭窄范围内，不利的客观环境能被两套缓冲器减弱：一个是内部缓冲器，由可感的控制、自尊和乐观这三种信念组成；另一个是外部缓冲器，它包含一些资源如他人的援助、朋友的支持等。工资性收入和财产性收入所依赖的劳动力、财产两种不同生产要素，对居民而言，其对幸福感的内部缓冲和外部缓冲的影响力是存在差异的。

1. 内部缓冲功能的差异。居民拥有的财产可以提高居民对环境的控制力，使居民具有更多的经济安全感，增强其承担风险的能力。经济安全是指有足够的收入满足基本的需要和足够的储蓄以应变不时之需。Biornskov（2006）认为财富的多寡会影响居民的风险规避程度，随着财富的增加，风险规避程度会下降。当居民感到经济安全和风险承担能力增强时，其对未来的担心、忧虑的心理负担和压力会下降，会更乐观地憧憬美好未来，把握更多的发展机会，幸福感随之增加。此外，财产能够提高人的自尊。Robbins（2003）认为，自我尊重（Self-esteem），即自尊，意指个人对自我的喜好或厌恶程度，即个人对自我的评估[1]。心理学家 Rosenberg（1965）认为自尊是多方面的，包括财富、美德、健康、外表及社会能力等。Lane（1991）与 Glietman（1991）指出预期收入的高低将透过行动强化自我（Self）进而提升自尊，因为收入被视为成功指标。[2][3] Skinner（1996）认为当个人具有高度自尊，面对挫折他们会尽自己最大的努力，持续不懈，表现乐观，积极行动。

工资性收入是用人单位依据国家有关规定或劳动合同约定，支付的劳动报酬，这个报酬的高低常常不由居民决定；其次，工资性收入要劳动才能够拥有，由于各种不确定性因素的存在，例如失业、生病、残疾等环境的突变，因此，工资性收入的内部缓冲功能不强。

2. 外部缓冲功能的差异。Emmons（1986）认为，资源会通过影响人们实现目标的能力，间接地影响居民的幸福感，对实现目标有利的社会资源会促进幸福感。财产能够增加外部资源的可得性，Cummins 认为穷人会体验到低的幸福感，因为他们要受到贫穷的直接和间接双重影响：直接影响来自差的营养和医疗条件，这会增加疾病和残疾发生的可能性；间接影响来自缺少应对不利环境的内外部资源，可能会体验到低的社会支持。拥有财产和财产性收入的居民，持续稳定的收入水平和财富基础使其在社会生活中的信用程度得以提高，可以通过抵押、贷款等获得更多的社会资源和社会支持，而且其奖励合作者与惩罚背叛者的能力也较高，更勇于与他人合作。只拥有工资性收入的居民，一

① Robbins, S. P. Organizational behavior [M]. 10th ed. NJ: Prentice Hall, 2003.

② Lane, R. E. The Market Experience [M]. New York: Cambridge University Press, 1991.

③ Glietman, H. Psychology [M]. 3rd edition. New York: Norton, 1991.

且面对不利处境，往往只有求助于朋友的支持或者政府相关福利机构援助，依赖于自己应对不利环境的能力远远弱于拥有财产的居民。正如 Raffalovich（1999）所言，财富是一个社会经济权力的主要来源。

（二）参与过程差异与居民幸福感

工资性收入和财产性收入对居民劳动时间、智力和体力投入的要求不同，因而居民取得收入的过程中所承担的心理压力、感受到的紧张情绪存在差异，从而居民的幸福感因此所受到的影响也是不同的。

1. 闲暇与居民幸福感。金钱能够产生幸福感，休闲时间也会产生幸福感。Luttmer（2005）、Meier & Stutzer（2006）的研究都指出工作时间过度增加，居民幸福感会下降。俄罗斯一网站对 3 000 名 18 岁以上的居民进行调查，调查显示，70%以上的居民认为其幸福感与劳动时间紧密相关，其中，每天劳动时间少于 6 小时的居民幸福感最强，劳动时间大于 12 小时的居民幸福感最差。依赖于工资性收入的居民，其劳动时间往往受到用工单位的规定，时间的自由支配度小，为了获得更高的收入，劳动时间延长，闲暇时间较短；而拥有较多财产性收入的居民，其有更多的闲暇时间。对此观点，张世伟（2010）的研究指出低收入群体劳动参与行为对工资和收入的变动比较敏感，对工资的增长其愿意付出更多的劳动时间；非劳动收入对各收入群体劳动参与概率均具有负向影响，并且边际效应呈递减趋势，对低收入群体边际效应最大，而对高收入群体边际效应最小。

2. 负面情绪与居民的幸福感。Kahneman（2006）认为，当人们考虑到任何一个单一的因素对自己的幸福状态所具有的影响，会倾向于夸大这个因素的重要性，这被称为"焦点幻觉"（Focusing Illusion）。[1] 金钱长期依赖被认为是幸福的原因，为了更幸福，受焦点幻觉的影响，人们倾向于把更多的时间用于工作以便获得更多的收入，与此相伴，居民在工作中将可能体验到更多的紧张和负面情绪，休闲时间减少。心理学家采用瞬间取样法对来自 10 个不同地点、从事不同工作的 374 名工人，在一整个工作日，每隔 25 分钟就询问他们的幸福感是多少。结果显示，高收入者可能更多地体验到紧张和负面的情绪[2]。中国人力资源网的调查结果显示，员工工作幸福感的正面情绪体验得分相对来说比较低，而相应的负面情绪得分则相对较高。此外，Sirgy（1998）认为过分

---

① http：//www. sinoscitech. cn/newver/browarticle. php? articleid=1191.

② http：//www. xingfuke. net/psyblog/xingfuke1159. html/comment-page-1.

追求经济目标抑制了实现其他目标的机会，阻碍了幸福感的提升。而与只具有劳动性收入的人相比，具有财产性收入的人其对收入增长的焦点不再仅仅集聚在工资性收入上，而是把部分注意力分散到财产性收入上。因此工作的紧张感降低，紧张投入工作的时间更少，享受更多或者享受更高品质的闲暇生活，从而幸福感增加。吴丽民和陈惠雄（2009）认为，资产影响居民的幸福感是因为原始资本积累所付出的生命成本较大，但当资产逐渐增加，达到一定程度后，资本的增加就不再过分依赖生命成本，而较多地来源于财产性收入。因此，资本的高积累量体现在资本增值中生命成本的降低，进而提升人们目前的幸福指数乃至对未来的幸福预期。

（三）结果差异与居民幸福感

1. 收入持续稳定性与居民幸福感。工资性收入源于劳动消耗获得的报酬，具有一次性收入的特点，财产性收入更多是持续性收入。以 2007 年为例，居民住房出租收入、利息收入、知识产权收入三项比较稳定持久的收入占了财产性收入来源的 60% 以上。在西方也出现过类似的行为，Shefrin & Stateman（1984）通过研究发现，很多居民喜欢购买发放比较稳定的高股利股票。根据弗里德曼的永久收入假说，未来收入可持久获得的比重越大，人们收入的确定感越强；相反，在未来收入不确定性的情况下，为平滑一生的消费，应对未来的不确定性，必然减少现期消费，积极进行储蓄。因此，拥有持续财产性收入的居民其收入确定感强，预防性储蓄的动机弱，当期消费的欲望和能力更强。根据萨缪尔森提出的幸福方程式：幸福 = 效用/欲望，更多的消费导致更高的效用，未被满足的欲望减少，幸福感提升。吴丽民和陈惠雄（2009）指出财产性收入具有的稳定性与抗风险性决定了其不仅影响人们的目前幸福状况，同时也较显著地影响到对未来幸福状况的预期，增强了其巩固社会阶层地位和未来收入的信心，降低了其对未来不确定性的担忧，预期收入的高低将透过行动强化自我（Self）进而提升自尊和居民的幸福感（Lane，1991）。

依赖于工资性收入的居民，除了降低消费、增加储蓄以应对不确定的未来以外，根据吉尔特·霍夫斯泰德（Geert Hofstede）提出的不确定性规避理论，面对不确定的、含糊的情境，不确定性规避程度较高的居民威胁感大大强于不确定性规避程度较低的居民，其内心普遍有一种紧迫感和进取心，心理压力较大，也容易形成一种努力工作的内心冲动和行为，这都将降低居民的幸福感。

2. 收入比较与居民幸福感。Easterlin（1995）认为居民的幸福感受两方面因素的影响：一是自身收入水平。纵向比较当期收入和过去收入，如果收入水平上升，其对现在的经济状况和对未来的经济状况改善预期都会正面评价，从而正向影响主观幸福感（Grahaman & Pettinato，2001）。二是他人收入水平。通过将自身收入与他人收入进行比较，如果负向差距，其幸福感会降低，如果正向差距，其幸福感会增加。因此对于幸福感而言，最重要的不是一个人的绝对收入水平，而是相对收入水平。Solnick & Hemenway（2005），Easterlin（1995），Clark & Oswald（1996），Sweeney & Mcfarlin（2004），Mentzakisa & Morob（2009）都强调相对收入对主观幸福感的影响程度要远远大于绝对收入。但相对收入的正效应和负效应并不是对等的，Ferrer-i-Carbinell（2005）的研究指出，对于收入低于参照组的人来说，较低的收入对主观幸福感具有比较严重的负效应；而对于收入高于参照组的人来说，较高的收入对主观幸福感所产生的正效应则相对较低。

Davles & Shorrocks（1999）的研究发现，在发达国家，收入基尼系数为 $0.3 \sim 0.4$，但是财产分配基尼系数却高达 $0.5 \sim 0.9$[1]。Pryor（2006）通过美国1975—2000年的家庭收入数据，得出财产性收入差距是美国家庭收入差距扩大的首要原因。[2] 而在欧盟各国，Tormalehto（2007）的研究发现，财产性收入远比可支配收入的基尼系数高。[3] 根据前述理论的研究，那么财产性收入的显著差距将会对不同收入组居民的幸福感产生影响，财产性收入水平高，其可以通过社会比较体验到更强的幸福感。此外，拥有财产性收入多的居民比没有财产性收入或者财产性收入少的居民更容易产生相对比较优势，特别是当人们面对强烈的负面事件如生活困难时，往往喜欢向下比较，通过和自己处于差不多压力水平的且财产性收入低于自己的人相比较，基于更高的财产性收入，可以减少居民的苦恼程度，强化自尊和自信，幸福感因比较而增强或者恢复。梁运文（2010）的研究指出2007年我国城乡居民财产分布的基尼系数在城镇为0.58，在农村为0.62，高于同期的可支配收入基尼系数，因此财产分布的显著差异对居民幸福感的影响也大于其他收入。

3. 欲望满足与居民幸福感。根据萨缪尔森提出的幸福方程式，即幸福=效用/渴望。效用是人们消费某种物品或者服务所能获得的满足程度，欲望则是

---

① James B. Davses and Anthony F. Shorrocks. The Distribution of Wealth [C] //A. B. Atkinson and F. Bourguignon. Handbook of Income Distribution. 1999.

② Frederic L. Pryor. The Anatomy of Inereasing Lnequaliry of US Family Incomes [R]. SSRN working paper，2006.

③ Vili-Matti Tormalehto. Issues in Data Quality and Comparability in EU-SILC [R]. SSRN Working paper，2007.

一种缺乏的感觉和求得满足的渴望。假定物品或服务的效用是一样的，居民的欲望值越小，幸福值越大。对于拥有财产性收入的居民而言，因为其与没有财产性收入的居民相比，财产更多、价值更大，因此财产带来的效用更大。因为其财产性收入，提高了居民的购买能力，居民可以享有更多的物品来满足自己的欲望，未被满足的欲望小。所以，对于拥有财产性收入的居民来说，其效用大、欲望小，幸福度会更高。而且大多数居民在财产的配置上，常常会配置部分财产于低风险的投资途径，以求稳定收入，部分财产追求更高收益，因此其欲望的满足能力有更大的确定性。黄诗涵（2008）的研究发现，收入越高，快乐程度相对越高（以没有考虑期待所得的情形下），而投资理财平均年报酬为正报酬的受访者最快乐[1]。拥有财产性收入的居民拥有较高的幸福感、正向情绪及生活满意度[2]。

4. 收入继承与人生使命感。财产性收入对居民幸福感的影响还可能代际遗传。在个人生命周期的初期，基于原始资本积累的需要，居民需要付出更多的劳动代价。而资产达到一定程度的居民，其资本的增加不再过分依赖具体劳动，而较多地来源于财产性收入，此时居民将用更多的时间提升自己的幸福指数，幸福感水平随着年龄的上升而上升。当居民将财产遗留给下一代，一方面下一代能够更早、更多地拥有财产性收入，其幸福感会提升；另一方面，当居民感觉自己的财产及财产性收入能够为下一代提供好的物质基础，让其处于较好的社会阶层时，常常有一种完成人生使命的幸福感觉。

结论：本书从投入要素、参与过程、收入结果三个角度通过运用内部缓冲器和外部缓冲器、闲暇和负面情绪、收入持续稳定和收入比较继承对财产性收入和工资性收入对居民幸福感的影响进行了分析，可以看出，相对而言，财产性收入更有助于居民幸福感的提升和维持。因此，一个国家或地区要提升居民的幸福感，可以增加居民财产性收入的比重，减少居民之间的财产性收入差距。

---

[1] 黄诗涵. 单身理财行为的实证研究 [J]. 台北：世新大学管理学院经济系，2008.

[2] 吴月霞. 国小高年纪单亲儿童亲子互动、社会支持与其幸福感之研究 [J]. 嘉义：嘉义大学家庭教育研究所，2005.

第三章 财产性收入的心理账户

一、收入的基本理论

在现实生活中，收入财富水平、商品价格、利率水平、消费信贷状况、消费者年龄偏好等都会影响居民的消费行为，但是经济学家认为家庭收入是影响居民消费行为的最关键因素。

1. 凯恩斯的绝对收入消费理论

关于收入和消费的关系，凯恩斯在《就业、利息和货币通论》中认为，消费者当前的支出水平取决于其当前的绝对收入水平，也就是说，消费者的当期收入越高，对商品的需求越多。但随着人们收入水平的不断提高，消费的增加不及收入增加的多，也就是说消费者存在边际消费倾向递减、边际储蓄倾向增加的现象。因此，当社会成员的收入增加时，低收入家庭的消费增加幅度会超过较高收入家庭。提高低收入家庭的收入，有利于提高整个社会的消费需求。

2. 莫迪里尼亚生命周期消费理论

美国经济学家莫迪里尼亚的生命周期消费理论建立在对新古典微观经济学家中的消费者效用最大化行为假设和边际效用分析基础上，与凯恩斯消费理论的不同之处在于，后者假设人们在特定时期的消费是与他们在该时期的可支配收入相联系，而前者强调人们会在更长时间内计划他们的开支，人们总是在对一生收入和财产的预算约束下来安排自己一生的消费，以达到整个生命周期内消费的最佳配置，从而使其一生的消费所获得的效用最大化。按照动态规划的最优条件，消费者的最优安排应该是使得其各个时期消费所带来的边际效用（贴现后的）无差异。

3. 弗里德曼的持久收入消费理论

美国经济学家弗里德曼（M. Friedman）1957年提出消费的持久收入假说，他将家庭的收入划分为持久性收入和暂时性收入。所谓持久收入是指消费者可以预计到的长期收入；而瞬间的、偶然性的收入被称为暂时性收入。他认为决定消费支出的既不是现期绝对收入，也不是相对收入，而是持久收入。弗里德曼指出，消费者的消费支出取决于永久收入，当收入上升时，人们不能确信收入的增加是否会一直持续下去，因而不会马上充分调整其消费；当收入下降时，人们也不能断定收入的下降是否持续，因此，消费也不会马上相应地下降。然而，如果收入变动最终证明是永久的，则人们将在较高或较低的收入水平上充分调整其消费支出。同时，他将消费支出划分为持久消费和暂时性消费：持久消费是指正常的、计划中的消费；而非经常性的、计划外的消费被称为暂时性消费，但是"持久消费是持久收入的一个常数"①。

上述三个理论，生命周期假说能够清楚地解释财产对消费的影响，而对于持久性收入假说和绝对收入假说，财产收入是隐含在现期可支配收入或者持久收入中的。以上理论实际上都坚持了古典经济学"来源独立"（Source Independence）的原则，即金钱的价值不应该依赖于它如何被获得。新古典经济学认为，金钱是最好的替代物，它不会因为自身的来源不同和支出不同而影响它的使用效应②。也就是说所有的资金都是等价的，金钱不会被贴上标签，只要绝对量相同，每一块钱都具有替代性（Fungibility），不论它是来源于工资收入，还是财产性收入。

实际上，财产性收入由于其投入、参与过程和结果与工资性收入的差异，才导致了居民幸福感的差异。在得出这个研究结论时，实际上对古典经济学最基本的一个假定："来源独立"（Source Independence）原则提出了否定。来源独立原则认为同样金额的不同来源的金钱价值是相等的，金钱价值不依赖于它如何被获得。新古典经济学认为，金钱是最好的替代物，不会因为金钱来源不同和支出不同而影响它的使用效应。也就是说所有的资金都是等价的，是"可替代的"（Fungible）。但是通过财产性收入对居民幸福感的影响可以得出，等量的财产性收入和工资性收入并不是等价的，对此本章将运用心理账户（Mental Account）理论来进一步地剖析说明财产性收入在居民心目中与工资性收入处于不同的心理账户，两者之间具有非替代性，而且不同来源的财产性收

---

① 弗里德曼. M. 弗里德曼文萃 [M]. 北京：北京经济学院出版社，1991.

② McGraw P, Tetlock P, Kristel O. The Limits of Fungibility：Relation Schemata and The Value of Things [J]. Advances in Consumer Research，2002，29（1）：162-164.

入在居民心目中也存在心理账户差异。

二、心理账户的基本理论

（一）心理账户的概念

1977 年 O'Curry 就收入来源的重要性进行了研究，得出人们花钱时对钱的重视程度是与这笔钱的重要性相对应的[①]。也就是说同样的钱在人们心目中的分量是不相同的。心理学教授 Kahneman 和 Tversky 在 1979 年提出了"前景理论"（Prospect Theory）[②]，认为投资者习惯于在潜意识中将其资产组合放入不同的意识账户，不同的账户有不同的用途，例如某个账户的资产是养老的，某个账户的资产可以偶尔赌一把，某个账户的资产是用来接受教育的，还有一些账户的资产是为度假准备的等。1981 年，Danniel Kahneman 及其合作者 Amos Tversky 在《科学》杂志上发表论文，研究人们决策判断过程的认知心理规律[③]，并提出了心理账户（Psychological Account）的概念来说明消费者在决策时会根据不同的决策任务形成相应的心理账户，心理账户是人们一个评价事务的框架。1984 年，Kahneman 和 Tversky 指出，"心理账户"概念用"Mental Account"表达更为贴切。Kahneman 认为：人们在作出选择时，实际上就是对多种选择结果进行估价的过程。究竟如何估价，最简单也最基本的估价方式就是把选择结果进行获益与损失（得失）的评价。因此，他提出了"价值函数"假设和"决策权重"函数来解释人们内在的得失评价机制。1985 年，Richard Thaler 教授在 *Marketing Science* 杂志上发表"心理账户与消费者行为选择"一文，正式提出"心理账户"（Mental Accounting）理论。Thaler 认为：不论个体、家庭，都有或明确或潜在的心理账户系统，人们在心理上无意识地把不同的收益和损失划分在不同的心理间隔性账户上，个人会以心理价值达到最大为原则对不同的心理账户进行运算，从而使人们在决策时常常会违背传统经济理

---

① 董志勇. 行为经济学 [M]. 北京：北京大学出版社，2007，12：203.

② Kahneman, Daniel, Amos Tversky. Prospect Theory: An Analysis of Decision Under Risk [J]. Econometrica, 1979, 47 (2): 263-91.

③ Tversky A, Kahneman D. The Framing of Decisions and The Psychology of Choice [J]. Science, 1981, 211: 453-458.

论中关于"理性经济人"的基本假设原则①。此后，Richard Thaler（1999）发表"Mental Accounting Matters"一文，是对近 20 年"心理账户"研究的一个总结②。Thaler 认为心理账户是指个人或家庭为了跟踪资金流向，控制支出，而像财务或管理会计那样，在内心将个人的财务活动进行记录、总结、分析和报告的会计活动，心理账户系统为决策者感知事件结果，进行事前或事后的成本—收益分析提供了基础性的分析框架，是人们在心理上对结果（尤其是经济结果）的分类记账、编码、估价和预算的过程。心理账户中有三项主要构成元素：第一个部分是决策结果的感知以及决策结果的制定及评价，心理账户系统提供了决策前后的损失——获益分析；第二个部分涉及特定账户的分类活动，资金根据来源和支出的不同被划分成不同的类别（住房、食物等），消费有时要受制于明确或不明确的特定账户的预算；第三个部分涉及账户评估频率，人们可以每天、每周、每年或以其他周期定期对账户进行结算，这部分也被 Read、Leowensteini & Rabin（1998）称为"选择归类"（Choice Bracketing）。

心理账户和一般的账户计算一样也存在损失和收益，只是损失和收益是一个相对概念，而不是一个绝对概念，是人们相对于某个自然参照点而言作出的得或失的心理感觉。损失和收益的情感体验是不一致的，等量的损失要比等量的获得，对人们的感觉产生更大的影响，人们通常赋予损失更大的权重，这也就是说等量财富减少带来的痛苦与等量财富增加带给人的快乐不相等，前者大于后者，例如损失 1 000 元钱所带来的痛苦比获得 1 000 元奖金而带来的愉悦更强烈。损失厌恶（Loss Aversion）的心理说明人们的风险偏好并不是一致的，在面临收益的情况下人们是风险规避的，做决策时往往是保守的，相对于不确定的结果来说，个人对于确定的结果过于重视，这又称为确定效果（Certainty Effect）；而在面临损失的情况下，个人是风险爱好的，决策时有追求风险的倾向。这种偏好的不一致被称为发生了"偏好反转"（Tversky & Kahneman，1981；Hsee & Leclerc，1998）。人们对事物进行分析判断时，常常会选择一个参照标准作为参考依据，人们对自己的现状与参照点之间的差别更加敏感（Harry Helson，1964）。这也就是说，实际情况与参照点的相对差异比实际的绝对值更加重要，参照点的变化会引起人们主观评价的变化。比如，当事人对 10 元和 20 元之间的差别评价明显高于对 110 元和 120 元之间差别的评

① Thaler, R. H. Mental Accounting and Consumer Choice [J]. Marketing Science, 1985, 4: 199 -214.

② Thaler R. Mental Accounting Matters [J]. Journal of Behavior Decision Making, 1999 (12): 183-205.

价。不论是获得还是损失，其边际价值都是随其不断增大而减小。离参照点越近，人们对财富的变化程度更加敏感，越是远离参照点的差额越不敏感。项目的损失和收益是相对于参照点的，人们通常对其交易采用逐个评估法，而不是将其与其他事件相联系进行评估，这也反映出了心理账户所具有的零碎性的特征。对于损失或者收益的概率，Tversky & Kahneman（1979）提出了"决策权重函数"（Decision Weighting Function）理论，该理论认为个人在评价事物时未必会以客观的概率为衡量指标，而是会依照心中的标准给予事物主观的评价。当个人认为事件发生的概率为近于 0 的极小概率时，会过度重视（Overweighted），而给予高于客观概率值的主观评价；对于大概率事件，个人过分注意极端的但概率很低的事件，却忽略了例行发生的事，所给予的主观评价会低于事件本身的客观概率。

（二）心理账户的运算规则

Thaler（1999）认为心理账户里面算账的规则不像经济学和数学那样理性，而是很感性的，不是追求理性认知上的效用最大化，而是追求情感上的效用最大化。人对于事物的编码方式是假设何种方式可以让自己获得最大的快乐，这是心理账户计算的根本准则。为了追求快乐最大化，人们对两个或多个事件进行评价时，会根据事件的损益来对事件进行分离或者整合，让自己感到快乐，情感体验在人们的现实决策中起着重要作用。根据这一思想，他提出了四个"快乐编辑原则"（Principles of Hedonic Framing）的心理账户运算规则：多重利得、多重损失、混合利得、混合损失（如表 3-1 所示）。

表 3-1 心理账户的运算规则

	事件 X	事件 Y	运算方式
多重利得	+	+	分开
多重损失	−	−	合并
混合利得	+（−）	−（+）	合并
混合损失	+（−）	−（+）	不确定

注："+"表示利得；"−"表示损失。

表格来源：李爱梅，凌文铨. 心理账户的非替代性及其运算规则 [J]. 心理科学，2004.

快乐编辑原则已获得实验上的验证（Thaler，1985；Johnson，1990），证实人们决策及偏好确实会受到快乐编辑原则的影响，亦间接地证实了人们的行为会因为心理账户的盈亏而改变。为了获得最大价值，人们可能会产生不同于理性决策的行为。

（三）心理账户的非替代性

按照传统的微观经济学理论，金钱不会被贴上标签，只要绝对量相同，每一块钱都具有替代性（Fungibility），不论它是来源于工资收入，还是赌博收益。但在心理账户理论中，人们对每一块钱并不是一视同仁的，而是视不同来处、去往何处分别对不同的心理账户采取不同的态度。每个分账户有单独的预算和支配规则，金钱并不能容易地从一个账户转移到另一个账户。Thaler 将这种金钱不能很好转移，不能完全替换的特点称之为"非替代性"。Kahneman & Lovalol（1993）认为人们倾向于一次只考虑一个决策，将目前的问题和其他的选择分开看，心理账户具有非替代性。对心理账户非替代性特征的研究主要集中于资金来源、资金用途、资金存储方式、资金的数量以及资金的计算周期等方面。

1. 各种不同方式的收入来源存在不同的心理账户中，不能相互填补，具有非替代性。人们常常根据某种标准将各种不同来源的收入划分为不同的心理账户，如意外之财、辛苦得来的钱、稳定的收入、有风险的收入等，不同收入账户的钱对人们的行为产生不同的影响。例如老王月工资涨了 500 元，小李工资没变；但老板意外给了 500 元的红包。结果小李很高兴地拿着这钱请朋友上饭店吃了一顿，老王却觉得这 500 元也是辛辛苦苦挣来的，宁愿存起来而不肯随便花掉。为什么人的行为有这么大的差异呢？从金钱的数量来看，不管公司的奖金还是年工资增加款，老王和小李获得的都是 500 元，但是公司的奖金对于小李而言属于意外横财，而老王的工资收入属于辛苦劳动所得。可见，同样是 500 元钱，因为来源不同，就被划分到了不同的心理账户：工资收入账户和意外收入账户，人们通常对工资账户采取谨慎的消费态度，而对意外收入账户采取随意的消费态度，两类收入账户在人们心中的重要性是不同的。

2. 收入的消费账户具有非替代性。人们会将收入分配到不同的消费项目中去，形成消费心理账户，各账户的资金不具有完全替代性。例如：王先生非常中意商场的一件羊毛衫，价格为 1 250 元，他觉得贵而舍不得买。月底的时候他妻子买下羊毛衫作为生日礼物送给他，他非常开心。尽管王先生的钱和他的妻子的钱是同一家庭的钱，为什么同样的钱以不同的理由开支心理感觉不同？研究表明：自己花钱购买羊毛衫，属于生活必需开支，因此觉得 1 250 元太贵了；而妻子将此作为生日礼物送给自己，属于情感开支，因此人们欣然接受昂贵的礼品却未必自己去买昂贵的物品。可见，为不同的消费项目设立的心理账户之间具有非替代性。

与收入来源账户不同的是，消费账户各账户的资金不具有完全替代的特点，可以部分替代。例如人们将本月收入的一部分作为储蓄，剩余的收入分摊到食品、房租、水电等项目中去后，人们很不愿意再去动用储蓄这个心理账户中的钱，但资金在其他账户间的流动性较强（Thaler，1988），比如食品、房租、水电三类中的某一项支出增加，人们通常会减少或者挪用其他项目开支，因此，各消费账户之间的非替代性具有不完全替代的特点。

3. 不同存储方式导致心理账户的非替代性。萨勒教授举了一个实例：约翰先生一家存了 15 000 美元准备买一栋理想的别墅，他们计划在 5 年以后购买，这笔钱放在商业账户上的利率是 10%；可最近他们刚刚贷款 11 000 美元买了一部新车，新车贷款 3 年的利率是 15%，为什么他不用自己的 15 000 美元存款买新车呢？通常，人们的储蓄分为固定储蓄心理账户和临时储蓄心理账户，对于固定储蓄心理账户而言，是针对已经有了预定开支项目而设立的，人们一般不愿意由于临时开支挪用这笔钱，而是希望通过临时储蓄账户或者其他借贷方式筹集所需资金。对这个家庭来说，存起来买房的钱，已经放在了购房这一固定储蓄心理账户上，如果另外一项开支（买车）挪用了这笔钱，这笔钱就不存在了。从理性上说，家庭的总财富不变。但因为财富改变了存放的位置，固定账户和临时账户具有非替代性，人们的心理感觉不一样。

4. 心理账户的核算频率也影响着账户之间的非替代性。心理账户是每天核算、每周核算，还是每月核算或者每年核算，对人们的行为决策的影响是不同的。一般而言，计算周期越短、计算频率越高的心理账户，它们之间的非替代性会加强，对人们的决策行为也有着更大的影响。这一研究成果可以解释1985 年美国两位经济学家梅赫拉（Rajnish Mehra）和普雷斯科特（Edward Prescott）提出的"股票溢价之谜"现象——股市的投资回报率高出无风险债券投资回报的幅度，但投资者更乐意投资后者。如从 1925 年年末到 1995 年年末，美国股市的年回报率平均为 10.1%，而美国国债的年回报率为 3.7%，股票的溢价（或称风险溢价）竟然达到 6.4%。如果 1925 年年末将 1 000 美元投入美国股市，那么到 1995 年年末，股票的价值将为 84.2 万美元，是投资国债收入的 66 倍。从长期来看，股票的投资回报率要高于国债，但是人们对心理账户的计算往往是一个短期行为，短期内股票的价格一旦下跌，投资者受到"损失规避"的心理影响，会马上将股票抛出，很少有人能从长期进行心理账户的核算，做长期投资。

5. 不同的态度来对待不同数量的收入。不同数量的收入，对人们的心理影响是不同的，从而也会影响到心理账户之间的非替代性。例如：一次 50 元、一次 25 元和只中一次 75 元的彩票，哪次中彩票的情况带来更多的快乐？有 64% 的人选择了前者。当人们一次性得到一笔奖金时，相对于现在的收入是一个大的收获，人们通常会对这笔钱作一个明确的计划安排，把很大一部分放入固定储蓄账户，另外一部分放入临时储蓄账户，它们之间的非替代性非常高。而当人们获得小额奖金时，因为金额小，人们常常不会对其作出规划，而直接把这部分收入放入临时现金收入账户，会很随意地花费这些小额奖金，心理账户的非替代性就不明显。

三、收入的心理账户

（一）收入的心理账户分类

个体、家庭或企业集团普遍存在心理账户系统。国外关于心理账户的研究认为，心理账户是一个严格有形的结构（Thaler & Johnson，1990），但其内部结构究竟如何呢？1988 年 Shefrin 和 Thaler 在行为生命周期理论（Behavior Life Cycle Hypothesis）中引入了"心理账户"理论解释消费行为，研究指出个人财富区分为三种心理账户：当期收入、当期资产以及未来收入账户。当期可支配收入一般指当期收入减去养老金；当期资产包括除养老金外的主动储蓄的累计；未来收入指未来的劳动收入、养老金总额。一般对于不同来源的财产性收入，在居民心目中就会将之归入不同的心理账户，因不同账户的财富的边际消费倾向不同，从而对消费的决策影响也是不同的。现金收入账户消费的诱惑力最大，因此，将这个账户的收入不消费而储蓄起来的心理成本也最大；现期资产账户的诱惑力和储蓄的心理成本居中；未来收入账户的诱惑力和储蓄的心理成本最小。由于不同的心理账户对消费者的诱惑不同，所以，消费者倾向于较多地通过现金收入账户消费，而较少通过现期资产账户消费，几乎不通过未来收入账户消费。不仅不同的心理账户对消费者的诱惑是不同的，而且同一个心理账户，其中的财富余额不同，对消费者的诱惑也不同。财富余额越多，诱惑越大。由此可见，生命周期的消费函数可表示为 $C = f(I, A, F)$，且有：$1 \approx C/I > C/A > C/F \approx 0$。这就是说，现金收入账户的边际消费倾向最大，接近于 1；现期资产账户次之；未来收入账户最小，接近 0。Kivetz 在实验研究中根据收入来源不同将心理账户区分为固定收入（Regular Income）和意外横财

（Windfall Gain）①。Kivetz（1999）认为，心理账户是人们根据财富的来源不同进行编码和归类的心理过程，在这一编码和分类过程中"重要性—非重要性"是人们考虑的一个维度。Henderson（1992）依据财富来源将其区分成7类心理账户，即：赠礼（Gift）、偶然所得（Found in Street）、彩票（Lottery）、工作奖金（Work）、归还的欠款（Debt Repaid）、音响的销售款（Sale of Stereo）、遗产（Inheritance）等②；Karlsson（1998）认为心理账户的运用是一种自我控制（Self‑control）的策略，个人会将金钱区分为两种心理账户：收入账户（如：薪资）及资产账户（如：存款）。Lopes（1987）认为个人的冒险意愿受到两种情绪的操控：害怕和希望。③ 人们害怕个人过度看重的最坏结果出现，因而变得过度的悲观；人们希望个人过度看重的最好结果的出现，因而变得过度乐观。因为害怕，人们会避免财富水准降得很低；因为希望，人们会渴望自己变得非常富有。Shefrin & Statman（1994）认为人们通常具有避免贫穷又想要变得更富有的心理欲望，散户会将自己的投资组合分成两部分，一部分是低风险的安全投资，另一部分是风险性较高、期望自己更富有的投资。此时，人们通常会把目前的财富分为两个心理账户，一个是避免贫穷，另一个则是想要一夜致富。④ 上述心理账户的分类都是根据经验的总结，直观地从不同的角度对心理账户进行区分，并没有通过实证研究探讨心理账户的内隐结构，而且分类维度差异很大⑤。

国内学者孙凤（2005）根据收入获得的稳定性的不同，将收入分为经常性收入账户和暂时性收入账户。国内学者李爱梅（2005）通过探索性因子分析、验证性因子分析、二阶因子验证分析的结果发现：中国人在内心中把财富根据收入来源分成了三类心理账户：一类是与工作相关的常规收入账户（Regular Income Account，RIA），一类是非常规的额外收入账户（Windfall Income Account，WIA），一类是与经营相关的收入账户（Invest Income Account，IIA）。"工作相关的常规收入"包括固定工资、每月奖金、上浮工资、节假日奖金4

① Kivetz R. Advances in Research on Mental Accounting and Reason‑based Choice [J]. Marketing Letters，1999，10（3）：249‑266.

② Henderson P，Robert A. Mental Accounting and Categorization [J]. Organizational Behavior & Human Decision Processes，1992，51.

③ Lopes，Lola. Between Hope and Fear：The Psychology of Risk [J]. Advances In Experimental Social Psychology，1987，20：255‑295.

④ Shefrin，H.，Meir Statman：Behavioral Capital Asset Pricing Theory [J]. Journal of Finance and Quantitative Analysis，1994，29（3）：323‑49.

⑤ 李爱梅. 中国人心理账户的内隐结构 [J]. 心理学报，2007，39（4）：706‑714.

个项目，这些都是与工作相关的收入来源；"非固定的额外收入"包括意外之财、亲戚朋友资助、人情收入、遗产、旧货出售费用、礼品、岗位好处费共7个项目，这些项目大都是与人情关系相关的额外经济来源；"经营收入"包括经营投资收入、固定资产增值、业务提成、分红（红利）、福利共5个项目，这些大多是与经营投资相关的经济来源。研究中得出的三因子收入账户结构，通过聚类分析进一步聚类成工作常规收入和额外收入两个账户。"工作常规收入"，对大部分人来说，是基本保健收入账户，是维持最基本生活状态的收入账户，是人们内心最重要的估价。"额外收入"，属于灵活的非常规收入账户，此类账户也许不是常规收入，但能带来更高的快乐体验，可以改善生活品质，提高生活质量，有更高的边际消费倾向，对人有更强的激励作用。在现实生活中，尽管个体的收入水平、年龄和职业不同，但大部分人都会在内心根据收入来源不同直观地把财富分成这两大类。李爱梅（2005）将收入心理账户分为"临时—固定"和"重要—不重要"两个评价维度，对中国人收入的心理账户认知图式进行了多维尺度分析，结果发现与"工作相关的收入账户"位于"固定—重要"这一象限，而经营投资账户位于"临时—重要"这一象限，"与情感相关的收入"位于"临时—不重要"象限，说明各类收入在人们的内心有着不同的内涵和特征。就心理账户的灵活性而言，随着家庭经济收入的提高，心理账户的灵活性越来越高，呈现显著的线性关系。月均收入1 000元以下组心理账户的灵活性最差，月均收入3 500元以上组心理账户的灵活性最好。这表明，账户的灵活支配受到经济条件的影响。

（二）收入的心理账户划分维度

由以上心理账户的分类依据可以看出，学者们主要的分类依据是收入时间（现在还是未来）、收入稳定性（固定还是临时）、收入类型（薪资还是存款）、收入账户的营利率（高收益还是低收益）以及收入的重要性（重要还是不重要）。其中对于收入时间维度，Shefrin & Thaler（1988）引入时主要考虑人们在进行消费决策时，选择现有的可支配收入还是当前资产或者未来收入进行消费，因此这个维度主要影响消费决策。收入账户的营利性主要是指居民将财产投资于不同的渠道，以期取得不同的收益率，这主要指的是财产性收入、工资性收入和转移支付收入等尚未转化成为财产的收入。收入类型的划分本身就可以分为工资性收入、财产性收入、经营性收入和转移支付收入。因此在这些维度中，能够较好地对收入的心理账户进行区分的维度是收入的重要性和收入的稳定性两个维度。

1. 重要性维度

我国居民的收入来源渠道主要是工资性收入、经营性收入、财产性收入、转移支付收入和意外收入。按照居民参与的劳动强度来看，工资性收入、经营性收入的获取是居民劳动投入价值的要素分配报酬，居民通常认为这部分收入（包括工资、经营收入、津贴、各种福利和补助等）是辛辛苦苦劳动所获得的报酬，并将之评价为最重要的收入（李爱梅，2005），其往往被作为居民日常生活支出的主要来源账户，对于这类收入居民常常将其视为劳动报酬心理账户。而对于转移支付性收入，在我国由于居民的转移支付收入主要表现为离退休金、养老金、抚恤救济金、困难补助等，这部分收入通常被老年人、困难家庭视为每月固定收入，国内居民通常没有单独为这笔收入来源设立单独的账户，而往往将其等同于工资收入。

财产性收入来源于资本利得，是居民资本的所有权、使用权让渡而获得的回报，需要投入的具体劳动相对较少，所以这部分收入居民通常觉得赚得要容易一些，是钱生钱，而且其增值（贬值）速度要么很快（如股票），要么很稳定（如储蓄存款、房租、国债）。居民常常将其纳入投资（财产投资）回报心理账户。

意外收入是偶然性的收入，居民常常将其视为意外横财和非预期的、不重要的收入，在人们的心目中这种意外收入的钱往往不如劳动收入的钱那样值钱，消费表现出更随意的特点。

就中国居民的可支配收入的比重（如表3-2所示）来看，在我国城镇居民的工资性收入占可支配收入的比重高达70%以上，是居民收入的最主要来源；农村居民的工资性收入占纯收入的比重为30%以上，经营性收入占纯收入的比重为50%以上，两者合计占纯收入的比重超过90%，是农村居民收入的最主要来源。按照比重越大其重要性越高的原则，可以得出工资性收入是城镇居民最重要的收入来源，工资性收入和经营性收入是农村居民最重要的收入来源。财产性收入在城镇居民可支配收入中所占比重不到3%，在农村居民纯收入中所占比重不到4%，其在居民收入中的重要性低于劳动所得收入。而意外收入在居民的收入中所占的比重更低，更不稳定，因此其地位在居民心目中更低。

表 3-2　　　　　　　　2003—2007 年城乡居民收入结构表

年份	城镇居民				农村居民			
	工薪收入占可支配收入比重	经营性收入占可支配收入比重	财产性收入占可支配收入比重	转移支付收入占可支配收入比重	工薪收入占纯收入比重	经营性收入占纯收入比重	财产性收入占纯收入比重	转移支付收入占纯收入比重
2003	75.66%	4.77%	1.59%	24.93%	35.02%	58.78%	2.51%	3.69%
2004	75.92%	5.24%	1.71%	24.63%	34.00%	59.45%	2.61%	3.93%
2005	74.31%	6.48%	1.84%	25.26%	36.08%	56.67%	2.72%	4.53%
2006	74.55%	6.88%	2.08%	24.65%	38.33%	53.83%	2.80%	5.04%
2007	74.23%	6.82%	2.53%	24.55%	38.55%	52.98%	3.10%	5.37%

数据来源：2004—2008 年《中国统计年鉴》。

因此，从收入来源的重要性来看，在我国居民心目中收入来源账户主要划分为：劳动报酬心理账户、投资回报心理账户、意外收入心理账户。三个账户在居民心目中的重要性是不一样的，劳动报酬心理账户最重要，投资回报心理账户次之，意外收入心理账户最不重要。

2. 稳定性维度

稳定性维度是指收入是临时获得的，还是可以长期稳定获得的。临时性的收入具有更大的不确定性；稳定性的收入可以持续获得，但其波动的幅度更窄。收入稳定性受两种风险的影响：系统性风险和非系统性风险。系统性风险是指整个社会宏观的经济、政治、法律、政府政策等因素对增加财产性收入所造成的影响，影响波及的范围很广，理论上普遍认为，系统性风险是最不容易控制和化解的。非系统性风险，是指居民自身的经营投资活动对收入的影响，其风险来源于居民自身的经营投资知识、经营投资心理和行为。对于低风险的投资而言，一般其对应的收入水平也比较低，但其收入往往能够预见，收入流的大小和时间间隔比较稳定，例如银行存款、债券利息、房租等；而对于高风险的投资而言，一般其对应的收入水平波动比较大，且收入时间具有不确定性，例如证券市场投资、股权投资等。

具体到不同类型的收入，就工资性收入而言，只要居民参与劳动就可以获得，而且居民往往可以通过以往的工资福利发放情况以及自身的工作绩效推测出可获得的收入，因此这部分收入的稳定性较强。转移支付收入，是政府的支付，由于政策的执行具有持续期限，因此这部分收入具有很强的稳定性和可预期性。财产性收入由于来源渠道广泛，有些收入是可以稳定获得的，例如银行存款利息、债券利息和房屋租金，而有些收入却具有较强的不确定性，系统性风险较高，例如股票买卖收益。经营性收入往往受到市场波动的影响，收入存在一定的不确定性，但经营者往往可以根据过去的周期和对未来的预测而不断调整自己的经营策略，收入的不确定性又处于一定的可控状态。意外收入则完全是居民难以预期也难以控制的收入，其稳定性最差。

收入的持续稳定性在居民心目中是划分收入心理账户的一个重要依据，不同的收入风险和持续性使居民在对收入的使用安排、期望回报和风险承受等方面给予的规划是不一样的。

（三）不同类型收入的心理账户

综合以上两个维度的分析，可以得出财产性收入、经营性收入、工资性收入、转移支付收入和意外收入在居民的心理账户中存在以下差异（如表3-3所示）：

表3-3　　　　　　　　　　　**不同收入类型的特征**

	工资性收入	经营性收入	财产性收入	转移支付收入	意外收入
重要性	重要	重要	不很重要	重要	不重要
稳定性	稳定	波动但部分可控	稳定—波动	稳定	不确定

根据这种差异的存在可以把居民不同类型的收入划分为四个心理账户：①重要且稳定的收入账户，包括工资性收入和转移支付收入。目前我国居民的恩格尔系数还比较高，根据国家统计局局长马建堂日前在《求是》的撰文，2011年我国城乡居民家庭恩格尔系数分别为36.3%和40.4%。除了食品方面的日常需求外，家庭还有教育、交通、通信的开支。工资性收入和转移支付收入是居民维持日常开支、生存的最根本来源，是最重要的心理账户。②重要但波动的收入账户，指经营性收入。这部分收入对农村居民而言主要是其经营农产品价格的收入，是很多农村居民的最重要收入来源，但由于农产品价格受市场供需的影响，收入多寡处于波动状态；这部分收入对于从事私营和个体经济的居民而言也是最重要的收入来源，但由于市场经营的不确定性，其收入也存在波动性。③不很重要且波动收益账户，指财产性收入。由于有些财产性收入很稳定，而有些财产性收入又具有较强的波动性，故其收入的多寡更多地取决于居民的风险偏好和投资理财水平。④不重要且波动账户是意外收入。这部分收入的收入时间、收入金额具有高度的不确定性，和财产性收入相比，意外收

人的不确定性更高，其获得的几率更低，居民对其重视程度更小。

不同收入类型的心理账户如表 3-4 所示：

表 3-4　　　　　　　　　　不同收入类型的心理账户

心理账户	心理账户特征	涵盖的收入类型
重要且稳定的账户	收入占可支配收入比重大，收入持续且稳定	工资收入 转移支付收入
重要但波动的账户	收入占可支配收入比重大，收入持续但不确定	经营收入
不很重要且波动的账户	收入占可支配收入比重较小，收入时间和金额具有不确定性	财产性收入
不重要且波动的账户	收入占可支配收入比重小，收入时间和金额高度不确定	意外收入

不同心理账户的收入往往对应不同的支出项目。国内学者孙凤（2005）从居民储蓄动机角度将收入的心理账户进行了分类，分为日常开支账户（包括日常开销、其他）、积累性账户（买电器家具等耐用消费品、准备装修、建房、购房、购买汽车、外出旅游）、获利性账户（准备投资经营、获得利息）、计划性账户（防老、子女教育、成人学习深造）和预防性账户（应付疾病及急用）。由上述分类结果可以看出，收入在居民心目中具有不同的支出功能，支出安排不同，其对应的收入风险性要求也不相同。例如对于日常性开支账户其对应的收入比重较大，而且需要收入是稳定可持续的，这往往由工资性收入或者转移支付收入相对应。对于预防性账户、计划性账户和积累性账户，由于其是未来居民可能要应对的必须开销，其风险的控制更为重要，且由于其又是未来的支出，所以往往由财产性收入来确保未来的支付能力，更由于其是未来必须的支出，其对应的往往是稳定的、安全的财产性收入。而对于获利性账户，居民更关注其收益性，其风险性可以更高一些，其对应的往往是不确定收益的财产性收入账户，例如股票投资、期货投资等。

对此观点，国内学者李爱梅和凌文辁教授的研究也有同样的结果，不同来源的财富有不同的消费结构和资金支配方向。奖金收入（工资性收入）最主要的支配方向排序为：①储蓄；②人情花费；③家庭建设与发展开支。彩票收入（意外收入）最主要的支配方向排序为：①人情花费；②储蓄；③享乐休闲开支。正常工资收入（工资性收入）最主要的支配方向排序为：①日常必需开支；②储蓄；③家庭建设与发展开支。

由此可见，不同类型的收入心理账户居民对其的消费态度是不同的，其采取的行为和对应的消费时间也是有区别的，不同账户之间具有不可替代性。

四、财产性收入的心理账户归类

在财产性收入账户中，由于各项财产性收入获得的方式、获得的时间和其承担的风险不一样，因此，同样是财产性收入，实际上不同来源的财产性收入在居民内心中的归属心理账户也是有差异的。

1. 时间维度。时间维度是指财产性收入取得的时间。一些财产性收入是当期就能取得的现金收入，例如每月支付的房租，当期收到的出售财产如房产、古董等获得的投资收益，出售股票获得的财产增值收益等。而一些财产性收入却是当期取得但却要未来才能现实收到的收入，例如尚未到期的银行存款利息和债券利息，尚未支付的股利等。

2. 稳定性维度。收入的稳定性维度，可以分为两个视角：一是收入的金额是否每期可以确定，其波动的幅度是否很大；二是收入的持续性，是一次性收入还是可以长期持续获得的收入。财产性收入由于投资渠道的不同，各种来源收入的确定性和持续性具有很大的差异。

（1）房屋租金收入。在我国，居民的财产性收入排在第一位的是房屋出租的租金收入，2002—2006 年，城镇居民人均房屋出租收入占财产性收入的比重都超过 40% 以上，2005 年更是一度达到 58.2%。因此房屋租金收入是我国居民重要的财产性收入来源。居民通常是在租房的时候预付房租或者是每月、每季度按期支付，租金收入通常能够稳定、按期获得，风险性较低，这部分收入是低风险的现金收入，居民往往将其视为固定收入。

（2）财产增值收益，即是在财产转让实现时取得的增值收益，例如房产买卖、艺术品古董买卖增值收益，这部分收入往往只有一次性，一旦财产买卖交易完成，收入收到，就不存在后续的收入。同时资产增值收益取得依赖于当时市场价格的波动，收入的大小、收入流入的时间等不确定性比较高，其常被视为不确定的收入账户。近年来，随着房价、艺术品、古董等价格的不断上涨，居民的财产增值收益在不断增加，居民对财产投资获取增值收益的热情也不断高涨。

（3）保险收益。居民即使参加了基本养老保险、医疗保险、失业保险等社会统筹保险项目，目前其也还不能为居民带来财产性收入。居民获得的保险收益往往来自购买的商业保险。近年来，随着人们保险意识的增强，城镇居民的保险理念不断加深，尤其是储蓄性分红保险，更是受到居民的青睐，从而使居民的保险收益（不包括保险责任人对保险人给予的保险理赔收入）在逐步提高。2006年保险收益占财产性收入的比重为1.86%。保险收益按照收入的方式分为两种。一种是保险到期后，一次性给予的收益，这部分收益往往较为稳定，金额相对较大，但不可持续；或者是保险到期后，分期给予保险收益，这种收益支付方式就每期而言金额相对较少，但由于支付时间持续，支付金额稳定，居民也将其视为稳定的固定收入。一种是储蓄分红保险类型，类似于定期储蓄，但是其中又包含有保险功能，这部分收益尽管是每月记账，但是由于居民现实收到货币往往是在保单到期后一次性支付，故其在居民心中也往往属于未来收入账户。而且由于未来保险收入究竟能够取得多少是不确定的，因此，这种收益被纳入不确定的未来收入账户。

（4）金融资产财产性收入。金融资产带来的财产性收入在我国居民财产性收入中排第二位，是居民重要的财产性收入来源。金融资产的财产性收入对其他财产性收入而言，来源、类型相对要复杂一些。其中存款利息一直是我国城镇居民传统的财产性收入来源，2006年占财产性收入的10.73%，但近年由于股票、基金市场活跃，人均存款收入比重已经从2002年的17.63%下降到2006年的10.73%，而股息与红利收入近几年则逐渐提高。2006年的人均股息红利收入占财产性收入的比重达22.92%，创近年来新高。

利息收入是居民金融财产性收入的主要来源之一，分为活期存款利息、定期存款利息和债券利息。对于活期存款利息而言，由于利息率低，收入金额往往非常小，在居民心目中分量往往不重，理论上应该居于低风险的小额现金收入账户，但在实际生活中居民常常很少将其纳入收入预算；对于定期存款利息和债券利息而言，由于其支付往往是存单到期后一次性支付，但这部分收入多少、收入时间是确定的，因此其在居民心目中往往居于低风险的未来收入账户。

就股息和红利而言，我国上市公司的股利支付主要是现金股利和股票股利，其中现金股利的支付比例和金额比较少，主要是股票股利，但股利支付的金额、支付的时间常常不稳定，因此这部分收入被纳入高风险的现金收入账户。但如果是入股企业，根据入股协议明确了确切的股息及股息分配时间，则这部分收入又是确定的可持续的稳定性收入。

对于证券投资收益，由于我国证券市场发展还不够成熟，大多数投资者投资股票不是为了获得股利，而是为了获得资产增值收益，而收益的大小具有很强的不确定性，因此在居民的心目中常常将其归类为高风险的收入。

（5）知识产权收入。知识产权收入还不是城镇居民的主要财产性收入来源，其比重最高只有 0.35%。这部分收入获得的人群相对较少，其收入获得的时间往往是按照版权合同定期结算，收入时间具有确定性，这部分收入通常被视为低风险的现金收入。

根据以上分析，按照不同来源的财产性收入的收入时间和收入稳定性两个维度可以将这些收入归纳到表 3-5 中。

表 3-5　　　　　　　　不同来源财产性收入的特征

		房租收入	财产增值收入	保险收入	金融资产收入			知识产权收入
					利息	股息和红利	证券投资收入	
收入时间		当期收入	当期收入	当期或未来收入	未来收入	当期或未来收入	当期收入	当期收入
收入的稳定性	确定	确定	确定	不确定	确定	确定	不确定或确定	不确定	确定性
	持续	持续	持续	不持续	一次性或持续收入	持续	不持续或持续	不持续	一次性或持续

根据上述不同来源财产性收入的收入时间和收入稳定性特征可以将财产性收入分为四个心理账户：当期稳定性账户、未来稳定性账户、当期不确定性账户、未来不确定性账户（如表 3-6 所示）。

表 3-6　　　　　　　　财产性收入的心理账户类型

		收入时间	
		当期收入	未来收入
收入稳定性	持续稳定	当期稳定性账户	未来稳定性账户
	不持续或不稳定	当期不确定性账户	未来不确定性账户

根据上述四个账户，可以把不同来源的财产性收入放入到不同的财产性心理账户中，如表 3-7 所示。

表 3-7　　　　　　　　财产性收入的心理账户归类

财产性收入账户类型	财产性收入类别
当期稳定性账户	利息收入、房租收入、知识产权收入、保险收入、股息或红利
未来稳定性账户	债券利息收入、银行存款利息收入、保险收入、股息或红利
当期不确定性账户	财产增值收入、证券投资收入
未来不确定性账户	股息和红利

不同来源的财产性收入在居民的心目中处于不同的心理账户。在决策时，不同来源、不同金额和不同收入时间的财产性收入账户是独立的，居民保持和跟踪这些账户各自的收益和损失情况，影响决策时的效用就来自各个账户的收益和损失带来的感觉之和。

美国经济学家欧文·费雪（Irving Fisher，1928）提出货币幻觉，指出人们只是对货币的名义价值做出反映，而忽视其实际购买力变化的一种心理错觉。Kahneman，Knetsch & Thaler（1986）发现在收入上，个人关注的是名义收入的变动而不是实际收入的变动。例如，名义收入增加5%，而同一时期通货膨胀率为12%，这种情况让个人不舒服的程度低于没有通货膨胀时的减薪7%。Shafir，Diamond & Tversky（1997）认为人们虽然知道要如何调整通货膨胀，但是实际上他们都是以名义收入来思考，因此个人的感觉被名义收入所牵动，即使明知道通货膨胀使实际收入降低，但个人会因为名义收入的提高而感到变得较富有。

对于财产性收入，居民同样有这样的货币幻觉，当不同财产性账户的名义收入增加时，人们总感觉到自己变得更富有了，而很少认为通货膨胀率高于财产增值率而变得更穷了。从心理账户损失厌恶的特点出发，居民总是希望自己的财产性收入不断增长，财产性收入增长的心理收益远远大于财产性损失的心理收益。这也就是说居民对于财产投资方向有一个心理偏好，资产要具有安全性，能不断保值增值。因此居民在投资时会通过各种投资组合回避、降低、转移、消除、分散和控制风险，以确保财产、财产性收入的不断增加。当期稳定性账户的财产性收入，通常包括房租收入、知识产权收入、保险收入、股息或者红利，这些收入不仅是当期可以获得的收入，而且是稳健的收入，是可以给居民带来持久性的收入。根据弗里德曼的持久性收入假说，由于有了可以长期预期的收入增长，居民对于未来的预期就会更有信心，居民的消费将在更高的收入预算约束下进行规划，消费水平提高。Shefrin & Stateman（1984）通过研究发现，很多居民喜欢购买发放比较稳定的高股利股票，因为个人视股利为财产性收入，而不是资本，就会觉得股利用于消费不是花掉自己的财产。不用卖股票而用股利当作日常消费开支，这对居民来说感到比较心安理得。

处于对财产性收入持续增长的偏好，居民们在配置自己的财产性收入时常常优先考虑稳定性的财产性收入账户，然后才考虑不确定的财产性收入账户；优先考虑持久性的财产性收入账户，然后才考虑临时性的财产性收入账户。

五、财产性收入心理账户对居民行为的影响

（一）财产性收入心理账户对居民消费行为的影响

财产作为社会中用于增值的、资本性的，作为能够产生未来收入的物质财富，能够为居民带来利息收入、租金收入、利润分红收入、财产增值收入等。只要财产本身没有消耗，一直存在着，通过各种投资渠道就总是会给居民带来财产性收入，但是不同心理账户的财产性收入对居民的消费行为影响不同。

1. 稳定性的财产性收入心理账户对居民消费行为的影响

稳定性的财产性收入，相当于持久性的收入，是居民可以预期的、可以持续稳定获得的收入。根据弗里德曼的持久性收入假说，由于有了可以长期预期的收入增长，居民对于未来的预期就会更有信心，居民的心理压力较小，消费将在更高的收入预算约束下进行规划，消费水平提高。

对于当期稳定性账户的财产性收入，通常包括房租收入、知识产权收入、保险收入、股息或者红利，这些收入不仅是当期可以获得的收入，而且是稳健的收入，是可以给居民带来持久性的收入。当期稳定性的财产性收入是稳定的现金收入，是当期收入，也是未来持续的收入，在使用时，不消费而储蓄起来的心理成本大，除非当期消费需求已经得到满足，不需要消费这部分收入；消费时居民觉得以后还会有，内心不会有压力感，会比较心安理得地进行消费。Shefrin & Stateman（1984）通过研究发现，很多居民喜欢购买发放比较稳定的高股利股票，因为个人视股利为财产性收入，而不是资本，就会觉得股利用于消费不是花掉自己的财产，不用卖股票而用股利当作日常消费开支，这对居民来说会感到比较心安理得。

对于未来稳定性的财产性收入，例如债券利息收入、银行存款利息收入、保险收入、股息或红利，尽管在未来是能够确切获得的收入，但是它不是当期的现金收入，而是未来收入，居民一般情况下不会动用这笔收入进行消费，除非当期现金收入不能满足其消费需求，才会借债消费，但此时由于有确切稳定的未来财产性收入，居民消费的心理压力较小。

由此可见，对于稳定性的财产性收入，不管是当前的财产性收入还是未来的财产性收入都能够促进居民消费水平的提高。目前我国居民财产性收入的来源越趋多元化，从以前的以利息、红利收入为主，扩展至利息收入、股息与红利收入、保险收益、其他投资收入、出租房屋收入、知识产权收入和其他财产

性收入等多种财产性收入。而其中，住房出租收入、利息收入、知识产权收入基本上是比较稳定、持久的收入，三者占了居民财产性收入来源的60%以上（如表3-8所示）。因此目前我国居民财产性收入来源的绝大部分是持久性收入。特别是在当前我国大部分居民收入水平较低的情况下，通过稳定性的财产性收入获取，能够提高我国居民的消费水平。

表3-8　　　　2005年和2006年城镇居民财产性收入构成明晰　　　单位:%

年份 （年）	财产性 收入	利息收入	股息与 红利收入	保险收益	其他 投资收入	出租 房屋收入	知识产权 收入	其他 财产性 收入
2005	100	10.64	18.6	1.53	9.41	58.18	0.07	1.56
2006	100	10.73	22.92	1.86	10.47	51.81	0.35	1.86

数据来源：2005年、2006年《中国价格及城市（镇）居民家庭收支调查统计年鉴》。

此外，由于财产本身是一种有价值的资产，既可以抵押，也可以变现，使得居民对于消费的跨期选择成为可能。在消费信贷条件日益改善的情况下，居民将会在更长的一个时期内对自己的消费选择进行优化配置，以获取更大的效用。

2. 不稳定的财产性收入对居民消费行为的影响

不稳定的财产性收入，是暂时性的收入，根据弗里德曼的持久性收入理论，它对居民的长期消费倾向不产生影响。Ludvigson（2004）利用计量模型分解财富的暂时性、持久性波动，发现大部分财富波动是暂时性的，没有引起消费变化，只有小部分财富变动与总消费变动有关。

当期的不稳定性财产性收入，例如财产增值收入、证券投资收入，其对居民的消费影响有限。郭峰（2005）、马骥（2005）通过对1995—2003年股票价格指数与消费支出的季度数据的实证分析发现，无论时期长短，中国股票价格指数与消费支出均呈较弱的正相关关系。骆祚炎（2004）研究发现1995年、2001年和2002年的股票资产甚至对消费起到了减少的反作用，股票资产的财富效应相对于收入对消费的影响来说，非常微弱。朱新玲，黎鹏（2006）对我国房地产财富效应进行实证分析，认为房产不存在财富效应，房价上涨并未引起消费增长。洪涛（2006）对我国31个省市的面板数据分析发现，中国房地产价格波动与个人消费支出间存在反向关系。

实际上，当期的不确定性财产性收入如果是一大笔金额，居民通常会对这笔钱作一个明确的计划安排，倾向于把一大笔钱放入更加长期、谨慎的账户中，只是消费其中极小的一部分，把剩余的财产性收入用于储蓄或者投资，以期望其带来稳定的财产性收入。如果是一笔小的财产性收入，因为金额小，人们常常不会对其作出规划，因为规划所能带来的未来财产性收入小，价值不大，居民通常直接把这部分收入放入临时现金收入账户，会很随意地消费这部分小额收入。30年前以色列银行的经济学家兰兹伯格研究了二战后以色列人在收到西德政府的赔款后的消费问题。这笔抚恤金虽然远不能弥补纳粹暴行给他们带来的创伤，但是这些钱在他们心中还是被看成意外的收入。每个家庭或者个人得到的赔款额各不相同，有的人获得的赔款多达他们年收入的67%，而最低的赔款大约是年收入的7%。兰兹伯格教授发现接受赔款多的家庭，平均消费率为0.23，也就是说他们平均每收到的1元抚恤金，就有0.23元是被花掉的，剩下的就存了起来。而获赔款少的家庭，他们的平均消费率竟达2.00，相当于他们平均每收到1元抚恤金，不仅把它全部花掉，而且还会从自己的存款中再拿出1元贴进去消费，看来这多得的抚恤金使得他们把自己的钱也贴进去了。这个例子也说明了大钱小花，小钱大花的心理账户特征。

对于未来的不确定性财产性收入，例如股息和红利，不论其金额大小，其对居民的消费行为几乎没有什么影响。

（二）财产性收入对居民捐赠行为的影响

把捐赠作为一种消费行为，财产性收入对居民消费行为的影响是与工资性收入不同的。

工薪收入对捐赠行为影响的实证研究如下：Jones & Posnett（1991）利用1984年英国家庭收支调查报告（Family Expenditure Survey）的资料，分析同时决定或分开决定捐赠参与选择与支出选择的情形，通过实证分析得到捐赠的参与选择与所得税收的特征显著相关，并得出捐赠为低所得弹性（Income-ine-lastic）。Chua & Wong（1999）利用新加坡国内税务局（Inland Revenue Authority of Singapore）提供的税收资料进行实证研究，也得出同样的结果，捐赠为低所得弹性。我国台湾学者朱纪燕（2003）得出薪资收入对慈善捐赠都不显著，慈善捐赠的薪资收入弹性为正值且弹性不大，表示薪资收入对于私人捐赠行为都没有太大的影响。[1] 我国台湾学者张隆宏（2003）得出薪资收入占总收入的比例与捐赠金额呈负相关且显著的结论，即薪资收入占总收入的比例越高，则慈善捐赠金额越小[2]。我国台湾学者陈勇达（2004）实证研究同时得

---

[1] 朱纪燕. 台湾地区个人捐赠的所得税诱因之实证分析 [D]. 台北：政治大学财政研究所, 2003.

[2] 张隆宏. 台湾地区个人捐赠行为及其所得诱因效果 [J]. 财税研究, 2003, 35 (4).

出退休金所得占总收入的比例与慈善捐款金额成负相关且显著的关系，即退休金所得占总收入的比例越高，则慈善捐赠越小①。

财产性收入对捐赠行为影响的实证研究如下：Daneshvary & Luksetich（1997）以 1981—1984 年的纳税资料，其中包含 3 351 样本，得出股利所得占总所得收入的比例越高，捐赠金额越大。陈勇达（2004）以我国台湾地区 2000—2002 年的资料对收入来源类型与捐赠行为间的关系进行了实证研究，得出收入变动对于慈善捐赠的变动有正向相关且显著的影响。其中利息收入占总收入的比例与慈善捐赠金额的关系呈正向关系，但不是非常显著；投资收入所得（包括股票投资的股息、投资的红利收入）占总收入的比例越高，则其捐赠金额越多，呈显著正相关关系。

工薪收入与财产性收入对于居民捐赠行为的影响差异是因为其所得来源的差异。薪资收入占总收入的比例与慈善捐赠金额呈负相关关系，其可能是薪资所得者需维持家中基本生活，收入来源于辛苦劳动，故较为吝于捐赠；退休金所得的性质为居民退休之后所领的薪资，为维持生活的必要收入，故居民也不愿意捐赠；经营性收入占总收入的比例与慈善捐赠金额呈负相关关系。这是因为对于低所得者而言，如小商店、自营服务业等，经营性收入主要仍维持其基本生活所需，所以与捐赠金额呈现负相关关系，对于相对高收入人群而言，较偏向于企业的净盈余分配，实证结果表明经营性收入与捐赠金额呈正相关关系。

（三）财产性收入对居民储蓄投资行为的影响

1. 财产性收入的禀赋效应

Thaler（1980，1985）的研究表明，某人一旦拥有某种物品，她立即就会赋予这种物品以更高的价值，这个价值要高于她对这种物品不属于她时的评价，这种现象称为禀赋效应（Endowment Effect）。也就是说，人们卖出一件物品所要求的价格会比买入此物所愿意支付的价格高。引起禀赋效应的原因，并不是人民高估所拥有物品的吸引力，而是因为已经拥有物品的既定事实，放弃自己拥有物品是一种损失，其所引起的痛苦对人们具有更大的影响力。

Kahneman、Thaler 和 Rabin 等人通过实验很好地解释了这种现象。实验以价值大约 5 美元的咖啡杯交易作为研究对象，将实验参加者分为三组，第一组

---

① 陈勇达. 所得来源与个人捐赠行为之实证分析——以台湾地区为例 [D]. 台北：台北大学财政学系，2003.

要求的初始状态为拥有一个咖啡杯，第二组的实验参与者每人手中都有一定的现金，而第三组（作为对照组）初始状态为两手空空。实验要求：第一组在问卷上写出他们卖出这个咖啡杯所能接受的最低价格；第二组在问卷上写出他们买咖啡杯愿意支付的最高价格；第三组在问卷上写出他们以放弃咖啡杯为代价愿意得到的现金数。实验结果显示，第一组开出的平均价格为 7.12 美元，第二组开出的平均价格为 2.87 美元，第三组开出的平均价格为 3.12 美元。这说明，有杯子的学生认为杯子是其财富的一部分，由于对自己所拥有的更加珍惜，失去杯子是一种损失，因此给咖啡杯给出的价格最高；而第二组有现金的参与者对"现金"这一禀赋更加珍惜，为了让他们放弃现金，必然需要更多的咖啡杯来交换；第三组由于先天没有禀赋，失去杯子只不过是保持其财富原有水平不变，因此开出的价格高于第二组，低于第一组。由此可见，人们对于自己所拥有的东西有一种"依恋"情结，各自福利的参照点不同，所作出的价格判断亦不相同。Kahneman & Tversky（1979）指出初始的财产状态将影响决策，在参照"获得"或参照"放弃"时，商品之间的替代率可能会有较大差异，参照水平在影响偏好的因素中扮演着重要的角色。

对于财产性收入而言，一方面人们会对自己已经拥有的财产性收入赋予更高的价值，而对可能获得的财产性收入赋予更低的价值。因为对已经拥有的财产性收入人们往往已经做了实际开支投资预算，一旦这部分收入没有了，人们的参照点是拥有财产性收入，这时会认为是损失。因此人们对已经拥有的财产性收入更加珍惜和重视，让他们放弃所拥有的财产性收入需要付出很大的代价，人们宁愿保持现状也不愿意失去已经拥有的财产性收入。另一方面，人们对于自己现在拥有的财产性收入的重视程度会高于对于未来获得的财产性收入，因为人们会对现在拥有的"禀赋"赋予更高的价值。

由于个人有避免失去禀赋的倾向，Samuelson & Zeckhauser（1988）认为这种倾向使个人产生"安于现状的偏误"（Status Quo Bias）。他们的实验假设参与者获得一笔意外的遗产，其中包含中度风险公司股票、高度风险公司股票、基金票券和政府公债四种投资组合中的一种，并提供其更改投资组合的选择权。实验结果显示大部分参与者选择维持现状，而不去做其他方式投资。这表明初始分配形式也是影响资金分配的决定因素。Samuelson & Zeckhauser（1988）对金融投资、政策决策等问题进行研究时指出：现状偏好是选择时普遍存在的。对于财产性收入而言，人们因为禀赋效应，对已经拥有的财产性收入赋予更高的价值，为了避免损失，人们常常保持现有的财产性收入状况，而不愿改变自己的投资组合，现状的影响力远大于报酬和风险所设定目标的影响。而且居民的现状偏误会随着财产性收入选择的增加而增加，因为决策愈是复杂，人们更倾向于什么都不做。

2. 财产性收入对投资方式的影响

Lopes（1987）认为个人的冒险意愿受到两种情绪的操控：害怕和希望①。人们害怕个人过度看重的最坏结果出现，因而变得过度的悲观；人们希望个人过度看重的最好结果的出现，因而变得过度的乐观。因为害怕，人们会避免财富水准降得很低；因为希望，人们会渴望自己变得非常的富有。Shefrin & Statman（1994）认为散户会将自己的投资组合分为两部分，一个部分是低风险的安全投资，另一部分是风险性较高，期望让自己更富有的投资。大部分投资人会想避免贫穷同时又想变得富有。此时，投资人会把目前的财富分为两个帐户，一是为了避免贫穷，另一个则是想要一夜暴富。对于低风险的投资而言，一般其对应的财产性收入也比较低，但其收入往往能够预见，收入流的大小和时间间隔比较稳定，例如银行存款、债券利息、房租等；而对应高风险的投资而言，一般其对应的财产性收入比较高，但收入流的大小和时间则波动较大，具有不稳定性，例如证券市场投资、保险收益。居民在实际投资中，大部分人会将投资按风险高低进行一定的投资组合，因而，居民现有的财产性收入来源、稳定性、金额大小将影响居民未来的财产投资渠道。

另外，一些财产所带来的财产性收入，如果居民不支取，那么这部分财产性收入未来能够带来更大的收益，例如，按复利计算的利息、股票股利等，因此居民在做决策时，不仅要考虑目前的现金流，而且要考虑未来的现金流。Loewenstein（1988）设计三个实验来说明跨期选择与参考点之间的关系。在每一个实验中，受访者都被要求在目前的消费和未来的消费之间做一个选择。结果发现，对于受访者来说，消费若以延迟的方式出现，对受访者的影响明显大于提早的方式出现。如其中一个实验时受访者被告知可以得到一个 7 元的礼物，这些受访者预定得到礼物的时间可能是一周后、四周后或八周后。这些人有两个选择：其中一个选择是维持原来预定得到礼物的时间，另一个选择是可以提早得到礼物但是礼物的价值变小或是延后得到礼物但是礼物的价值变大。结果发现，若以原来预定得到礼物的时间为参考点，人们对于选择延迟得到礼物所需要增加的礼物价值明显大于提早得到礼物而愿意减少的礼物价值。譬如，若原本一周后可以得到礼物的人和原本四周后可以得到礼物的人交换，延

---

① Lopes, Lola. Between Hope and Fear: The Psychology of Risk [J]. Advances In Experimental Social Psychology, 1987, 20: 255–295.

迟得到礼物者要求礼物增加 1.09 元的价值，而提早得到礼物的人只愿意减少 0.25 元的价值；其他不同的交换组合也都得到相似的结果。

综上所述，财产性收入的增长，有利于促进居民可支配收入的增加，从而促进全社会消费需求的增长。但是由于财产性收入来源的不同、稳定性的不同、收入时间的不同，其对居民的投资、消费、捐赠行为产生不同的影响。稳定的、持久性的财产性收入能够增加居民消费的信心，持续的、现期的、小额的财产性收入更能促进居民的消费行为。因此，政府提高广大群众财产性收入的同时，应该考虑调控措施的有效性，通过财产性收入的增长来促进社会平均消费倾向的提高。

第四章　财产性收入的收入流动性

由于家庭占有财富的不平等，按要素分配收入必然导致财产性收入分配的不平等。而财产性收入的不平等，将影响居民总收入的高低，收入的高低将导致居民分属于不同的社会阶层。在社会阶层的研究中，最不希望出现的结果是韦伯的社会闭锁（Social Closure）现象。所谓社会闭锁现象是指阶层流动僵固化，造成下一代复制上一代的阶级地位，呈现世代相传的情形，贫穷者阶层将丧失翻身的机会。最希望出现的结果是不同的收入阶层其收入具有较快的收入流动性，特别是向上的流动性大于向下的流动性，从而有利于缓解收入差距过大所带来的社会压力。本节将通过居民财产性收入对收入流动性影响的探讨来分析财产性收入的宏观社会影响。

一、收入流动性理论

收入流动性（Income Mobility，也被译为收入变动性），是指某个人或者某个特定的收入组人员不同时期的收入在所有收入组别中所发生的位置动态变化。著名经济学家熊彼特（Joseph Schumpeter）用了"宾馆模型"（The Schumpeter Hotel Model）来说明收入流动。[①]他将收入分配比作宾馆，不同的收入水平代表着不同的等级或质量的房间，宾馆房间等级或者质量依次是：地下室房间条件最简单，中间层次房间质量和条件比较好，顶层房间条件最好，因而住地下室的收入水平最低，住顶层房间的收入水平最高。在给定的时间内，每个旅客根据自己的收入状况分别选择不同质量和条件的房间入住。经过一段时间，再去观察这些入住人员，就会发现一部分原来住在地下室或者较低层次房间的人员现在搬进了较高的住房层次，甚至住进了条件最好的房间，而另外一

---

① Fields, G., Ok, E. A. The Measurement of Income Mobility: An Introduction to the Literature [J] //Silber, J. Handbook of Inequality Measurement. Dordrecht: Kluwer Academic Publishers, 1999.

些曾住在较高层次房间甚至是条件最好的顶层房间的人员，现在却住进了条件一般的中间层次，甚至有个别人住进了地下室。旅客不同时点居住的不同房间反映了他们收入水平在所有旅客收入水平中的位置变化。收入流动性分为绝对收入流动性和相对收入流动性。相对收入流动性考察了个人或家庭收入位置相对变动的程度。Fields & Ok（1996）认为只要组内成员偏离了其初始收入水平就会产生收入流动性，所以收入流动性是一个绝对的水平值，能够反应经济增长对居民收入数量的影响。

一个社会如果存在较大的收入流动性，长期收入分配差距就不会像某一时点的基尼系数所显示的收入差距那么严重，从而收入不均等对社会和谐稳定的影响就会下降。举一个例子来说，如果一个经济体有两个人 A 和 B，第一年 A 收入 1，B 收入 0，第二年 A 收入 0，B 收入 1，那么单独从每年看该经济体，其都是极度不均等的社会，但由于存在很大的收入流动性，整体看来这个社会是非常均等的，因为长期收入是相等的。而且如果在金融体系完善的经济体中，通过借贷和存款，这两个人的消费水平在两期也可以达到相同，从而福利水平也相同。随着时间跨度的增长，由于收入的短期波动被收入变动性平滑掉，收入分配的不平等程度通常会下降。因此，基尼系数法是静态的收入差距的描述方法或工具，而居民收入流动性则是动态的收入差距分析方法。

按照居民收入的流动方向，可以分为向上流动（Up-Mobility）和向下流动（Down-Mobility）。向上流动是指居民因为获得了更多的知识和技能、拓展了社会关系以及找到了更好的工作等原因而导致收入水平提高，低收入阶层在下一时间段成为更高收入阶层的成员；向下流动是指高收入阶层会因为失业、投资失败或者患上长期疾病等原因在以后的时间段内收入水平下降，成为较低收入阶层的成员。将向上流动和向下流动进行比较，可以判断整体收入分配不平等状况是否得到改善。较高的向上收入流动性反映了整个社会的收入不公平状况正在改善，因为公平不仅仅体现在贫富差距的高低，而且还要考虑是否存在足够高的从贫到富的机会（Hertz，2006[1]；Sawhill，2000[2]）。较高的收入流动性反映出穷人能够获得更多提高自身收入的机会，有利于减小由于不断扩大的贫富差距而积累的社会矛盾。因此，社会各阶层之间保持较大的收入流动性

---

① Hertz, Tom. Understanding Mobility in America [J]. the Center for American Progress, 2006. www. americanprogress. Org/PkfP hertz - mobility - analysis. pdf .

② Sawhill, Isabel V. Opportunity in the United States: Myth or Reality? [J] //Nancy Birdsalland Carol Graham. New Markets, New Opportunities? Economic and Social Mobility in a Changing World. Washington: The Brookings Institution Press and the Carnegie Endowment, 2000.

固然重要，但只有当居民收入地位的向上流动性大于向下流动性时，才能更有效地体现收入分配的公平。

收入流动性不仅表现为代内流动性（Intragenerational），还表现为代际流动性（Intergenerational Mobility）。代际流动性是指父代的收入水平能在多大程度上影响子代的收入水平，反映了一个社会的机会平等程度。父代的高收入水平可以通过各种途径传递给子代，比如为子女提供更多、更好的就业机会，为子女提供更为直接的财政支持，提供更好的教育机会和健康条件、向子女传递社会关系网络等，使其子女在经济收入上依然保持较为明显的优势地位，从而使得代际收入不公平在两代人之间可能得以不断延续。代际收入流动性反映了一个社会的公平程度。代际收入流动性高表明子代收入的多寡并非由父代收入这一先赋性因素所决定，而是更多地取决于子代本身的后致性因素，如其能力因素；一个社会的收入代际流动程度愈小，表明父代收入这一先赋性因素对子代收入的影响就愈大，收入代际也就愈不公平。

居民的收入流动性问题是收入分配研究的重要领域之一，国内外学者对此都进行了大量的研究，国外学者 Shorrcks A. [1][2]、Chakravarty S.，Dutta B. & Weymark J.[3]、Atkinson A. & Morrison C. [4]、Fields G. & OK F.[5][6] 的文献为研究收入流动性问题建立了公理、定义和度量方法。学者们也对中国居民的收入流动性进行了研究，Khor & Pencavel（2006）使用中国国家统计局对城镇居民所进行的调查的面板数据分析了中国 1990—1995 年间居民的收入流动性，并与同期的美国进行了对比。他们发现，这一期间，中国收入差距的上升伴随着收入流动性的上升，而且与美国以及其他一些高收入国家相比，中国的收入流动性更大。[7] 尹恒，李实，邓曲恒（2006）研究发现，1998 —2002 年间中国城

① Shorrcks A. Income Inequality and Income Mobility [J]. Journal of Economic Theory, 1978, 46：376-393.

② Shorrcks A. The Measurement of Mobility [J]. Econometrica, 1978, 46：1013-1024.

③ Chakravarty S., Dutta B. and Weymark J. Ethical Indices of Income Mobility [J]. Social Choice and Welfare, 1985 (2)：1-21.

④ Atkinson A., Morrison C. Empirical Studies of Earnings Mobility [M]. Chur, Switzerland：Harwood，1992.

⑤ Fields, G., OK F. The Meaning and Measurement of Income Mobility [J]. Journal of Economic Theory, 1996, 71：349-377.

⑥ Fields, G., OK F. Measuring Movement of Income [J]. Economica, 1999, 66 (264)：455-472.

⑦ Khor, Niny and John H. Pencavel. Income Mobility of Individuals in China and the United States [R]. IZA research paper, 2006.

镇个人的收入流动性比1991—1995年间出现了全局性的显著下降，收入流动性的降低使得收入阶层的分化趋于稳定。[①] 章奇、米建伟、黄季（2007）对中国农村的收入流动性的研究表明：中国农村最穷的25%的人口中有越来越多的人提高了他们的相对收入地位，最富的10%的人口成功地巩固了他们的相对收入地位，且其收入占总体收入的份额越来越大；而农村中的中等收入人群的收入向上流动性变化并不那么令人满意，实证研究表明，其中多数人的收入地位发生了下移而非上升。[②]

二、财产性收入的收入流动性低于工资性收入的收入流动性

财产性收入和工资性收入对居民收入流动性的影响机理是不相同的。工资性收入的取得必须依赖于居民的劳动付出，通常没有劳动投入就没有工资性收入。此外工资性收入还随着经济形势、企业效益、员工健康、工作岗位等因素而变化，例如，经济增长速度快，就业岗位增加，就业水平高，失业率低，工资性收入增加；反之，就业岗位减少，就业水平低，失业率高，工资性收入水平下降。因此，工资性收入的流动性往往较大。

居民的财产性收入是居民的财产投入生产流通过程变为资本，由资本要素的功能性分配带来的收入。其主要通过三个途径：一是通过直接购买股票、债券和投资基金等直接渠道获得的股息、利息和资本增值收益；二是以银行金融机构的资产转换为媒介的间接渠道获得的银行存款利息；三是通过直接购买实物资产，通过实物资产的增值出售和出租来获取财产性收入。因为居民一旦获得了财产所有权，就可以长期获得这些财产带来的财产性收入，甚至世代相传，除非财产所有权发生转变。因此财产性收入的收入流动性较工资性收入流动性低。

对以上观点，国内学者杜鹏等（2008）[③] 利用国家统计局深圳调查队在深圳市收集的2005年和2006年城市居民抽样调查数据分析时间和收入来源对城市居民收入分配影响进行了研究。其研究证实：①不同收入来源获得的收入在

---

① 尹恒，李实，邓曲恒. 中国城镇个人收入流动性研究 [J]. 经济研究，2006 (10).

② 章奇，米建伟，黄季. 收入流动性和收入分配：来自中国农村的经验证据 [J]. 经济研究，2007 (11)：123-138.

③ 杜鹏，汪锋，张宗益. 时间和收入来源对城市居民收入分配差距的影响——对深圳市城市居民家庭收入变动性和收入来源的实证研究 [J]. 统计研究，2008 (12)：22-29.

收入流动模式上存在较大的差异。与观测月收入基尼系数平均值与年收入基尼系数差别得到的结论相吻合，经营性收入和财产性收入的收入流动性较小，工薪收入的收入流动性稍大，而转移性收入的收入流动性最大。②深圳市居民家庭在经营净收入和财产性收入上的收入差距比较明显，且流动性不大。2006年全年深圳市居民家庭人均经营净收入和财产性收入的基尼系数分别为0.85和0.89，收入流动性指标中的加权平均移动率均在0.1左右，不流动率和亚不流动率均大于0.9。这主要与现阶段这两类来源收入存在较高的进入门槛，很多居民家庭无法获得这两类收入有关。从本书的抽样调查数据来看，2006年12月只有23.13％的居民家庭拥有经营净收入，16.17％的居民家庭拥有财产性收入，大量家庭这两项收入为0，这是其基尼系数偏高和收入流动性偏低的主要原因。③工薪收入占到当年居民人均年收入的72％，是受调查居民家庭中最重要的收入来源，且在四种收入来源中是基尼系数最小的，因此工薪收入在减少总的收入分配差距和增加居民收入变动性方面起到了积极作用。

三、财产性收入的变化趋势分析

（一）财产性收入高的家庭其剩余资产有增加的趋势

按照经济学上的基本假定，收入对富人的边际效用是递减的。他们开支的绝对值会比低收入群体的开支高，但是达到一定的程度之后，其开支上升幅度很小（因为其基本生活的需求和奢侈性需求基本饱和），即随着收入的上升，可作为储蓄和投资的剩余部分会增多，从而导致这些家庭的财产进一步增加。由于财产性收入高的家庭存在投资渠道和投资经验，这些增加的财产往往又进一步投入到生产流动领域，从而财产性收入进一步增长。但是对于低收入群体而言，其收入除去开支部分后的剩余会很少，有时甚至为零，随着收入的上升，其消费需求会升级，因而低收入人群收入增多，但是剩余资产并不一定有增加的趋势。同时，由于其剩余资产较少，也会制约其投资机会和投资收益，一方面一些高投资的资产往往无力投入，另一方面在资产投资上投入精力的边际收益可能小于劳动性投入。例如某家庭只有一万元财产积累，一些投资机会可能就会没有，如购买房屋出租；如果该家庭将全部精力用于这一万元的投资经营，其财产性收入增长也是有限的，如果该家庭将这些精力用于其他劳动投入，获得的收入可能更高。由于财产性收入高的家庭其剩余资产的增加量高于低收入家庭，资产的增加往往导致财产性收入的进一步积累，从而降低了其收入的流动性。

在通货膨胀时期，财产性收入高的家庭所拥有的资产价格往往也在上涨，其资产价格上涨的收益往往大于生活支出费用上涨的收益；而对于只有工资性收入的家庭，由于工资性收入增长率往往低于通货膨胀率，导致其实际收入水平下降，而资产价格的上涨，导致其获取财产的能力下降，从而获得财产性收入增长的速度低于高财产性收入的家庭。而在经济萧条时期，只有工资性收入的家庭往往会随着经济的不景气而获得更低的收入报酬，甚至失业失去收入来源，而落入低收入阶层。因此，经济周期的波动，会对居民财产性收入形成影响，财产性收入高的家庭获得通货膨胀的好处高于低收入家庭，资产存量增加量更多，这也导致财产性收入的流动性下降。

（二）财产性收入高的居民其投资回报率可能高于低收入家庭①

按照凯恩斯的货币需求理论，人们持有货币出于三种动机，包括交易性动机、预防性动机和投机性动机。财产性收入高的居民对于财产投资的选择偏好不同于低收入家庭。金融投资工具具有不同的风险和收益的组合（如表4-1所示）。

表4-1 金融投资工具风险与收益组合种类表

低风险、低收益	中度风险、中等收益	高风险、高收益
银行活期、定期储蓄存款国债、政府债券	公司债券、银行理财产品投资基金、年金和保险	股票、期货、不动产投资证券、艺术品投资

对于低收入人群来讲，其财产在选择金融工具，获取财产性收入时，会考虑到货币的预防性功能，更倾向于收益不高但很稳定、风险较低的金融工具，如储蓄存款、国债等。对于财产性收入高的居民，其往往拥有的财产也较多，所以在选择金融工具时，除了考虑预防性功能投资，其余的财产会考虑收益性更高的投机性需求，倾向于股票、债券、基金或者进行直接投资来使自己的资金得到最大程度的增值。

与此同时，财产性收入高的居民其利用资产增值的能力与低收入家庭是不同的。中国目前的最高收入人群选择的投资方式往往是兴办实业，这一点可以从中国富豪排行榜上看出。低收入人群虽然可以通过购买股票的方式进行投

---

① 陈秀梅，韩和林. 资本市场化作用于居民收入差距的机理分析 [J]. 经济问题，2008 (10)：31-33.

资，但是上市公司中的决策权往往掌握在大股东手里，对公司进行的决策（如经营投资决策、股权分配决策、资金利用决策等）都是倾向于保护大股东的利益。因此，持有的股权份额不同，获得的利益保障也是不同的。当财产性收入高的家庭其资产投资回报率高于低收入家庭时，将会使财产性收入的流动性下降。

(三) 财产性收入对代际收入流动性的影响

财产性收入对于代际收入流动性也有重要的影响。在当前我国没有制定遗产法、赠与法的情况下，父代的财产几乎能够完全为后代所继承，因此，父代社会经济地位的先赋性因素对子代社会阶层地位的影响因素大，父代的财产性收入能够通过财产赠与和继承直接传递给子代。后代在继承父代的财产后，常常对这些财产的投资表现出安于现状的倾向。Samuelson & Zeckhauser（1988）对金融投资、政策决策等问题进行研究时指出：现状偏好是选择时普遍存在的。[①] 他们的实验中假设参与者获得一笔意外的遗产，其中包含中度风险公司股票、高度风险公司股票、基金票券和政府公债四种投资组合中的一种，并提供其更改投资组合的选择权，实验结果显示大部分参与者选择维持现状，而不去做其他方式投资。这表明初始分配形式也是影响资金分配的决定因素。这也就是说，父代的财产性收入水平能够传递给后代，从而降低了代际之间的收入流动性。郭丛斌，闵维方在《中国城镇居民教育与收入代际流动的关系研究》一文中指出：①中国城镇居民收入存在较为明显的代际传递现象；②两端收入组群的代际流动较为封闭，中间两个收入组群的代际流动较为活跃。父亲如果是最富或最穷收入人群，其子女继续滞留在相应两端收入组群的可能性较大；而父亲如果是中等偏上或中等偏下收入人群，其子女流动到其他收入组群的可能性相对较大；③收入代际流动范围存在较为明显的分割。在四大收入组群中，最高收入组群的子女除了与父亲相同的收入组群之外，其唯一具有明显流动倾向的是流向中等偏上收入组群，其流向中等偏下和最低收入组群这两个低收入人群的可能性非常小。中等偏上收入组群的流动性较强，其向上可流向最高收入组群，向下可流向中等偏下收入组群，并且流向前者的可能性略微大于流向后者的可能性。相形之下，中等偏下和低收入组群的子女更多地被困于低收入人群中。其中，中等偏下收入组群的子女唯一流动的可能性是向下流动到

---

① Samuelson W，R Zeckhauser. Status Quo Bias in Decision Making [J]. Journal of Risk and Uncertainty，1988 (1)：7-59.

最低收入组群，而最低收入组群的子女除了滞留在与父亲相同的最低收入组群之外，其唯一能够流向的也仅是中等偏下的收入组群，其流向最高和中等偏上收入组群的可能性非常小。

四、财产性收入对社会结构的影响

根据要素收入分配理论，财产性收入来自资产要素的投资回报，拥有资产越多的家庭其获得的投资回报越多，从而财产性收入越高。而且财产性收入高的家庭资产剩余多，投资回报率高，资本的"马太效应"使社会收入差距进一步扩大。对于财产性收入高的家庭而言，其社会阶层变动的可能性低于低收入阶层，收入流动性更低。因此，财产性收入在重塑社会阶层时，一方面把拥有高财产性收入的居民甚至其后代送入更高的收入阶层或者维持其社会阶层，另一方面也使没有财产性收入的居民社会阶层的向上流动更加困难。

社会财富在社会成员中的占有分配会形成不同的社会结构，通常认为有金字塔型、橄榄型、倒丁字型、洋葱头型等结构类型。"倒丁字型"社会阶层结构，是指那种上层阶级和中间阶级都很少，而下层阶级却占绝大多数的社会阶层结构。"洋葱头型"或"金字塔型"社会阶层结构，是指上层阶级、富有阶级人数很少，中间阶层呈过渡状，而下层阶级很大的社会阶层结构。"橄榄型"社会阶层结构，是指以中间阶级为主体，而上层阶级和下层阶级比例都较小的社会阶层结构。

如果社会结构为倒丁字型、金字塔型或者洋葱头型，由于财产性收入的流动性低，将会导致大量的社会下层人员很难通过财产积累和增值的途径向更高的社会阶层流动。美国社会学家默顿认为，社会下层比例过大的社会结构是一种非常差的"紧张结构"。首先，社会下层人数众多，社会保障、社会救济、国家扶贫等转移支付政策难以发挥应有的效力；其次，由于收入上层可以不劳而获，导致劳动致富的价值取向受到社会下层居民的怀疑，反现行政策的情绪较强，由于没有相当规模的中间收入群体作为缓冲，就会使社会因为一些不满情绪而导致社会矛盾的激化。最后，社会下层比例过大的社会结构造成的社会群体之间需求差异太大，社会交换难以进行。

如果社会结构为橄榄型，由于财产性收入的流动性低，将会使大量的中间收入阶层人员依然保持在中间阶层，从而使社会维持橄榄型的社会结构。橄榄型结构有利于社会稳定，一方面，中间阶层的社会成员由于生活较好，充分享受到了现代文明带来的一切便利，往往对社会主导价值观存有较强的认同感，能够发挥维持现行价值取向和社会政策的作用；另一方面，由于只有较少的人处于社会的下层，在完备的社会保障和社会救济的条件下，他们的不满和现实价值观的冲突能够得到较好的化解。①在这样的社会中，由于存在一个庞大的中产阶层作为缓冲地带，可以最大限度地避免贫困的下层和富有的上层直接对抗，社会矛盾相对缓和，因而被认为是现代社会比较理想的结构。希腊思想家亚里士多德指出："中产阶级（小康之家）比任何其他阶级都较为稳定。他们既不像穷人那样希图别人的财物，他们的资产也不像富人那样多得足以引起穷人觊觎，既不对别人抱有任何阴谋，也不会自相残杀。他们过着无所忧惧的平安生活。"②美国政治学家亨廷顿也指出："中间阶层与稳定的关系，颇似富裕与稳定的关系一样，一支庞大的中间阶层犹如普遍富裕一样，是政治上的一支节制力量。"③

因此，由于财产性收入的流动性低，在财产性收入重塑社会阶层时，常常难以改变社会的阶层结构。因此需要依赖于各种政府的宏观调控措施来对财产性收入进行调节和再分配，促进社会结构的优化。

---

① 关晓丽. 中国社会结构正由"金字塔型"向"橄榄球型"过渡 [J]. 社会科学战线, 2004 (6)：230-233.

② 亚里士多德. 政治学 [M]. 北京：商务印书馆, 1996：206.

③ 塞缪尔·亨廷顿. 变革社会中的政治秩序 [M]. 上海：三联书店, 1991：251.

第五章　财产性收入调控的国际经验

一、财产性收入与总收入比例的国际比较

不同的国家在各自的社会、历史、文化背景下，根据其经济发展的特点和国家发展战略，形成了不同的收入分配模式，大体可以概括为以下三类：一是公平为主的瑞典、芬兰、法国；二是效率公平兼顾的韩国和日本；三是效率为主，事后补救的美国。不管上述国家分配模式如何，其工业化推进过程中的一般规律趋势是：国民收入分配向劳动者倾斜，企业所得比重总体呈下降趋势并低于劳动所得比重，政府所得比重保持较平稳并相对较低。日本、韩国、美国、欧盟等的发展实践均验证了这一点。

（一）美国国民收入初次分配格局

美国从 1995 年以来，美国宏观收入分配格局也较稳定（如表 5-1 所示），居民劳动收入分配占 GDP 的比重为 54.94%~57.60%，平均为 56.53%。企业获得的收入占 GDP 的比重为 23.6%~25.99%，平均为 24.64%。政府获得的税收收入占 GDP 比重为 7%~7.58%，平均为 7.25%。以上数据说明，近年来美国国民收入的初次分配更倾斜于劳动要素，劳动者报酬占 GDP 的比重较大且波动幅度小，有利于劳动者收入平稳提高。

表 5-1　　　1995—2008 年美国劳动、资本占 GDP 的比例

单位：10 亿美元

项目　　　年份	1995	1996	1997	1998	1999	2000	2001
GDP	7 362.1	7 812	8 346.3	8 878.8	9 424.6	10 085.0	10 389.5
劳动者报酬	4 199.3	4 395.5	4 670.0	5 027.8	5 359.2	5 793.5	5 984.50

表5-1(续)

项目＼年份	1995	1996	1997	1998	1999	2000	2001
劳动者报酬/GDP	57.04%	56.26%	55.95%	56.63%	56.86%	57.44%	57.60%
生产税	557.9	580.8	611.6	639.5	673.6	708.6	727.7
生产税净额/GDP	7.58%	7.43%	7.33%	7.20%	7.15%	7.03%	7.00%
固定资产折旧+营业盈余	1 770.3	1 959.0	2 134.7	2 227.4	2 342.6	2 444.9	2 479.8
（固定资产折旧+营业盈余）/GDP	24.05%	25.08%	25.58%	25.09%	24.86%	24.24%	23.87%

项目＼年份	2002	2003	2004	2005	2006	2007	2008
GDP	106 644	11 125	11 875	12 718	13 619	14 092	14 340.4
劳动者报酬	6 116.4	6 388.3	6 699.6	7 071.5	7 483.6	7 863.6	8 044.8
劳动者报酬/GDP	57.35%	57.42%	56.41%	55.60%	54.95%	55.80%	56.10%
生产税	762.8	806.8	863.4	930.2	986.8	10 287	1 047.3
生产税净额/GDP	7.15%	7.25%	7.27%	7.31%	7.25%	7.30%	7.30%
固定资产折旧+营业盈余	2 521.6	2 625.4	2 926.3	3 236	3 539.7	3 494.9	3 454.8
（固定资产折旧+营业盈余）/GDP	23.65%	23.60%	24.64%	25.44%	25.99%	24.80%	24.09%

资料来源：http：//bea.gov/bea/dn/nipaweb/Index1asp.

在劳动者收入报酬随 GDP 不断增长的同时，美国不同阶层居民的收入差距也在不断增大（如表 5-2 所示）。从 1990 年到 2006 年，占人口总数 80% 的最低收入组、低收入组、中等收入组和较高收入组基本都呈现出收入逐年下降的趋势，而高收入组的收入却逐年增加，占总收入的比重从 46.6% 上升到50.5%。其中占人口总数 5% 的最高收入居民其收入增加较快，占总收入的比重从 18.5% 上升到 22.2%。《华尔街日报》2006 年 10 月的一篇文章引用了美国南加州大学凯文·墨菲搜集的统计数据：美国 CEO 的平均年薪自 1993 年以来翻了四番，2006 年达到 1 050 万美元，该平均年薪已由 1976 年相当于普通工人平均年薪的 36 倍，扩大到 1993 年的 131 倍，2006 年的 369 倍。[①] 也就是

---

① Jonathan Peterson. House Wants Investors to Vote on Executive Pay [N]. Los Angeles Times, 2007-04-21.

说，一个首席执行官（CEO）平均一天工作的收入超过了普通工人全年的收入。除此以外，美国的地区收入差异也是很大的。2006 年调查显示①，美国贫富差距正在不断扩大，比以往任何时候都严重，而赤贫人数也攀升到了近 30 年的最高点，将近 1 600 万美国人处于"极度贫困"状态。

表 5-2　　　美国不同收入阶层收入份额的变化：1970—2006 年

年份	总人口五等分的收入比重					最高收入组（人口的 5%）
	最低收入组	低收入组	中等收入组	较高收入组	高收入组	
1990	3.8	9.6	15.9	24.0	46.6	18.5
1991	3.8	9.6	15.9	24.2	46.5	18.1
1992	3.8	9.4	15.8	24.2	46.9	18.6
1993	3.6	9.0	15.1	23.5	48.9	21.0
1994	3.6	8.9	15.0	23.4	49.1	21.2
1995	3.7	9.1	15.2	23.3	48.7	21.0
1996	3.6	9.0	15.1	23.3	49.0	21.4
1997	3.6	8.9	15.0	23.2	49.4	21.7
1998	3.6	9.0	15.0	23.2	49.2	21.4
1999	3.6	8.9	14.9	23.2	49.4	21.5
2000	3.6	8.9	14.8	23.0	49.8	22.1
2001	3.5	8.7	14.6	23.0	50.1	22.4
2002	3.5	8.8	14.8	23.3	49.7	21.7
2003	3.4	8.7	14.8	23.4	49.8	21.4
2004	3.4	8.7	14.7	23.2	50.1	21.8
2005	3.4	8.6	14.6	23.0	50.4	22.2
2006	3.4	8.6	14.5	22.9	50.5	22.3

数据来源：http：//www. census. gov/compendia/statab/tables/09s0675. xls.

　　这种收入分配格局影响了居民的财富积累能力，导致居民家庭财富差距的扩大（如表 5-3 所示），从 1995 年到 2004 年，占美国人口总数的 10%居民所拥有的净财富远远高于占人口总数 90%的居民家庭净财富，贫富差距悬殊。

----

① 佚名. 美赤贫人数创 30 年纪录 [N]. 参考消息，2007-02-26.

2008年3月《福布斯》杂志公布了全球净资产超过10亿美元的富豪，其中绝大多数为企业家。位于全球首富的是美国的投资家沃伦·巴菲特，其净财富为620亿美元。蝉联13年全球首富的比尔·盖茨位于第三，净财富为580亿美元。

表5-3 美国不同家庭拥有净财富的百分比及其变动：1995—2004年

年份	最低的90%	最高的10%	最高的1%
1995	32.2	67.8	34.6
1998	31.4	68.6	33.9
2001	30.2	69.8	32.7
2004	30.5	69.5	33.4

资料来源：Brian K. Bucks, Arthur B. Kennickell, Kevin B. Moore. Recent Changes in U. S. Family Finances：Evidence from the 2001 and 2004 [J]. Survey of Consumer Finances, Federal Reserve Bulletin, 2006；Arthur B. Kennickell, Currents and Undercurrents. Changes in the Distribution of Wealth, 1989—2004 [R]. Survey of Consumer Finances Working Paper, 2006.

（二）法国的国民收入初次分配状况

从收入初次分配的角度来看，法国国民收入初次分配的比例从2000年以来一致比较稳定，而且明显向劳动者倾向，劳动者报酬占GDP的比重在51.77%~52.55%很窄的区间内波动（如表5-4所示）。法国是市场机制发育非常成熟的发达国家，劳动生产率很高，但是由于政府采取了有效的宏观调控措施，从而使地区之间、部门之间、行业之间以及岗位之间的薪酬差距并不大，收入差距始终保持在一个较合理水平。这种较低社会成本下的高产出效果，一方面得益于工资水平是在一个相当完备的法律框架内完全受制于市场的供求关系，一方面也得益于政府在规范和引导全社会工资水平上发挥的积极作用。对于私人部门，政府不对企业的工资实施直接的行政干预，主要通过控制和指导最低工资和行业工资水平两个标准来体现间接管理调控。对于行业的工资水平，主要通过国家、雇主和雇员的三方集体谈判的形式决定，雇主协会和工会是集体谈判的两大主体；对于最低工资标准由法国政府根据物价指数、经济发展、就业状况和低收入人群的生活消费水平等因素每年进行适当调整。私人部门的工资制定则在大的工资框架内根据不同企业的情况，按照规范的标准化绩效考核或者依据劳动合同加以确定。对于公共部门，政府通过制定层次明晰的四个薪酬等级和福利制度，有效保证和规范公务员薪酬始终保持在全社会平均工资之上的合理增长，但是不同等级之间的差距较小，最高和最低的差距是1~6倍，不同地区的公务员工资仅在奖金方面存在差别。法国的国有经济比重较大，国有企业与我国有一定的相似性，但是在企业工资的确定上其国有企业中的公务员始终和政府公务员实行相同的标准，即使是在国有企业私有化的过程中，只要具有国家工作人员的身份色彩就依然实行公务员工资标准。

表5-4　　　2000—2007年法国的国民收入初次分配状况

项目 ＼ 年份	2000	2001	2002	2003	2004	2005	2006	2007
劳动者报酬	51.87%	52.20%	52.55%	52.51%	52.20%	52.04%	51.77%	51.87%
营业盈余和混合收入	34.45%	34.60%	34.34%	34.43%	34.33%	34.28%	34.67%	34.45%
税减产品补贴	13.68%	13.19%	13.11%	13.06%	13.47%	13.67%	13.56%	13.68%

数据来源：http：//www.stats.gov.cn/tjsj/qtsj/gjsj.

（三）韩国的国民收入初次分配格局

韩国作为我国的友邦，近几十年来经济发展很快，成功地实现了由传统农业国家向现代化工业国家的转型。韩国在工业化快速推进过程中，朴正熙政府推行"增长第一，分配第二"的方针，把经济的高速增长建立在廉价劳动力的基础之上。农业剩余劳动力的增加使非农部门的低工资成为可能，同时韩国政府为追求高积累而不断干预市场工资分配。例如，韩国政府拒绝制定最低工资法，限制工人和工会的活动，从而使低工资得到长期地维持。即使对经济特区或多国公司里工人的工资也做出规定，使其仅仅略高于一般工人工资，这样既以廉价劳动力吸引外国投资，又很好地保持了低工资制。因此，韩国的工资所得占GDP的比重明显低于美国和法国。需要指出的是，虽然是韩国靠低工资制的劳动力优势发展起来的，但是劳动密集型产品加工工业吸收了大量劳工，使失业率一直保持在很低的范围之内，大面积地提高了社会的经营管理素质和技术素质，更为重要的是较广泛地分配了经济增长所带来的财富，工人基本上得到了与经济增长同步的工资增长，甚至1967—1969年、1976—1978年、1987—1992年还经历了工资增长高于经济增长率[①]的情况，从而使收入分配相对平均。

从GDP比重构成的趋势来看，随着居民工资收入的增长，从1970年到

---

① 董向荣.浅析我国台湾地区和韩国在缩小城乡差距方面的努力与成就 [J].台湾研究集刊，1999.

2007 年韩国资本所得总体呈现出下降趋势，资本所得占 GDP 比重共计下降了 15.09 个百分点。尤其是在 1975—1980 年工业化中期和 1985—1990 年工业化中后期两个发展阶段，资本所得占 GDP 比重分别快速下降了 8.7 个和 4.5 个百分点。1990 年，韩国资本所得占 GDP 比重为 43.9%，首次低于劳动者报酬占 GDP 比重 44.8%。2000 年以来，韩国劳动所得占 GDP 的比重一直呈现出稳中有升的趋势（如表 5-5 所示）。

表 5-5　　　　　　　　　韩国 2000—2007 年 GDP 的构成

项目 \ 年份	2000	2001	2002	2003	2004	2005	2006	2007
劳动者报酬	42.83%	43.41%	42.98%	44.14%	44.29%	45.01%	45.40%	45.62%
营业盈余和混合收入	44.91%	44.05%	44.15%	43.31%	43.90%	43.03%	42.33%	41.84%
税减产品补贴	12.09%	12.54%	12.87%	12.55%	11.81%	11.96%	12.26%	12.54%

数据来源：http://www.stats.gov.cn/tjsj/qtsj/gjsj.

综合以上国家国民收入初次分配的经验，可以看出：美国尽管在国民收入初次分配中资本所得的份额较大，但是不同阶层居民的收入差距较大；在法国，国民收入初次分配向劳动倾斜，而且注重初次收入分配的公平，从而使居民之间的收入差距较小；在韩国，国民收入分配逐渐向劳动倾斜，让大多数居民分享经济增长的成果，从而使居民之间的收入差距缩小。以上研究都表明，在国民收入初次分配过程中，资本收入的分配对收入分配影响重大，而且初次分配的公平程度对社会收入差距产生了重大影响。

在市场经济发达国家中，之所以必须以初次分配中的公平因素为主，其基本的原因在于：初次分配是最根本性的分配关系，在初次分配中一旦出现重大的社会不公正，在政府再分配中这种状况很难加以扭转，政府再分配受到利益集团的影响过大，再分配难以使劳动者受惠；初次分配最根本的是解决货币资本的所有者与人力资本的所有者的利益分配问题，只有在初次分配中关注公平，才能有利于人力资本的积累，有利于货币资本拥有者创造更高价值的利润；劳资关系是市场经济国家最根本的社会关系，只有通过初次分配平衡了资本利益与劳动利益的关系，才能从全局平衡社会总体利益格局，维护社会稳定。

二、财产性收入再分配的国外调控经验

对于财产性收入的调控，各国政府除了初次收入分配进行调控外，还通过

税收、公共支出等收入再分配政策进行调控。这些国家在财产性收入再分配的调控方法上都有如下共同的特点：①通过财产税制对居民现有的财产、继承的财产和被赠予的财产进行调控，从源头上缩小财产的差距；②通过差额累进的个人所得税制调控居民的收入，减少收入对财富积累能力的影响；③通过社会保障渠道增加居民的财产性收入。但是不同国家在再分配政策的力度上有所区别，例如欧盟对于再分配的重视要高于美国，除了税法对财产性收入进行调节以外，公共支出也比美国更高，公共福利更多。美国更多的是利用个人通过慈善的方式参与福利提供，弥补这一差距。

（一）美国居民财产性收入再分配的调控

1. 美国居民财产性收入状况

（1）美国居民财产性收入占个人收入的比重

美国居民财产性收入是居民收入的重要来源，除了工资性收入以外，财产性收入占居民收入的比重基本维持在25.31%~27.78%（如表5-6所示），从1998年到2003年，受亚洲金融危机的影响，财产性收入逐步下降，而从2003年到2007年，财产性收入占个人收入的比重又逐年上升。而同期美国居民工资收入占个人收入的比重基本比较稳定在67.34%到68.86%之间，从2003年以后逐年递减。

表 5-6　　　　　　　美国居民财产性收入占个人收入的比重

项目 占个人收入的比重（%）　年份	1990	1995	2000	2001	2002	2003	2004	2005	2006	2007
工资收入	68.4	67.9	68.6	68.1	67.8	68.9	68.6	68.2	67.7	67.3
财产性收入	27.8	26.5	26.9	26.5	26.5	24.9	25.3	25.5	26	26.2

数据来源：http：//www.census.gov.

（2）美国居民财产性收入的来源

美国居民财产性收入的分配占 GDP 的比重超过了 20%，是居民收入的重要来源。美国居民的财产性收入主要来源于财产所得、财产租金收入、股息收入和利息收入，其中财产增值所得和利息收入是居民财产性收入的主要来源（如表5-7所示）。利息收入是居民财产性收入的第一大来源。2003 年以前利息收入占财产性收入的比重超过了 40%，此后才稍有下降。财产所得是居民财产性收入的第二大来源，占居民财产性收入的比重平均在30%以上。股息收入是居民财产性收入第三大来源。特别是从 2004 年开始，居民股息所得超过了

20%，而且快速增加。租金所得占居民财产性收入的比重较小，到 2005 年只占 1.63%。

表 5-7　　　　　　　　　　美国居民财产性收入占 GDP 的比重

单位：10 亿美元

项目 \ 年份	1990	1995	2000	2001	2002	2003	2004	2005	2006	2007
GDP（现值）	5 803.1	7 397.7	9 817	10 128	10 470	10 961	11 686	12 434	13 195	13 841
财产性收入	1 355.3	1 630.6	2 265.8	2 308.6	2 349.3	2 281	2 462	2 631	2 858	3 056
财产性收入占 GDP 的比重（%）	23.35	22.04	23.08	22.79	22.44	20.81	21.07	21.16	21.66	22.08
财产性收入来源 财产所得	380.6	492.1	728.4	770.6	797.7	811	912	970	1 007	1 043
比重（%）	28.08	30.18	32.15	33.38	33.95	35.55	37.04	36.87	35.23	34.13
租金收入	50.7	122.1	150.3	163.1	173	133	118	43	55	65
比重（%）	3.74	7.49	6.63	7.06	7.36	5.83	4.79	1.63	1.92	2.13
股息收入	168.8	253.2	376.1	371.2	396.2	423	537	599	696	793
比重（%）	12.45	15.53	16.60	16.0%	16.86	18.54	21.81	22.77	24.35	25.95
利息收入	755.2	763.2	1 011	1 003.7	982.4	914	895	1 019	1 100	1 155
比重（%）	55.72	46.80	44.62	43.48	41.82	40.07	36.35	38.73	38.49	37.79

注：财产所得和租金所得包括资本折旧和对库存价值的调整。

数据来源：http://www.census.gov。

2. 美国居民财产性收入的调控

美国国内贫富差距较大，而财产性收入所占比重仅次于工薪收入，是收入差距扩大的主要诱因之一。由于财富积累的不均等，市场机制对居民财产性收入的调控存在马太效应，财产性收入在美国居民中的分配也存在着较大的差距。但是其国内贫富阶层对立状况并不明显，社会相对稳定，这与美国通过制度化来调节居民财产性收入的建设分不开。

（1）财产税制

财产税制是以纳税人所有或属其支配的财产为课税对象的一类税收，以财产为课税对象，向财产的所有者征收。通过对财产性收入的源头——财产进行征税，缩小财富差距，削弱社会财富分布的不公平状态。财产课税主要集中于财产保有和转移环节，按这一原则开征不动产税类、财产转让税类、继承与遗产税类。财产税是美国地方政府最主要的税种，目前，美国 51 个州及地区下辖的共计 8 万多个地方政府，都开征了财产税。财产税收入规模占全国税收收入的比重为 10.44%，但在地方级税收收入中的比重高达 70% 以上。①

现代美国一般财产税课征对象不是所有财产而是选择性财产项目，主要是对不动产和营业性动产课税。财产税的纳税人是在美国境内拥有住宅、工商业房地产、车辆、设备等财产的自然人和法人，一般规定居民纳税人须就其坐落于世界各地的财产纳税。财产税属于地方税的范畴，美国各州对财产税等各种地方税有独立的立法权，因此各州对应纳税财产的规定并不相同。一般来说，美国的各州把财产分为动产、不动产和无形财产三大类。不动产包括土地和土地上的永久性建筑物和构筑物；动产是除了不动产以外，其他任何有形的财产，如飞机、车辆、船只等；无形财产指无形的金融资产，如股票、公债、抵押契据、存款等无形财产。美国各州都对不动产征收财产税，大多数州对动产征税，其中不动产是财产税的主要构成。同时征收动产和不动产各州的财产税构成中，不动产所占的比例通常远高于动产。

财产税的税负主要取决于法定税率。法定税率不是以法律的形式固定下来的，是"算"出来的。每年，美国地方政府都要对财产进行估价，以核定居民需要缴纳的财产税，然后在地方政府常规预算程序中确立，法定税率每年通过一次。各州的名义税率在 3%~10% 之间，城市的名义税率高一些，乡村名义税率较低。各地的实际税率大约是财产一般市价的 1.2%~4%。为了体现对低收入人群的关心，各地方政府都规定了相应的减免项目，如年收入在 30 000 美元以下者，对其房屋免征任何超额税或特种税；如果年收入低于 24 000 美元，则一些常规的物业税项也可获得免除。

遗产税对于缓解财产分配不公、减少财产过度集中等方面有着积极作用。遗产税的课税对象是死亡者遗留的财产总额，包括财产价值和财产权益；遗产税的计税依据是财产评估价值减去统一扣除额，再减去抵免额。各国及地区征收遗产税的情况大致可分为三类：①总遗产税制。就被继承人死亡时所遗留的财产价值课税，以遗嘱执行人或遗产管理人为纳税义务人。②分遗产税制。这是被继承人死亡后将遗产分给继承人，然后就各个继承人分得的遗产课税。纳税义务人是遗产继承人，税负的大小以继承人与被继承人之间的亲疏关系而定。③混合遗产税制。它对被继承人的遗产先征收遗产税，税后遗产分配给各继承人时再就继承人的继承财产额征一次继承税。美国的遗产税分为联邦遗产税与州遗产税，其税制基本上是混合遗产税制，有些州政府不仅对遗产征税，

---

① Wallace E. Oates. 财产税与地方政府财政 [M]. 丁成日，译. 北京：中国税务出版社，2005.

而且对接受遗产的人还要再征一次税。现行联邦遗产税的基本框架是 1976 年通过的税收改革法案确定的，30 年来税制几经调整，此项税收占联邦税收总额的比重始终保持在 1.5% 左右，年收入从 1976 年的 50 亿美元增加到 2002 年的 265 亿美元，增长了 413 倍。2001 年布什总统签署法案，确定从 2002 年到 2009 年美国遗产税的税前综合扣除额将逐步增加，从 2001 年的 6 715 万美元增加到 2009 年的 350 万美元。同时，遗产税的最高边际税率也将逐步下降，2001 年为 55%，2002 年降低到 50%，2003 年降低到 49%，2004 年降低到 48%，2005 年降低到 47%，2006 年降低到 46%，2007 年降低到 45%。2010 年停止征收遗产税 1 年。2011 年则将遗产税恢复到 2001 年的状况。

（2）个人所得税

个人所得税是美国的主体税种，在联邦财政收入中，约占 35%。个人所得税的基本功能是调节个人收入分配，其调控作用主要通过调整个人所得税税基、税率体现。税基是货币收入进行多项扣除和抵免项目之后的应税所得额，通过多项的税前扣除可相对增加低收入阶层的实际收入。课税范围主要包括：雇员的工资、薪金、退休金；独资或合伙经营取得的商业利润；利息、股息、租金、特许权使用费、资本利得、农业收入及其他收入。美国的个人所得税以综合收入为税基，以家庭为基本纳税单位，实行纳税人自行申报的综合所得税制。综合所得税制相较于分类所得税制，在调控个人收入分配上的优点是十分明显的。原因在于：一是其全面考虑纳税人的各种收入，具有广阔的税基；二是顾及纳税人家庭的实际支出情况，便于更合理地确定纳税起点和必要的纳税扣除；三是由纳税人自行申报，避免因实施代扣代缴制度而造成税收遗漏，纳税责任更为明确。综合个人所得税制的优点在于能够全面反映纳税人的综合纳税能力，更好地体现税收量能负担的原则。标准扣除因纳税申报状态不同而不同，如有赡养人口，则每名赡养人口扣除 800 美元；已婚纳税人若超过 65 岁或双目失明，则可再增加年扣除额 950 美元或 1 900 美元；未婚纳税人若超过 65 岁或双目失明，则可增加年扣除额 1 200 美元或 2 400 美元。这种区分不同家庭情况的纳税体制有利于低收入家庭税后可支配收入不过分减少，从而有利于家庭财产的积累。

个人所得税的税率实行累进税率，通过高税率减少高收入者的收入，通过低税率较少地减少低收入者的收入，进而缩小收入分配差距。美国个人所得税税率由美国国会制定，税率采用的是超额累进税率，与中国相同。经过几次税制改革，至 1995 年，税率分为三个基本税率档次，即 15%、28%、31%，和两个高税率档次，即 36%、39%。2000 年小布什任总统后，又进行了税率调整，从 2001 年 7 月 1 日起，除 15% 这一档税率保持不变，其他税率档次下调 1 个百分点，此后又经过调整，现在个人所得税最低税率是 10%，最高税率是 35%。

在个人所得税中，设计了免税收入和可以抵免税的项目，这些设计可以增加低收入家庭的财产积累、财产性收入，缩小社会的贫富差距。工薪家庭所得税退税计划（EITC），满足其规定的低收入家庭不仅不用交税，还可从联邦政府和州政府获得一定数额的税收返还，从而提高低收入家庭的收入和财产积累能力。慈善和公益捐款可以在个人所得中予以扣除，从而鼓励美国的富人们设立慈善基金、捐资助教、支持公益事业，从而有助于缩小贫富差距。对于住房类财产性收入，也有相关的抵免规定：①对出售自用住房（又称主住宅）收益的所得税收豁免。按照现行的税法，一套自己住满 2 年以上的住宅出售，如是单身，其与购入价的差价收入不超过 25 万美元，就可免税；如是已婚家庭，差价收入不超过 50 万美元，也可免税。②对利用抵押贷款购买、建造和大修自己房屋的业主，在征收个人所得税时减免抵押贷款的利息支出，对各州发行的支持居民购房的抵押债利息不征收投资者的个人所得税，使得这些债券可以较低的利率发行，从而降低了居民购房的资金成本。③对低收入者购房和租房的税收优惠政策，联邦每年给各州分配税收抵扣的最高限额（每人 1.25 美元乘以各州的人口），需要购房的低收入者向州和地方政府申请抵押信贷证书（每年各州按联邦规定的限额分配），拥有这一证书的低收入者由于获得了税收抵扣，从而提高了自身归还贷款的能力。

（3）社会保障政策

美国《社会保障法》（Social Security Act）是 20 世纪 30 年代美国政府应对经济大萧条而逐步发展起来的，经过 70 余年的发展，一个由政府决策、市场介入、民间参与、个人支持的多层次社会保障正在美国兴起。美国现代社会保障体系由社会保险、社会救济和社会福利两部分构成。社会保险包括养老保险、残疾人保险、幸存者保险、医疗保险、失业保险等项目，其目的是靠增加收入或提供资源来帮助人们解决生活中可能遇到的各种诸如退休、疾病、失业、残疾等问题。社会救济项目主要是由政府拨款对低收入家庭提供救济。社会福利是一系列对低收入阶层和贫困的社会成员进行救助的项目，主要包括抚养未成年子女家庭补助、补充保障收入、医疗补助、食品券、一般援助、社会服务和儿童福利服务、住房补助以及教育补助等。其中能够显著影响居民财产性收入的是养老保险金制度和住房补助。美国养老保险制度主要包括三个层面：其一是政府强制执行的社会保障计划（Social Security Program），面向全社会提供基本的退休生活保障，覆盖了全国96%的就业人口。一般来说，工人只要达到最低退休年龄62岁（法定退休年龄为65岁），缴纳社会保障税至少10年以上，积累社保积分（Credit）达到40分，就可以申请领取社会保障给付，它充分体现了社会保障给付收入的再分配功能。其二是由政府或者雇主出资，带有福利性质的退休金计划。其三是个人自行管理的个人退休账户（Individual Retirement Accounts），是一种由联邦政府通过提供税收优惠而发起、个人自愿参与的补充养老金计划。例如，实行（401）K养老保险计划，纳税人可以依法每年把收入的一部分放在这个计划中去投资，这笔钱只能在59岁（一个档次）或以后一定年限取出，只要支付届时的所得税即可。在这个退休前后的人生途中，一般美国人收入下降，个人所得税的应税税单相应低一些，从而有利于增加养老金带来的财产性收入。

（二）法国政府的财产性收入调控

法国在欧盟国家中收入水平属于中等偏上，但是财产性收入分配差距并不大，除了初次收入分配的有效政策外，还主要得益于其通过税收体制和社会保障制度增加低收入群体的财富积累和财产性收入，增大对高收入群体的财富控制和财产性收入调节。

法国的收入所得税对所有有收入的个人征税，收入范围包括经营所得、专业收入、农业生产所得、不动产收入、工资、薪金和退休养老金收入、有价证券转让收入、公司管理人员的红利收入、资本利得八项所得，其中最主要的是薪金、工资和资本收益。其原则是根据收入不同而采取高额累进制，同时又根据家庭情况的不同而扣除家庭、职业、孩子等开支。个人所得税的起征点定得较高，一般家庭的税率一般在16%至21%之间，但高收入家庭最高税率高达56.8%，从而保证了低收入家庭免缴或少缴收入所得税，高收入者成了收入所得税的主要税源。

法国政府对居民的财产保有环节进行税收调节，主要的税种有：财产转移税、财产升值税、遗产税和巨富税。财产转移税是对动产、不动产交易、买卖、赠与和继承等征收的税，税率差异较大，如旧房买卖的转移税为9%左右，遗产继承税税率为5%~60%。巨富税是对拥有一定数额财富者征收的税，又叫团结互助税，其税率从0.55%到1.65%超额累进。在法国，年度可征税资产总额超过76万欧元的独立个人、家庭或者长期同居的非婚夫妇都要缴纳"巨富税"。从76万欧元到122万欧元的部分要缴纳0.55%的税，从122万欧元到1 581万欧元的部分要缴纳0.75%到1.65%不等的税，超过1 581万欧元的部分要缴纳 1.8% 的税。可征税的资产包括房地产、汽车、有价证券、珠宝等。这些税种的设立对抑制贫富差距起到了重要作用。

对于房产类不动产，法国政府一方面实施廉租房制度，各大城市的比例为总住房面积的 15%~20%；除此以外，政府长期运用税收推行租房补贴等福利制度，无房户都可在租房时享受政府相关的税收补贴，从而使得房屋买卖市场需求减少。另一方面，法国政府还利用高额地皮税、住房税和空房税的征收抑制房地产行业内的投机行为，房价因而处于稳定状态，这导致了长期以来法国人不把房地产市场视为投资或财产保值的重要领域。由于房价的稳定，居民房产类的财产性收入差距得到有效控制。为了鼓励居民购买住房，法国税法规定购买房子贷款的利息可减税，投资出租房产业的物业管理费和贷款利息可在报税总收入中以相同金额扣除，余下部分才缴税。

受基督教"慈善""博爱""互助共济"思想的影响，法国宪法序言中声明"国家确保个人和家庭的发展的必要条件"，因而法国政府在收入再分配的过程中非常注重社会公平和公正，社会保障支出占财政收入的比重从 2000 年以来一直高于 41%，2007 年达到 42.20%，属于高福利的社会保障普及型的国家。法国的社会保障制度覆盖了 99% 的国内人口，主要包括养老保险、医疗保险、失业保险、家庭补贴和工伤事故五项。法国没有建立统一的养老保险制度，不同部门、行业、等级的居民其养老保险制度都存在一定差异，但究其构成来看，整个养老保险体系包括基本养老保险、补充养老保险和补充的补充养老保险 3 个层次。[1] 目前，一般工商业雇员，基本养老保险的缴费费率为 16% 左右，其中雇员承担应保工资的 6.55% 再加所有工资的 0.1%，雇主承担雇员应保工资总额的 8.2% 再加所有工资总额的 1.6%。在缴费年限满 40 年时，可领取相当于本人工作期间工资最高的 10 年的月平均工资 50% 左右的基本养老金，缴费年限不足则按相应比例扣减。法定的补充养老保险缴费率约为工资的 10% 左右，由雇主、雇员分担，国家给予税前列支的优惠政策。这两部分相加，大约可实现 70% 左右工资替代率的养老金。补充的补充养老保险实施基金积累制，通过个人自愿的选择加入，由各种互助保险和商业保险组成，缴费率不固定。政府在个人投保时提供税收减免，但退休后收入超过纳税标准的部分，仍要纳税。因此，法国政府通过有差别的税收政策、缴费政策等来对居民养老保险金的未来收益进行了规范的规定。

---

① 佚名. 法国养老保险制度发展及其对中国的启示 [C]. 陕西老年学通讯，2012 (1).

（三）韩国政府的财产性收入调控

对于财产性收入的调控，韩国主要采用个人所得税的税收制度和社会保障制度。

韩国的个人所得税是韩国国税中的重要税目，其税收按照综合所得税制和分类所得税制纳税。根据综合所得税制，不动产租赁所得、营业所得、工资薪金所得、临时性的资产收益以及其他所得均应加总按照累进税率纳税。拥有上述收入的人必须在每年 5 月 1 日至 5 月 31 日申报和缴纳综合所得税。一旦有人不缴纳或申报不真实，查实后将受到处罚。利息和红利 1997 年之前是综合纳税，1997 年之后暂时排除在综合所得税制之外。目前分别按照 22% 和 20% 的税率缴纳预提所得税。根据分类所得税制，资本收益、退休收入（包括养老金收入、退休后的临时收入）和伐木收入分别按照不同的税率征税。在资本所得中，主要包括房产、土地、股票等其他财产的转让所得。韩国税收充分考虑了资产所有人持有资产的期限和持有的数量，显示了法律制定者抑制不动产频繁买卖的政策导向。例如，对于购进不足两年即进行转让的土地或者建筑物，征收 50% 的所得税；对于购进 3 年或者更久进行转让的土地或者建筑物，征收 40% 的所得税；对于没有进行注册的土地或建筑物，如进行转让时，需要征收 75% 的高额所得税。再如，为了打击房地产投机性需求，韩国采用逐步升级的重税方式打击投资，从 2007 年起对房地产交易价格超过韩国政府规定的基准价格 10 万美元，出售第二套房产的卖主征收 50% 的房地产增值税；对拥有第三套住房的卖主征收 60% 的房地产增值税；拥有一处房地产并居住 15 年以上的房主在出售房地产时，采取实际交易额扣除 45% 后的优惠税率征收房地产增值税。这样，就大大减少了房地产投机收益，有利于抑制房地产投机行为。

为照顾低收入人群和弱势群体，韩国在征收个人所得税方面采取免征、低税率、所得扣除等措施。韩国个人所得税的"免征点"是年收入 1 500 万韩元以下的家庭（以四口之家为标准）和年收入 482 万韩元以下的个体营业者。而所得扣除指的是给予一些费用优惠或免征所得税，其中包括一部分家庭生活费、医疗费、学费、保险费、特殊稿费等。

对于不动产的保有环节，韩国也征收相应的税收，但是相对美国和法国而言，保有环节税负较低。韩国每年都公布个人拥有的地产和房产评估价格，并据此按照综合不动产税法征收相应税费。同时韩国按照总遗产税制征收遗产赠与税。

韩国的社会保障制度由于受"增长第一"思想的影响，其开支长期低于国内经济增长水平，其福利内容多种多样，但核心是保障居民基本收入、基本医疗、基本教育、基本居住的需求。韩国的养老保险制度主要通过年金制度实行，其适用范围包括企业的职工、农民、渔民、城市自由职业者、临时工、小时工等，覆盖全国国民。年金给付类型有老龄年金、残疾年金、遗属年金，根据缴费年限、年龄、健康、死亡等条件予以支付。参保 20 年可获得全额年金，以参保年限 40 年为基准，收入替代率根据 2007 年《基础老龄年金案》从现行的 60% 下调至 40%，但不是一次性调整，而是 2008 年下调到 50%，从 2009 年开始以后每年下调 0.5%，到 2028 年降低到 40%，年金缴费率为 9% 。国家支援部分农、渔村居民的保险费，对低收入者提供 50% 的保险费。对 65 岁以下、收入低于规定数额的老人提供基本生活保障的制度，支付额为国民年金获得者月平均收入的 5%，由中央政府和地方政府从财政收入中支出。

　　由上述三个国家的财产性收入调控实践可以看出，这些国家对财产性收入的再分配主要是对初次分配的资本利得通过个人所得税来进行调控，为了缩小社会的财富差距，从而缩小财产性收入的差距，主要通过财产税制对不动产、遗产等征税。为了提高低收入人群的收入，主要通过税收减免和相应的社会保障制度，减少其支出，从而增加财富积累。

第六章　西部农民财产性收入状况

一、我国居民财产性收入基本状况

从 1949 年到 1978 年期间，我国以苏联模式为基础进行了近 30 年的社会主义实践，先后经历了社会主义改造、恢复发展、大跃进、经济调整和文化大革命，在这一过程中，中国实行的是中央政府高度集权的计划经济体制，私有财产制度被废除，建立了纯粹的公有制产权制度。几乎所有的资本等生产资料均为国家所有，透过资本积累或资源的利用所产生的财产性收入也归属于政府，整个社会的财富分配强调的是"大河无水小河干"，将国家财富积累放在突出位置，居民的收入理论上只反映了劳动报酬，这种高积累、低消费的经济发展导向，致使居民生活都属于维持生计型，收入扣除基本生活消费后，所剩无几。由于生活支出占整个劳动收入的比重大，劳动收入的分配中平均分配的比重大，故而居民私人的剩余财产积累非常少，即使有财产积累也主要表现为储蓄，而储蓄率则长期处在非常低的水平之上，因此，不管是农村还是城镇，居民之间的财产差距小。在财产匮乏的情况下，居民的财产性收入主要表现为少量的存款利息，财产性收入微乎其微，财产性收入差距对居民收入差距的影响微不足道。1978 年党的十一届三中全会胜利召开，实行农村"家庭联产承包责任制"到城市企业"放权让利"的经济体制改革，大大地促进了生产力的发展，同时随着分配制度的改革，居民收入差距、财产差距、财产性收入差距开始逐步拉大。根据国家统计局《中国统计年鉴》数据的编制，1993 年以前城乡居民财产性收入并没有单列，而是和转移性收入合并公布，1993 年才开始形成城乡居民财产性收入的规范单独统计，因此本书对城乡居民财产性收入的分析从 1993 年开始。目前，我国居民财产性收入呈现出以下特征：

（一）财产性收入总量快速增长

自确立社会主义市场经济体制改革目标以来，我国国内生产总值快速增长，社会经济实力得到长足的发展，国内生产总值（GDP）从 3 万多亿元增加到 51 万多亿元，居民的工资水平、财富积累能力不断增长。与此相伴随，城乡居民的财产性收入也随之呈现出快速的增长趋势（如表 6-1 所示）。城乡居民财产性收入总量从 1993 年的 211.67 亿元增长为 2012 年的 5 983.70 亿元，增长近 28.27 倍。从绝对量来看，居民财产性收入的增长速度高于国民收入的增长速度。

从城乡居民的人均财产性收入来看，财产性收入呈现逐年递增的态势，其中，城镇居民人均财产性收入的增长从 1993 年的 45.8 元增加到 2012 年的 707元，财产性收入增长了 15.44 倍；农村居民的财产性收入的增长从 1993 年的 7元增加到 2012 年的 148.1 元，财产性收入增长了 21 倍。财产性收入成为城乡居民收入增长的又一来源渠道。

表 6-1　　　我国城乡居民财产性收入总量占国内生产总值比重

年份	GDP（亿元）	城镇居民		农村居民		城乡居民财产性收入总量（亿元）	财产性收入占GDP的比重（%）
		人均财产性收入（元）	人口数（万人）	人均财产性收入（元）	人口数（万人）		
1993	35 333.92	45.80	33 173	7.00	85 344	211.67	0.60
1994	48 197.86	68.84	34 169	28.60	85 681	480.27	1.00
1995	60 793.73	90.43	35 174	40.98	85 947	670.29	1.10
1996	71 176.59	111.98	37 304	42.60	85 085	780.19	1.10
1997	78 973.03	90.43	39 449	23.60	84 177	555.40	0.70
1998	84 402.28	132.87	41 608	30.37	83 153	805.38	0.95
1999	89 677.05	128.65	43 748	42.50	82 038	911.48	1.02
2000	99 214.55	128.38	45 906	45.04	80 837	953.43	0.96
2001	109 655.20	134.62	48 064	46.97	79 563	1 020.74	0.93
2002	120 332.70	102.12	50 212	50.68	78 241	909.29	0.76
2003	135 822.80	134.98	52 376	65.75	76 851	1 212.27	0.89
2004	159 878.30	161.15	54 283	76.61	75 705	1 454.75	0.91

表6-1(续)

年份	GDP（亿元）	城镇居民		农村居民		城乡居民财产性收入总量（亿元）	财产性收入占GDP的比重（%）
		人均财产性收入（元）	人口数（万人）	人均财产性收入（元）	人口数（万人）		
2005	183 217.40	192.91	56 212	88.50	74 544	1 744.10	0.95
2006	211 923.50	244.01	57 706	100.50	73 742	2 149.19	1.01
2007	249 529.90	348.50	59 379	128.20	72 750	3002.01	1.20
2008	314 045.40	387.00	62 403	249.10	70 399	4 168.64	1.33
2009	340 902.80	431.80	64 512	228.60	68 938	4 361.55	1.28
2010	401 512.80	520.30	66 978	202.20	67 113	4 841.89	1.21
2011	473 104.00	649.00	69 079	167.20	65 656	5 581.00	1.18
2012	519 470.10	707.00	71 182	148.10	64 222	5 983.70	1.15

其中:财产性收入总量=城镇人均财产性收入×城镇人口+农村人均财产性收入×农村人口。

数据来源:http://www.stats.gov.cn/tjsj/ndsj/.

从财产性收入占国内生产总值的比例来看，财产性收入占 GDP 的比重不断增加。从 1993 年到 2008 年 15 年间财产性收入占 GDP 的比重平均为 0.94，从 1993 年到 2012 年城乡居民财产性收入占 GDP 的比重平均为 1.01%，其中，1993 年较低，仅仅为 0.6%，最高年份为 2009 年，达到 1.33%。从 2009 年到 2012 年，受美国次贷危机引发的全球经济危机的影响，居民的投资性收益缩水，但居民财产性收入占 GDP 的比重一直保持在 1.15% 的水平。财产性收入的总量已经成为不可忽视的力量。

城镇居民与农村居民财产性收入的总量差别。从农村居民和城镇居民的财产性收入总量上看，从 1993 年到 2012 年，平均而言，城镇居民的财产性收入占到全部居民财产性收入的 63.56%，而农村居民只占全部财产性收入的 36.43%，差距不到两倍，但从总体的发展趋势来看，城镇居民财产性收入占城乡居民财产性收入总量的比重呈增长趋势，在 2012 年达到了 84.1%，而农村居民财产性收入占城乡居民财产性收入总量的比重呈下降态势。发生这种变化的主要原因是城乡人口变动的趋势不同，随着农民市民化，城镇人口呈逐年增加态势，而在农村，随着人口向城市的迁移，农村人口数量占总人口的比重呈下降趋势。1993 年城镇人口与农村人口的比例从 0.38∶1，到 2012 年城镇人口与农村人口的比例调整为的 1.11∶1。而且从农村迁移到城镇的多是农村富裕的家庭，这些家庭向城镇的迁移，导致农村总体的财产性收入水平下降更快。

1993—2012 年我国城乡居民财产性收入总量如表 6-2 所示：

表 6-2　　　　　1993—2012 年城乡居民财产性收入总量　　　　单位：亿元

年份	城镇居民财产性收入总量	农村居民财产性收入总量	城镇居民财产性收入占GDP 的比重（%）	农村居民财产性收入占GDP 的比重（%）
1993	151. 932 34	59. 740 8	71.78%	28. 22%
1994	235. 219 396	245. 047 66	48.98%	51.02%
1995	318. 078 482	352. 210 806	47.45%	52.55%
1996	417. 730 192	362. 462 1	53.54%	46.46%
1997	356. 737 307	198. 657 72	64.23%	35.77%
1998	552. 845 496	252. 535 661	68.64%	31.36%
1999	562. 818 02	348. 661 5	61.75%	38.25%
2000	589. 341 228	364. 089 848	61.81%	38.19%
2001	647. 037 568	373. 707 411	63.39%	36.61%
2002	512. 764 944	396. 525 388	56.39%	43.61%
2003	706. 971 248	505. 295 325	58.32%	41.68%
2004	874. 770 545	579. 976 005	60.13%	39.87%
2005	1 084. 385 692	659. 714 4	62.17%	37.83%
2006	1 408. 084 106	741. 107 1	65.52%	34.48%
2007	2 069. 358 15	932. 655	68.93%	31.07%
2008	2 414. 996 1	1 753. 639 09	57.93%	42.07%
2009	2 785. 628 16	1 575. 922 68	63.87%	36.13%
2010	3 484. 865 34	1 357. 024 86	71.97%	28.03%
2011	4 483. 227 1	1 097. 768 32	80.33%	19.67%
2012	5 032. 567 4	951. 127 82	84.10%	15.90%

（二）居民财产性收入占可支配收入的比重较低

我国经济社会的发展和变革，不仅促进了国内生产总值的快速增长，而且人民也分享到了发展的好处，城乡居民的可支配收入逐年看涨。1993 年城镇居民的可支配收入为 2 577.4 元，到 2012 年增长到 24 564.7，以 1978 年的不变价格计算，从 1993 年到 2012 年城镇居民的可支配收入增长了 2.12 倍。农村居民 1993 年的纯收入为 921.62 元，到 2012 年增长到 7 916.6 元，以 1978 年的不变价格计算，从 1993 年到 2012 年农村镇居民的纯收入增长了 2.53 倍。

城乡居民的可支配收入、纯收入、财产性收入绝对量都在快速增长，但城乡居民的人均财产性收入占可支配收入的比例尽管很低，但是却呈现上涨趋势（如表 6-3 所示）。从 1993 年到 2012 年的 20 年间，城镇居民财产性收入占可支配收入的比例平均为 2.16%，而农村平均为 2.47%，财产性收入在居民收入中的比重在增长。从城镇来看，2007 年为最高年份，城镇居民的财产性收入占可支配收入的比例为 2.53%，从农村来看，2008 年为最高年份，农民财产性收入占纯收入的比重达到 5.23%。但从两者波动的幅度来看，城镇居民的财产性收入稳定性更好，财产性收入波动的幅度较小，而农村居民财产性收入的波动幅度较大。

表 6-3 我国 1993—2012 年城乡居民财产性收入占个人可支配收入的比例

单位：元

年份	城镇居民			农村居民		
	可支配收入	财产性收入	比例（%）	纯收入	财产性收入	比例（%）
1993	2 577.40	45.80	1.78	921.62	7.00	0.76
1994	3 496.20	68.84	1.97	1 220.98	28.60	2.34
1995	4 283.00	90.43	2.11	1 577.74	40.98	2.60
1996	4 838.90	111.98	2.31	1 926.07	42.60	2.21
1997	5 160.30	90.43	1.75	2 090.13	23.60	1.13
1998	5 425.10	132.87	2.45	2 161.98	30.37	1.40
1999	5 854.02	128.65	2.20	2 210.34	42.50	1.92
2000	6 280.00	128.38	2.04	2 253.42	45.04	2.00
2001	6 859.60	134.62	1.96	2 366.40	46.97	1.98
2002	7 702.80	102.12	1.33	2 475.63	50.68	2.05
2003	8 472.20	134.98	1.59	2 622.24	65.75	2.51
2004	9 421.60	161.15	1.71	2 936.40	76.61	2.61

表6-3（续）

年份	城镇居民			农村居民		
	可支配收入	财产性收入	比例（％）	纯收入	财产性收入	比例（％）
2005	10 493.00	192.91	1.84	3 254.90	88.50	2.72
2006	11 759.50	244.01	2.08	3 587.00	100.50	2.80
2007	13 786.00	348.50	2.53	4 140.36	128.20	3.10
2008	15 780.80	387.00	2.45	4 760.60	249.10	5.23
2009	17 174.70	431.80	2.51	5 153.20	228.60	4.44
2010	19 109.40	520.30	2.72	5 919.00	202.20	3.42
2011	21 809.80	649.00	2.98	6 977.30	167.20	2.40
2012	24 564.70	707.00	2.88	7 916.60	148.10	1.87

数据来源：http：//www.stats.gov.cn/tjsj/ndsj/。

从2001年开始到2008年，尽管城镇居民财产性收入的绝对数要大于农村居民，但是农村居民财产性收入占纯收入的比重要高于城镇居民。这一方面是因为农民的财产性收入增长速度较快，另一方面是因为农民的财产性收入和纯收入的基数较低。从2009年开始，城镇居民财产性收入的绝对数依然呈现逐年上涨态势，但是农村居民的财产性收入呈现出逐年下降态势，农村居民财产性收入占纯收入的比重也呈现出下降的态势。这可能是农村富裕的家庭市民化为城镇居民，而剩余的农村居民相对财产和财产性收入较低；也可能是美国次贷危机后，银行利率下降，农民的财富主要是银行存款，所以其财产性收入水平下降，而城镇居民的财产性收入来源渠道多样，理财机会多，财产性收入有更高的增长可能。

财产性收入占城镇居民可支配收入和农村居民纯收入的比例较低，尚未成为农村居民和城镇居民的主导性收入来源。在城镇，财产性收入占居民可支配收入的比例低于3％；在农村，财产性收入占农村纯收入的比重变动幅度大，但最高的2008年也低于6％，因此，我国居民对财产性收入的依赖性较低，财产性收入尚未成为城乡居民的主导性收入来源，财产性收入增长将有助于我国居民收入的增长和收入结构的优化。

（三）财产性收入增长速度高于可支配收入

城乡居民财产性收入的波动幅度大于居民可支配收入和纯收入。从1995

年至今，居民的可支配收入和纯收入一直呈现增长态势，而城乡居民的财产性收入有些年份大幅增长，有些年份大幅下降（如表6-4所示）。尽管如此，居民的财产性收入增长速度总体而言还是远远大于可支配收入的增长，城镇居民从1995年到2012年可支配收入的平均增长速度为11.15%，而财产性收入的平均增长速度为11.51%，财产性收入增长速度平均比可支配收入高15.42个百分点。而且城镇居民的财产性收入除了1997年、1999年、2000年、2001年、2002年以外，其余年份财产性收入增长速度大于可支配收入增长速度。农村居民从1995年到2012年，可支配收入增长速度平均为11.16%，而财产性收入平均增长速度为13.23%，财产性收入的增长速度也高于可支配收入，农村居民除了1996年、1997年、2001年、2009年、2010年、2011年、2012年以外，财产性收入增长速度都大于纯收入的增长速度。

表6-4 城乡居民1995—2012年财产性收入和可支配收入增长速度表

年份	城镇居民			农村居民		
	可支配收入增长速度	财产性收入增长速度	增长速度的差距	纯收入增长速度	财产性收入增长速度	增长速度的差距
1995	22.50%	31.36%	8.86%	29.22%	43.29%	14.07%
1996	12.98%	23.83%	10.85%	22.08%	3.95%	-18.12%
1997	6.64%	-19.24%	-25.89%	8.52%	-44.60%	-53.12%
1998	5.13%	46.93%	41.80%	3.44%	28.69%	25.25%
1999	7.91%	-3.18%	-11.08%	2.24%	39.94%	37.70%
2000	7.28%	-0.21%	-7.49%	1.95%	5.98%	4.03%
2001	9.23%	4.86%	-4.37%	5.01%	4.29%	-0.73%
2002	12.29%	-24.14%	-36.43%	4.62%	7.90%	3.28%
2003	9.99%	32.18%	22.19%	5.92%	29.74%	23.81%
2004	11.21%	19.39%	8.18%	11.98%	16.52%	4.54%
2005	11.37%	19.71%	8.34%	10.85%	15.52%	4.67%
2006	12.07%	26.49%	14.42%	10.20%	13.56%	3.36%
2007	17.23%	42.82%	25.59%	15.43%	27.56%	12.14%
2008	14.47%	11.05%	-3.42%	14.98%	94.31%	79.33%
2009	8.83%	11.58%	2.74%	8.25%	-8.23%	-16.48%

表6-4(续)

年份	城镇居民			农村居民		
	可支配收入增长速度	财产性收入增长速度	增长速度的差距	纯收入增长速度	财产性收入增长速度	增长速度的差距
2010	11.26%	20.50%	9.23%	14.86%	-11.55%	-26.41%
2011	14.13%	24.74%	10.60%	17.88%	-17.31%	-35.19%
2012	12.63%	8.94%	-3.69%	13.46%	-11.42%	-24.89%

由上述城乡居民财产性收入增长速度可以发现，从 1995 到 2012 年的 18 年间，我国城乡居民财产性收入增长的波动幅度很大。城镇居民财产性收入增长最高的年份为 2008 年，比 2007 年的财产性收入增长 43.82%，最低的为 2002 年，与 2001 全年相比，财产性收入下降 24.14%；农村居民 2008 年，财产性收入同比增加 94.31%，而 2011 年同比下降 17.31%。此外，近年来城镇居民财产性收入的稳定性好于农村居民，城镇居民除了 2008 年金融危机以来财产性收入一直保持着正增长，而农村居民从 2008 年以来财产性收入一直呈现负增长，且跌幅较大，这进一步拉大了城乡居民之间的财产性收入差距。

（四）城乡财产性收入差距扩大

从财产性收入的收入量看，农村居民的财产性收入明显低于城镇居民，城乡居民财产性收入差距显著（如图 6-1 所示）。

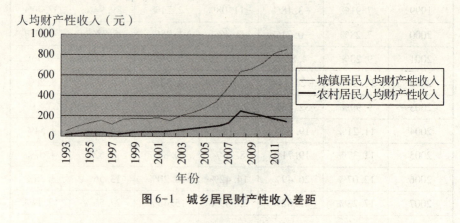

图 6-1　城乡居民财产性收入差距

城乡居民之间的财产性收入相对收入差距可以用泰尔指数（Theil Index）来衡量。泰尔指数又称为泰尔熵指数。泰尔（Theil，1967）利用信息理论中的熵概念最先将其应用于经济分析来计算收入的不平等，该指数不仅仅可以反映城乡收入整体差异，而且还可以考虑到人口数量变动因素的影响。

$$T(t) = TB + TW = \sum yi\ln(yi/pi) + \sum yi\left[\sum yij\ln(yij/pij)\right]$$

$$T(l) = TB + TW = \sum pi\ln(pi/yi) + \sum pi\left[\sum pij\ln(pij/yij)\right]$$

yi 为 i 组的财产性收入份额，pi 为 i 组人口的份额。$T(t)$ 表示产出比重计算的泰尔 T 指标，$T(l)$ 表示人口比重加权的泰尔 L 指标，j 代表每个组内部的细分单位，公式第二项表示组内各单位以收入或者人口比重计算的收入不平等程度。收入差距越大，泰尔指数就越大；反之，收入差距越小，泰尔指数就越小。其中城乡之间的财产性收入差距可以用以下两个公式计算：

$$T(t) = \sum yi\ln(yi/pi)$$

$$T(l) = \sum pi\ln(pi/yi)$$

t 表示城市与农村地区，yi 表示城镇或者农村地区的财产性收入占全国居民财产性收入的比重，pi 表示城镇或者农村的人口数量占全国人口的比重。

表 6-5　　　　　　　城乡居民财产性收入泰尔指数表

年份	城镇财产性收入比重	城镇人口比重	农村财产性收入比重	农村人口比重	泰尔指数 $T(t)$	泰尔指数 $T(l)$
1993	0.718	0.280	0.282	0.720	0.178 7	0.178 5
1994	0.490	0.285	0.510	0.715	0.040 4	0.037 7
1995	0.475	0.290	0.525	0.710	0.032 6	0.030 6
1996	0.535	0.305	0.465	0.695	0.049 7	0.047 1
1997	0.642	0.319	0.358	0.681	0.095 1	0.093 4
1998	0.686	0.334	0.314	0.666	0.112 5	0.113 7
1999	0.617	0.348	0.383	0.652	0.065 3	0.064 4
2000	0.618	0.362	0.382	0.638	0.058 4	0.058 0
2001	0.634	0.377	0.366	0.623	0.058 7	0.058 9
2002	0.564	0.391	0.436	0.609	0.026 5	0.026 2
2003	0.583	0.405	0.417	0.595	0.027 8	0.027 7
2004	0.601	0.418	0.399	0.582	0.029 6	0.029 7
2005	0.622	0.430	0.378	0.570	0.032 2	0.032 7
2006	0.655	0.439	0.345	0.561	0.041 0	0.042 2
2007	0.689	0.449	0.311	0.551	0.050 9	0.053 3

表6-5(续)

年份	城镇 财产性 收入比重	城镇 人口比重	农村 财产性 收入比重	农村人口 比重	泰尔指数 $T(t)$	泰尔指数 $T(l)$
2008	0.282	0.470	0.421	0.530	0.010 4	0.010 5
2009	0.639	0.483	0.361	0.517	0.021 2	0.021 7
2010	0.720	0.499	0.280	0.501	0.043 6	0.046 8
2011	0.803	0.513	0.197	0.487	0.079 2	0.092 0
2012	0.841	0.526	0.159	0.474	0.096 2	0.117 9

数据来源：http：//www. stats. gov. cn/tjsj/ndsj/。

其中：

城镇财产性收入比重＝城镇居民人均财产性收入×城镇居民人口/全国居民财产性收入

农村财产性收入比重＝农村居民人均财产性收入×农村居民人口/全国居民财产性收入

全国居民财产性收入＝城镇财产性收入+农村财产性收入

从上述泰尔指数可以看出，财产性收入比为权重的 $T(t)$ 和人口比为权重的 $T(l)$，从1993年到1998年泰尔指数先下降然后上升，从1998年到2002年城乡居民泰尔指数一直呈现下降趋势，从2003年到2007年泰尔指数一直呈现上涨趋势，从2007年到2008年泰尔指数下降，从2009年到2012年泰尔指数一直呈现增长趋势，城乡居民财产性收入差距增大。也就是说，近年来，经济发展给城镇居民带来的财产性收入较农村居民大。

从1993年到2012年，城镇居民财产性收入平均而言是农村居民的2.95倍。其中，从1993年到1996年城乡居民之间的财产性收入保持较低的差距。这个阶段发生在邓小平的南方讲话后，当时我国刚开始社会主义市场经济体制建设，这一时期计划经济时期的分配制度还没有完全打破，个人资本等生产要素参与收益分配成为居民收入来源的渠道才刚刚建立，城乡居民财产积累差距还没有扩大，城乡居民投资渠道的差距还没有凸显出来，银行存款还是城乡居民主要的投资渠道。此外，这一时期，农村粮食价格上涨，农业劳动生产率上升，粮食产量创历史新高，农村居民纯收入增加，财产积累增加，农民财产性收入增长，而城镇居民由于工资的黏性上涨缓慢，导致城镇居民财产性收入增长稳定。因此，在这个阶段，城乡居民财产性收入绝对量都逐年呈现增长趋势，但财产性收入差距并没有显著的扩大。

从 1997 年到 2001 年，城乡居民之间财产性收入快速扩大，这几年间城镇居民财产性收入是农村居民的 3.39 倍。这期间：第一是党的十五大提出按劳分配和按生产要素分配结合，允许和鼓励一部分人通过诚实劳动和合法经营先富起来，鼓励资本、技术等生产要素参与收益分配。城镇居民中更多的人通过资产投资和技术入股等方式获得了财产性收入，而农村居民在实物资本和人力资本都稀缺的情况下，获得的财产性收入增长机会少。第二，1999 年党的十五届四中全会提出的《中共中央关于国有企业改革和发展若干重大问题的决定》，对国有企业分配制度进行了改革，国有企业经营管理者的经营贡献与收入挂钩，使城镇居民中一部分人可以获得更多的财产积累和财产性收入。第三，1997 年，亚洲金融危机导致全球资本市场下跌，股市下跌，银行利息下降，使得 1997 年城镇和农村居民的财产性收入都有一定程度的下降。

从 2002 年到 2006 年，城镇居民和农村居民的财产性收入保持稳步增长，城镇居民财产性收入平均为农村居民财产性收入的 2.16 倍，但城镇居民的财产性收入增长势头开始高于农村居民，两者之间的差距呈现上涨势头。在 2003 年 8 月，国务院发布《关于促进房地产市场持续健康发展的通知》，提出"完善住房供应政策，调整住房供应结构，逐步实现多数家庭购买或承租普通商品住房。"这一提法表明当时我国的住房供应政策发生了一定程度的转变，供应重点转向普通商品住房，住房市场化程度进一步加强。这一制度使城镇居民通过住房改革、住房购买等方式获得了房产，房产成为了城镇居民的财产，并且房产价格不断地攀升使这部分城镇居民获得了资产增值带来的财产性收入，而广大的农村居民，其持有的农房等资产价格变动幅度小，更多的农民没有投资城镇地产，因此，城镇居民和农村居民之间的财产性收入开始扩大。与此同时，2002 年党的十六大提出确立劳动、资本、技术和管理等生产要素按贡献参与分配的原则，将我国的分配制度和分配体制改革推向一个新的高度，更多的企业管理者、技术人员、资本所有者开始享有更多的财产性收入增长机会，城乡财产性收入差距扩大。在这个阶段，我国第二、第三产业在国民经济中所占比重开始上升，农业所占比重开始下降，进而导致农村居民收入上涨速度落后于城镇居民，城镇居民财产的积累能力大于农村居民，城镇居民的财产性收入增长速度增长。2001 年，网络经济泡沫破灭，股市的巨额财富蒸发，导致城镇居民的财产性收入受到的影响大于农村居民，所以城镇居民财产性收入在 2002 年出现了下降，而农村居民财产性收入受的影响小。在 2003 年，国家正式撤销了运营多年的农业税，在财政上和税收上给予农民政策倾斜，促进农村居民纯收入不断上涨，农民财产的积累能力增强，财产性收入增长。

从 2007 年到 2012 年，城乡居民之间的财产性收入差距快速扩大，城镇居民是农村居民的 2.89 倍，其中 2007 年到 2008 年，由于股市快速拉升，股票资本市场的绝大多数拥有者是城镇居民，因此，城镇居民的财产性收入快速增长，而农村居民拥有证券的较少，其财产主要通过银行存款的方式保值增值，因此其财产性收入增长在这个阶段低于城镇居民。但到 2008 年下半年到 2012 年，由于股市下降、房地产价格从下降趋势反转为上升，城镇居民的财产性收入增速放缓，与此同时农村居民财产性收入却以较快的速度下降，城乡居民之间的财产性收入差距扩大。在 2008 年，我国正式成为世界贸易组织（WTO）成员，对外贸易迅猛发展，第二、第三产业的发展导致农村剩余劳动力进一步融入城镇，将户口转为城镇人口，而这部分居民往往是收入较高的农村居民，且城镇化的发展速度加快，导致一些收入较高的农村地区城镇化后，农民减少。这些因素导致农村居民财产性收入出现了下降趋势，而城镇居民的财产性收入不断增长，城乡居民之间财产性收入差距呈现加大趋势。

二、不同收入阶层的财产性收入差距

在我国，财产性收入不仅表现为城乡收入差距明显，而且在城乡内部不同收入阶层之间也表现出明显的差距，而且这种差距还要远远大于城乡之间的平均差距。北京大学中国社会科学调查中心发布《中国民生发展报告 2014》，该报告称，中国的财产不平等程度在迅速升高：1995 年我国财产的基尼系数为 0.45，2002 年为 0.55，2012 年我国家庭净财产的基尼系数达到 0.73，顶端 1% 的家庭占有全国三分之一以上的财产，底端 25% 的家庭拥有的财产总量仅在 1% 左右。财产分布的不公平程度直接影响到居民的财产性收入分配。本书根据国家统计局的《中国统计年鉴》，从 2002 年开始对农村不同收入群体财产性收入进行统计（如表 6-6 所示）。

表 6-6　　　　　　农村居民不同收入群体财产性收入状况　　　　　　单位：元

年份	人均财产性纯收入	低收入户人均财产性纯收入	中等偏下户人均财产性纯收入	中等收入户人均财产性纯收入	中等偏上户人均财产性纯收入	高收入户人均财产性纯收入
2012	249.1	52.7	84.8	143.2	236.7	885.3
2011	228.6	49.6	84.3	142.4	212.1	791.7

表6-6(续)

年份	人均财产性纯收入	低收入户人均财产性纯收入	中等偏下户人均财产性纯收入	中等收入户人均财产性纯收入	中等偏上户人均财产性纯收入	高收入户人均财产性纯收入
2010	202.3	44.1	73.3	120.8	185.8	702.1
2009	167.2	25.8	49.6	86.3	144.1	629.7
2008	148.1	30.8	46.0	81.5	132.9	534.3
2007	128.2	29.9	47.7	65.9	115.9	451.5
2006	100.5	19.9	32.6	51.6	91.1	359.4
2005	88.5	21.9	32.4	46.4	80.9	304.0
2004	76.6	16.2	26.7	38.3	63.0	272.3
2003	65.8	14.7	22.5	34.5	54.3	245.9
2002	50.7	7.2	14.8	24.7	40.1	193.3

数据来源：http://www.stats.gov.cn/tjsj/ndsj/。

从2002年到2012年，我国农村居民不同收入阶层的财产性收入具有以下特征：

1. 农村居民内部的财产性收入差距依然明显。高低收入极差指最高收入户的人均财产性收入和最低收入户的人均财产性收入之差，是反映财产性收入绝对差距的指标，2002年到2012年农村居民高低收入极差如表6-7所示。

表6-7   2002—2012年农村居民高低收入极差

年份	2002	2003	2004	2005	2006	2007	2008	2009	2010	2011	2012
高低收入极差（元）	142.6	180.1	195.7	215.5	258.9	323.3	386.2	462.5	499.8	563.1	636.2

由表6-7可以看出，高收入组与低收入农村居民的财产性收入的差距从2002年的142.6元增加到了2012年的636.2元，增幅达到了4.46倍。与此同时，从2002年到2012年，高收入农村居民人均财产性收入平均是低收入居民的17.99倍，是中等偏下居民人均财产性收入的10.71倍，是中等收入居民家庭人均财产性收入的6.71倍，是中上收入居民家庭人均财产性收入的4.08倍。由此可见，农村内部的财产性收入差距是很大的。

2. 不同群体之间的财产性收入以高收入家庭与中上收入家庭之间的差距

为最大。其中中低收入家庭人均财产性收入是低收入家庭的 1.67 倍，中等收入家庭是中低收入家庭的 1.60 倍，中高收入家庭是中等收入家庭人均财产性收入的 1.64 倍，而高收入家庭是中上收入家庭人均财产性收入的 4.08 倍。

不同收入群体之间财产性收入差距如图 6-2 所示：

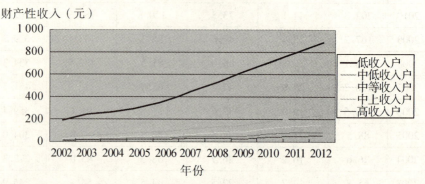

图 6-2　不同收入群体之间财产性收入差距

洛伦兹曲线是由洛伦兹（1907）提出的，用以比较和分析一个国家在不同时期财富不平等情况。其将 100 个家庭从最贫者到最富者自左向右排列，分为 5 等份，第一个等份代表收入最低的 20 个家庭，将每一等份的家庭所拥有的财富的百分比累计起来，并将相应的点画在图中，便得到了一条曲线，这就是洛伦兹曲线。洛伦兹曲线弯曲程度越大，收入分配越不平等。如图 6-3 所示，2002 年和 2012 年的洛伦兹曲线，80% 的农村居民家庭所占有的财产性收入份额不到 0.4，而占农村人口 20% 的居民占有了绝大多数财产性收入。从洛伦兹曲线来看，2012 年的洛伦兹曲线低收入户、中低收入户、中等收入户、中上收入户之间的财产性收入差距与 2002 年相比有所缩小。

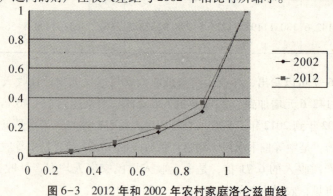

图 6-3　2012 年和 2002 年农村家庭洛伦兹曲线

3. 从财产性收入波动的幅度来看，低收入户家庭的人均财产性收入波动幅度较大，不稳定性高，涨跌幅度远远大于其他阶层。可能的原因是其财产积累少，财产性收入微小的波动能够导致较大的波动；高收入户农村居民家庭财产性收入增长最为稳定，可能是由于高收入家庭财产性收入来源渠道广。这可以平抑各种渠道的财产性收入波动；中等收入户、中上收入户、高收入户的人均财产性增长相对上一年而言基本上都是正增长，而低收入户和中低收入户人均财产性收入增长有些年份会出现负增长。

2002—2012 年不同收入阶层的农村居民财产性收入增长幅度如图 6-4 所示：

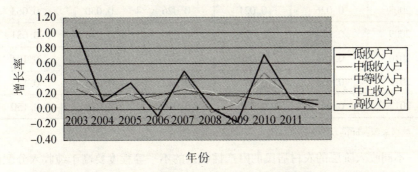

图 6-4　2002—2012 年不同收入阶层的农村居民财产性收入增长幅度

4. 从 2002 年到 2012 年，不同收入分组农村居民家庭的人均财产性收入占人均纯收入的比重变化程度并不一致。最低收入户人均财产性收入占家庭纯收入的比重仅为 2.6%，中低收入户人均财产性收入占家庭纯收入的比重仅为 2.3%，中等收入户人均财产性收入占家庭纯收入的 2.6%，中上收入户人均财产性收入占家庭纯收入的 3%，高收入家庭人均财产性收入占纯收入的 6.1%，体现出收入越高的群体，其财产性收入占纯收入的比重基本上也越高，其中尤其以高收入家庭的人均财产性收入占家庭人均纯收入的比重最高，这说明对于高收入农户而言，财产性收入已经成为其纯收入的重要组成部分。不管是哪一个收入群体，其财产性收入都表现为逐年增长趋势，但是低收入阶层、较低收入阶层、中等收入阶层的财产性收入呈现波动中缓慢增长的状态，而较高收入阶层、高收入阶层，其财产性收入呈现稳定的以较快速度增长的趋势。这种趋势的延续，意味着农村内部不同收入群体之间的财产性收入将越来越大，体现了财产性收入的"滚雪球效应"。

表6-8　　　不同收入阶层的农村居民财产性收入占其纯收入的比重

年份	低收入组	较低收入组	中等收入组	较高收入组	高收入组
2002	0.003	0.003	0.004	0.004	0.010
2003	0.007	0.005	0.006	0.006	0.015
2004	0.009	0.007	0.007	0.008	0.019
2005	0.014	0.010	0.010	0.013	0.025
2006	0.013	0.011	0.012	0.015	0.032
2007	0.022	0.018	0.018	0.023	0.046
2008	0.026	0.021	0.026	0.030	0.063
2009	0.024	0.025	0.030	0.036	0.081
2010	0.044	0.040	0.047	0.051	0.101
2011	0.057	0.052	0.063	0.066	0.125
2012	0.061	0.055	0.066	0.078	0.150

数据来源：http：//www. stats. gov. cn/tjsj/ndsj/。

不同收入阶层的农村居民的财产性收入的不平等程度要高于纯收入分配的不平等程度。在农村居民的五等分组中，从2002年到2012年，高收入组的纯收入平均是低收入组的7.49倍，高收入组是中低收入组的3.87倍，高收入组是中等收入组的2.71倍，高收入组是中上收入组的1.91倍。而同期，高收入组的财产性收入是低收入组的17.99倍，是中等偏下居民人均财产性收入的10.71倍，是中等收入居民家庭人均财产性收入的6.71倍，是中上收入居民家庭人均财产性收入的4.08倍。因此，财产性收入差距是我国农村家庭纯收入差距的主要贡献者之一。

表6-9　　　　　　　不同收入阶层的农村居民纯收入　　　　　　单位：元

年份	低收入组	较低收入组	中等收入组	较高收入组	高收入组
2012	2 316.20	4 807.50	7 041.00	10 142.10	19 008.90
2011	2 000.50	4 255.70	6 207.70	8 893.60	16 783.10
2010	1 869.80	3 621.20	5 221.70	7 440.60	14 049.70
2009	1 549.30	3 110.10	4 502.10	6 467.60	12 319.10
2008	1 499.80	2 935.00	4 203.10	5 928.60	11 290.20
2007	1 346.90	2 581.80	3 658.80	5 129.80	9 790.70

表6-8（续）

年份	低收入组	较低收入组	中等收入组	较高收入组	高收入组
2006	1 182.50	2 222.00	3 148.50	4 446.60	8 474.80
2005	1 067.20	2 018.30	2 851.00	4 003.30	7 747.40
2004	1 007.00	1 842.20	2 578.60	3 608.00	6 931.00
2003	865.9	1 606.50	2 273.10	3 206.80	6 346.90
2002	857	1 548.00	2 164.00	3 031.00	5 903.00

数据来源：http://www.stats.gov.cn/tjsj/ndsj/。

由上述分析可以看出，在农村，高收入阶层的财产性收入远远高于低收入阶层，而且其增长速度也高于低收入阶层，财产性收入正表现出富者愈富的"马太效应"，财富正在向少部分人群集中，财产性收入对于居民收入差距的贡献正在不断扩大。一般而言，学者们常用基尼系数来表示收入差距，基尼系数通常把 0.4 作为收入分配差距的"警戒线"。根据张建华（2005）[①] 对基尼系数推导出的计算公式：

$$G = 1 - \frac{1}{n}(2\sum_{i=1}^{n-1} W_i + 1)$$

其中：G 表示基尼系数；W_i 表示从第 1 组累计到第 i 组的人口总收入占全部人口总收入的百分比；n 表示分组数。本书根据上述公式计算出了从 2002 年到 2012 年农村居民人均纯收入、人均财产性收入的基尼系数（如表 6-10 所示）。

表 6-10　　　2002 年到 2012 年农村居民财产性收入基尼系数

年份	人均纯收入基尼系数	人均财产性收入基尼系数
2012	0.357 6	0.518 2
2011	0.358 7	0.503 7
2010	0.350 0	0.507 4
2009	0.356 3	0.556 8
2008	0.349 2	0.530 1
2007	0.345 4	0.512 8
2006	0.345 3	0.531 7
2005	0.347 0	0.504 7

① 张建华. 经济学——入门与创新 [M]. 北京：中国农业出版社，2005.

表6-10(续)

年份	人均纯收入基尼系数	人均财产性收入基尼系数
2004	0.341 1	0.526 8
2003	0.351 4	0.531 5
2002	0.342 9	0.567 7

从基尼系数来看，财产性收入的基尼系数远远大于农民纯收入的基尼系数，说明财产性收入的不公平程度要远远大于农民纯收入，农民的工资性收入、经营性收入和转移支付收入的不公平程度要低于财产性收入。从2002年到2012年，农村居民人均财产性收入的基尼系数一直大于0.5，说明财产性收入分配的不公平程度已经超过了基尼系数贫富差距的警戒值，农民财产性收入分配差距较大，而农民纯收入的基尼系数一直位于0.3~0.4之间，收入分配处于相对合理的水平。

三、省际之间居民财产性收入差距

在我国，居民财产性收入的差距不仅表现为城乡居民的差距、农村居民内部的收入差距，还表现为地区之间的差距。地区之间的财产性收入差距可以分为两个层面来考察：一是省际之间的差距；二是东、中、西部之间的差距。

从省际之间的差距来看，我国农村居民家庭人均财产性收入从2004年的76.61元增加到2012年的148.10元，但是省级之间的差异明显（如表6-11所示）。

表6-11   2004年到2012年我国省际之间农村居民财产性收入   单位：元

年份 地区	2012	2011	2010	2009	2008	2007	2006	2005	2004
北京市	1 716.40	1 537.00	1 339.90	1 268.60	1 142.80	803.20	678.80	588.00	417.80
天津市	921.00	742.40	368.40	267.50	463.40	162.00	126.40	152.90	93.70
河北省	218.30	206.40	182.50	123.90	118.60	115.80	107.70	93.70	79.00
山西省	140.80	170.40	214.20	205.10	153.10	135.80	74.50	62.70	35.50
内蒙古自治区	323.00	337.40	164.30	137.30	114.90	117.10	84.80	73.10	56.10
辽宁省	246.20	244.60	234.20	205.50	201.30	179.40	141.80	113.20	100.10

表6-11(续)

年份 地区	2012	2011	2010	2009	2008	2007	2006	2005	2004
吉林省	393.00	395.70	377.50	290.90	183.20	283.40	187.70	148.40	81.30
黑龙江省	580.30	545.20	344.10	241.00	243.60	196.10	145.70	230.60	137.00
上海市	1 381.80	1 244.10	970.30	932.80	849.80	690.10	558.20	457.50	303.80
江苏省	458.50	414.30	398.90	325.60	253.50	226.80	178.50	150.40	110.30
浙江省	588.50	555.70	525.40	487.90	437.50	362.70	311.60	278.90	295.90
安徽省	111.80	106.00	142.00	117.00	119.00	102.00	52.80	44.90	46.10
福建省	319.80	291.50	245.10	199.90	179.00	146.90	113.50	98.70	80.00
江西省	120.90	111.50	100.20	80.40	66.60	56.00	35.10	25.80	24.50
山东省	257.20	246.50	238.30	196.10	163.90	144.30	127.60	102.80	64.90
河南省	135.50	108.10	59.30	56.00	53.00	52.70	40.40	35.80	28.20
湖北省	65.90	84.50	106.90	58.40	40.80	37.70	25.90	16.80	16.20
湖南省	112.80	112.20	101.60	81.20	57.10	39.90	42.50	42.10	41.90
广东省	556.50	490.40	401.20	357.70	339.50	312.60	220.90	167.30	246.90
广西壮族 自治区	53.90	41.20	33.80	41.50	41.80	29.10	22.50	18.30	17.50
海南省	173.30	85.80	107.80	56.10	53.60	66.10	49.40	55.60	60.50
重庆市	175.60	139.70	90.50	67.80	50.90	43.80	27.30	30.70	33.10
四川省	166.60	140.40	144.00	94.80	71.40	61.10	52.80	41.60	27.00
贵州省	71.50	59.50	117.20	81.90	63.90	46.70	36.90	35.50	18.60
云南省	234.20	219.00	176.80	127.50	109.80	86.40	82.20	75.50	71.80
西藏自治区	127.70	113.60	169.10	148.30	185.50	173.50	156.00	217.20	115.00
陕西省	200.10	165.30	97.00	92.60	86.00	73.30	52.60	56.90	50.60
甘肃省	112.10	82.50	39.90	34.10	19.50	23.20	52.60	20.60	25.80
青海省	95.30	93.70	120.70	117.00	148.60	127.90	100.70	62.00	52.80
宁夏回族 自治区	101.60	116.40	98.70	63.10	65.70	58.10	53.40	48.60	52.20
新疆 维吾尔 自治区	170.70	147.10	126.50	121.30	121.20	116.50	58.70	33.90	81.10

数据来源：中国统计年鉴。

由表6-11可以看出，我国省际之间农民财产性收入具有以下特点：

（1）高低收入极差较大。将各年份农民财产性收入最大值省份和最小值省份进行对比，可以得到表6-12。

表6-12　　　　　　　省际之间农民财产性收入高低收入极差表　　　　单位：元

年份\项目	2012	2011	2010	2009	2008	2007	2006	2005	2004
农民财产性收入最大值	1 716.40 北京	1 537.00 北京	1 339.90 北京	1 268.60 北京	1 142.80 北京	803.20 北京	678.80 北京	588.00 北京	417.80 北京
农民财产性收入最小值	53.90 广西	41.20 广西	33.80 广西	34.10 甘肃	19.50 甘肃	23.20 甘肃	22.50 广西	16.80 湖北	16.20 湖北
倍数	31.84	37.31	39.64	37.20	58.61	34.62	30.17	35.00	25.79

　　由表6-12可以看出，我国省际之间农民财产性收入差距巨大。从2004年到2012年财产性收入的最高省份与最低省份之间的绝对差距在扩大，省际之间农民财产性收入的最大值平均是最小值的36.69倍，其中2008年两者之间的最大差距高达58.61倍，2004年为最小值，达到25.79倍。财产性收入的高低收入极差大于农民纯收入高低收入极差（如表6-13所示），从2004年到2012年省际之间农民纯收入的最大值平均是最小值的4.22倍，而且纯收入最大值和最小值之间的倍数比较稳定，都在4倍左右波动，因此，省际之间农村财产性收入是拉大农村纯收入差距的关键因素之一。

表6-13　　　　　　　省际之间农民纯收入高低收入极差表　　　　单位：元

年份\项目	2012	2011	2010	2009	2008	2007	2006	2005	2004
农民纯收入最大值	17 803.70	16 053.80	13 978.00	12 482.90	11 440.30	10 144.60	9 138.70	8 247.80	7 066.30
农民纯收入最小值	4 506.70	3 909.40	3 424.70	2 980.10	2 723.80	2 328.90	1 984.60	1 877.00	1 721.60
倍数	3.95	4.11	4.08	4.19	4.20	4.36	4.60	4.39	4.10

　　（2）各年度超过全国人均财产性收入的省份分布多集中在东部地区，且前几名的排序变动比较稳定，而且这些省份的财产性收入差距也较大；而财产性收入落后的地区基本都分布在中、西部地区，且排序变动大于东部地区，这些省份之间的财产性收入差距较小（如表6-14所示）。

表6-14　　　　　2008—2012年农民财产性收入前、后十名

项目＼年份	2012	2011	2010	2009	2008
农民财产性收入前十名	北京、上海、天津、浙江、黑龙江、广东、江苏、内蒙古、福建、山东	北京、上海、天津、浙江、黑龙江、广东、江苏、吉林、内蒙古、福建	北京、上海、浙江、广东、江苏、吉林、天津、黑龙江、福建、山东	北京、上海、浙江、广东、江苏、吉林、天津、黑龙江、吉林、山西	北京、上海、天津、浙江、广东、江苏、黑龙江、辽宁、西藏、吉林
农民财产性收入后十名	广西、湖北、贵州、青海、宁夏、甘肃、西藏、四川、新疆、海南	广西、贵州、甘肃、湖北、海南、青海、河南、安徽、湖南、西藏	广西、甘肃、河南、重庆、陕西、宁夏、江西、湖南、湖北、贵州	甘肃、广西、河南、海南、湖北、宁夏、重庆、湖南、贵州、江西	甘肃、湖北、广西、重庆、河南、海南、湖南、贵州、宁夏、江西

（3）农村居民财产性收入占农民纯收入的比重差异较大。农村居民财产性收入较高的地区，其财产性收入占农民纯收入的比重较高，是农民纯收入的重要来源，例如北京地区，农民财产性收入已经持续多年超过10%，其次是天津市、上海市、黑龙江省在2012年财产性收入占纯收入的比重都超过了5%。而在财产性收入较低的地区，农民财产性收入占纯收入的比重也比较低，西部地区如广西、青海、贵州、宁夏地区的比重还没有达到2%，财产性收入对居民纯收入的影响小（如表6-15所示）。

表6-15　　　　2004年到2012年农民财产性收入占纯收入的比重

地区＼年份	2012	2011	2010	2009	2008	2007	2006	2005	2004
北京市	10.42%	10.43%	10.10%	10.87%	10.72%	8.51%	8.20%	8.00%	6.77%
天津市	6.57%	6.03%	3.66%	3.08%	5.86%	2.31%	2.03%	2.74%	1.87%
河北省	2.70%	2.90%	3.06%	2.41%	2.47%	2.70%	2.83%	2.69%	2.49%
山西省	2.22%	3.04%	4.52%	4.83%	3.74%	3.70%	2.34%	2.17%	1.37%
内蒙古自治区	4.24%	5.08%	2.97%	2.78%	2.47%	2.96%	2.54%	2.45%	2.15%
辽宁省	2.62%	2.95%	3.39%	3.45%	3.61%	3.76%	3.47%	3.07%	3.03%
吉林省	4.57%	5.27%	6.05%	5.52%	3.71%	6.76%	5.16%	4.55%	2.71%
黑龙江省	6.74%	7.18%	5.54%	4.63%	5.02%	4.75%	4.10%	7.16%	4.56%
上海市	7.76%	7.75%	6.94%	7.47%	7.43%	6.80%	6.11%	5.55%	4.30%
江苏省	3.76%	3.83%	4.37%	4.07%	3.45%	3.46%	3.07%	2.85%	2.32%
浙江省	4.04%	4.25%	4.65%	4.88%	4.73%	4.39%	4.25%	4.19%	4.98%

表6-15（续）

年份 地区	2012	2011	2010	2009	2008	2007	2006	2005	2004
安徽省	1.56%	1.70%	2.69%	2.60%	2.83%	2.87%	1.78%	1.70%	1.84%
福建省	3.21%	3.32%	3.30%	2.99%	2.89%	2.69%	2.35%	2.22%	1.96%
江西省	1.54%	1.62%	1.73%	1.58%	1.42%	1.38%	1.01%	0.82%	0.88%
山东省	2.72%	2.95%	3.41%	3.20%	2.91%	2.89%	2.92%	2.62%	1.85%
河南省	1.80%	1.64%	1.07%	1.16%	1.19%	1.37%	1.24%	1.25%	1.10%
湖北省	0.84%	1.23%	1.83%	1.16%	0.88%	0.94%	0.76%	0.54%	0.56%
湖南省	1.52%	1.71%	1.81%	1.65%	1.27%	1.02%	1.25%	1.35%	1.48%
广东省	5.28%	5.23%	5.08%	5.18%	5.30%	5.56%	4.35%	3.57%	5.66%
广西壮族 自治区	0.90%	0.79%	0.74%	1.04%	1.13%	0.90%	0.81%	0.73%	0.76%
海南省	2.34%	1.33%	2.04%	1.18%	1.22%	1.74%	1.52%	1.85%	2.15%
重庆市	2.38%	2.16%	1.72%	1.51%	1.23%	1.25%	0.95%	1.09%	1.32%
四川省	2.38%	2.29%	2.83%	2.12%	1.73%	1.72%	1.76%	1.48%	1.07%
贵州省	1.50%	1.44%	3.38%	2.73%	2.28%	1.97%	1.86%	1.89%	1.08%
云南省	4.32%	4.64%	4.47%	3.78%	3.54%	3.28%	3.65%	3.70%	3.85%
西藏自治区	2.23%	2.32%	4.09%	4.20%	5.84%	6.22%	6.41%	10.45%	6.18%
陕西省	3.47%	3.29%	2.36%	2.69%	2.74%	2.77%	2.33%	2.77%	2.71%
甘肃省	2.49%	2.11%	1.17%	1.14%	0.72%	1.00%	2.46%	1.04%	1.39%
青海省	1.78%	2.03%	3.12%	3.50%	4.85%	4.77%	4.27%	2.88%	2.70%
宁夏回族 自治区	1.64%	2.15%	2.11%	1.56%	1.78%	1.83%	1.93%	1.94%	2.25%
新疆 维吾尔 自治区	2.67%	2.70%	2.72%	3.12%	3.46%	3.66%	2.14%	1.37%	3.61%

数据来源：2004—2012 年中国统计年鉴。

三、东西部财产性收入差距

从 2005 年到 2012 年我国各省农村居民的财产性收入都呈现增长趋势，但是财产性收入也呈现出东部地区和西部地区的区域差异。本书东、中、西部的划分按照 1986 年全国人大六届四次会议的"七五计划"，1997 年重庆单独设为直辖市，但把其并入西部地区。因此，中西部地区的划分如下：东部地区包括京、津、冀、辽、沪、江、浙、闽、鲁、粤、琼共11个省市；中部地区包括晋、黑、吉、皖、赣、豫、鄂、湘共8个省；西部地区包括蒙、桂、渝、川、黔、云、藏、陕、甘、青、宁、疆共12个省市自治区。东部地区，地理位置优越，地势平缓，临海洋，人口众多，劳动者的文化素质和经营意识较强，工业基础雄厚，我国绝大多数工业主要布局在东部地区，其在我国近代历史上一直是经济发展的龙头，经济总量长期领先，特别是第二产业和第三产业，吸引了大量中西部地区的农村人口就业。中部地区，是我国的农业主产区。西部地区，面积最大，但地势多高原、沙漠、丘陵，大部分地区高寒、缺水，人口密度低，劳动力的素质较低，工业基础薄弱，经济发展水平较低。由于国家统计局对各省人口的统计是从2005年开始计算，因此本部分从2005年开始来分析东西部地区的农村居民财产性收入。

从2005年到2012年，东部地区和西部地区人均财产性收入都呈现不断增长的趋势，但东部地区农村居民的财产性收入高于西部地区，东部地区农民人均财产性收入从2005年的145元逐步增加到2012年的402元，西部地区农民人均财产性收入从2005年的45元逐步增加到2012年的156元。从两者的绝对差距来看，东西部地区农村居民人均财产性收入差距从2005年的98.4元增加到2012年的明显高于西部地区居民的财产性收入245.9元。从东西部农村居民人均财产性收入来看，绝对收入差距不断增加。从相对收入差距来看，东部地区农村居民人均财产性收入年均是西部地区农村居民的3.036倍。从总体趋势来看，两者的相对收入差距在逐渐缩小，2005年东部地区农村居民人均财产性收入年均是西部地区农村居民的3.192倍，而到2012年两者差距为2.575，相对收入差距有所缩小。

表6-16   2005年到2012年东西部地区农村居民财产性收入差距

年份 地区	2012	2011	2010	2009	2008	2007	2006	2005
东部农民财产性收入总和	84 966 644 000	79 095 644 000	71 588 579 000	63 577 589 000	57 003 496 000	49 470 852 000	40 113 508 000	33 869 556 000
西部农民财产性收入总和	31 428 445 000	28 263 027 000	24 195 628 000	19 395 672 000	16 806 108 000	14 539 226 000	12 261 415 000	10 557 905 000
东部农村总人口	211 370 000	216 170 000	220 040 000	228 560 000	230 330 000	232 280 000	233 380 000	236 350 000
西部农村总人口	201 320 000	206 520 000	211 200 000	219 550 000	222 950 000	227 380 000	231 620 000	235 200 000
东部农村人均财产性收入	402	366	325	278	247	213	172	143
西部农村人均财产性收入	156	137	115	88	75	64	53	45
东西部农村居民人均财产性收入差距	245.9	229.0	210.8	189.8	172.1	149.0	118.9	98.4

数据来源：http://www.stats.gov.cn/tjsj/ndsj/。

其中：东部地区财产性收入总和＝∑东部各省人均财产性收入×东部各省人口

西部地区财产性收入总和＝∑西部各省人均财产性收入×西部各省人口

东部农村总人口＝∑东部各省人口

西部农村总人口＝∑西部各省人口

东部地区农村人均财产性收入＝东部地区财产性收入总和/东部农村总人口

西部地区农村人均财产性收入＝西部地区财产性收入总和/西部农村总人口

东西部居民之间的财产性收入差距的原因主要包括：

第一，由于初次分配时的收入差距，在东部地区农村居民的工资性收入、经营性收入远高于西部地区的农村居民，其财产积累能力高于西部农民，从而导致其财产性收入较高。农村居民纯收入主要包括工资性收入、经营性收入、财产性收入和转移性收入。西部地区农村居民收入主要是家庭经营收入。从经营收入来看，西部地区虽然地域广阔，但是有大量的荒漠、高地、草地、滩涂等区域，耕地面积仅为全国的四分之一，而且土质很多比较贫瘠，属于干旱、半干旱地区，土壤、地形、气候、水源等自然条件制约了西部农业的发展。西部农业产出价值低于东部地区，导致农民的经营性收入低于东部地区；而且，这种自然条件的限制使西部农民在现有的技术水平下，经营性收入难以持续地快速提高，经营性收入对农民财产的积累和财产性收入的增长影响有限。影响农民纯收入的关键还是在于非农收入的增长。

第二，东西部地区农村居民财产性收入差距与市场化程度存在关系。财产性收入很大一部分是生产要素贡献所得，财产在转化为财产性收入的过程中，市场化的广度和深度是关键的影响因素。例如，房租租金收入、证券投资的股息和红利收入等，对于普通地处偏远地区的中西部广大农村居民来说，当地市场化程度低于东部地区，可以投资的产品不丰富，导致西部地区农村居民的财产性收入来源单一，往往主要依靠银行储蓄方式；而且由于西部地区的市场化程度较低，农民即使获得房屋租金收入，但是同等面积的住房，其房租收入也往往低于东部地区农民。

第三，对于一部分农民来说，土地征用补偿收入也是其主要的财产性收入来源。例如，安徽省 2009 年前三季度的农民人均财产性收入为 112.3 元，增长 26.40%，其中土地征用补偿收入占到财产性收入的 61.9%，远远高于租金收入（包括农业机械）人均 5.3 元，也高于其他股息和红利收入人均 7.4 元。

但是土地征用补偿收入只是少部分农村居民的财产性收入，而且由于东部地区市场经济更为发达，土地价值高于很多西部地区，导致东部地区农民获得征地补偿收入也高于西部地区，从而导致西部地区农村居民的财产性收入低于东部地区农村居民。钱忠好，牟燕（2012）对我国农地非农化市场化水平的测算表明，2008 年市场化水平仅为 11.45%，在城镇化进程中农民能获得土地增值收益是极少的。据有关方面统计，自 1978 年以来，通过征地从农民手中转移的土地价值约 15 万亿，而农民获得的征地补偿收益不到其中的 5%，农民的土地财产权利受到严重侵害。

第四，人口流动对农民财产性收入的影响。东部地区由于经济发达，外来人口不断流入，不仅推动了东部地区的 GDP，还促进了当地的消费，这些消费需求进而增加了当地居民的投资，投资的增加使当地居民的财产性收入增加。例如，一些外来居民有些在东部地区租房，不仅促进了当地的房屋投资，而且需求的增加，也促使房租价格的增加，从而促进了东部地区居民的房租类财产性收入的增加。相反，在西部地区，由于经济落后，外来流入人口少，当地新增消费需求少，投资的收益率低，从而降低了当地居民的投资积极性，居民的财产性收入低。例如，西部地区，房租收入的总量和单价都远远落后于东部地区。

第七章　西部城镇化对农民财产性收入的影响

一、城镇化对收入结构的影响

城镇化不仅仅是农民从农村迁移到城镇的人口转移过程与结果，各国经济发展的经验都表明，城镇化对居民的收入水平、收入结构都有着显著的正向影响。我国的城镇化发展也体现出这个规律，但是由于各地经济发展、人口结构的差异，导致我国城镇化对不同地区的影响是不同的。

（一）全国的城镇化率

从 2004 年到 2012 年，我国人口不断增加（如表 7-1 所示），从 12.998 8 亿人增加到 13.540 4 亿人。但人口增长主要表现为城镇人口增长，在农村，人口出现持续下降的趋势，从 2004 年到 2012 年我国城镇人口从 5.428 3 亿人增加到 7.711 82 亿人，农村人口从 7.570 5 亿人下降到 6.422 2 亿人。随着农村人口不断流入城镇，我国农村人口多于城镇人口的局面得以改善，从 2011 年起，我国首次出现城镇人口多于农村人口的的状况。根据国家统计局公布的城镇人口和总人口数据，按照城镇人口占总人口的比重来作为城市化率的指标，可以看出我国的城镇化率自改革开放以来，伴随着工业化进程加快，经济发展速度的加快，城镇化率从 1978 年的 19.92% 增长到 2012 年的 52.57%，已达世界平均水平。2010 年世界银行数据显示，全球平均城市化率为 50.9%，工业化率为 26.1%。

| 表 7-1 | | 2004 年到 2012 年我国城镇化率 | | | | | | 单位：万人 | |

年份 项目	2012	2011	2010	2009	2008	2007	2006	2005	2004
年末总人口	135 404	134 735	134 091	133 450	132 802	132 129	131 448	130 756	129 988
城镇人口	71 182	69 079	66 978	64 512	62 403	60 633	58 288	56 212	54 283
乡村人口	64 222	65 656	67 113	68 938	70 399	71 496	73 160	74 544	75 705
城镇化率	52.57%	51.27%	49.95%	48.34%	46.99%	45.89%	44.34%	42.99%	41.76%

数据来源：http://www.stats.gov.cn/tjsj/ndsj/。

从我国城镇化发展的速度来看，20 世纪中后期，我国的城镇化率较低，甚至出现了城镇人口向农村迁移的局面。到 1980 年改革开放初期，我国的城镇化率仅为 19.39%。从 1981 年到 1995 年，我国的城镇化增长速度一直维持较低水平，长期低于 1%，15 年间我国的城镇化率仅增加到 29.04%。从 1996 年起，随着住房制度市场化的推进，户籍制度改革的开始，农村人口拥有了获得城镇户口和城镇居住地的机会，一些先富起来的农民开始转移到城镇，我国的城镇化率开始提高，到 2003 年我国的城镇化率已经提高到了 40.53%，这个阶段是我国城镇化速度增长最快的阶段，年均城镇化增长速度达到 1.44%。从 2004 年到 2012 年，随着经济的快速发展，大量的征地使一部分农村人口转变为城镇人口，另外第二产业和第三产业的快速发展，也促进了农村人口向城镇的转移，城镇的房地产业蓬勃发展，户籍制度也逐步宽松，为农民市民化提供了有利条件，在这个阶段，我国的城镇化持续稳定推进，城镇化增长了 10.81%，从 41.76% 提高到 52.57%，达到世界平均水平。我国城镇化的发展，提高了人力资源要素的合理配置，提高了全社会的劳动生产率，促进了城镇第二产业和第三产业的发展，推动了国民经济的持续快速发展，带来了社会结构的深刻变革。

（二）城镇化与工业化的关系

城镇化的推进与工业化的发展密不可分。工业化是指工业生产在国民经济中取得主导地位的发展过程，是第二产业的产值在国内生产总值中的比重不断上升的过程，是工业比重逐步超过第一产业、工业内部重工业比重逐步超越轻工业比重的过程。在改革开放初期，我国第一产业占国内生产总值的比重约为 30%，到 2013 年，仅为 9.41%，农业所占比重越来越低，2013 年对 GDP 的贡献率仅为 4.4%，而工业对 GDP 的贡献率达到 48%，工业对于国民经济的发展越来越重要，工业化的过程也是我国产业结构升级优化的过程。工业化是现代化的基础和前提，是农业社会转型的关键，高度发达的工业化是现代化的重要标志。

工业化和城镇化是相互促进的关系。工业化能够促进城镇化，工业化的发展常常呈现为产业集聚，工业集中在一定区域内发展，例如美国的工业主要集中在芝加哥、华盛顿到波士顿的东线区域内。我国的工业化主要集中在东部沿海城市和中西部地区的省会、省市及周边区域，工业化的集中发展不仅体现在工业就业比重的提高，而且人口分布从农村的分散居住转向集中居住，人口集中在工业发达的地区，从而促进了该地的城镇化发展。工业化推动了人口由农村向城市的迁移，特别是一些青壮年劳动力，他们接受了更高水平的教育，务农工作已经不能体现这部分人群的价值和追求，工业化的发展为其打开了在城镇发展和工作的机会大门，为他们在城镇定居乐业提供了机会，促进了城镇化的水平。

城镇化的发展将促进工业内部结构的调整以及工业发展模式的变革。城镇化的集聚效应，使更多人口集聚到城镇；工业化的收入效应，让更多人口的收入水平提高，城镇人口的增多以及其收入的提高又会导致对公共服务、工业产品等需求的增加和需求的升级，进而促进工业的规模化、专业化。而且，随着人口向城镇的转移，农村人口减少，耕作规模扩大，促进了农业机器设备的应用，促进工业化向广度和深度发展。

如果城镇化滞后于工业化，就会产生滞后城镇化，使工业发展所需的劳动力不足，从而延缓一个国家的工业化进程；如果工业化滞后于城镇化，城镇化速度大大超过工业化速度，就会出现过度城镇化，产生"城市病"，造成农业衰败、乡村凋敝、城市人口增长过快、失业率高、城市用地紧张、交通拥挤、公共服务欠缺、环境污染严重、社会治安恶化等一系列经济与社会问题。判断城镇化是超前还是滞后，是相对于工业化和经济发展水平而言的，主要采用城镇化率与工业化率的相互关系。如果工业化率按照第二产业的增加值占国内生产总值的比重来计算，那么工业化率大于城镇化率，则城镇化发展滞后，相反则工业化发展滞后。我国各年份的城镇化率与工业化率的关系如表 7-2 所示。

表 7-2　　　　中国城镇化水平与工业化水平的关系

年份 指标	2013	2012	2011	2010	2009	2008	2007	2006	2005	2004
城镇化率	53.73%	52.57%	51.27%	49.95%	48.34%	46.99%	45.89%	44.34%	42.99%	41.76%
工业化率	43.89%	45.27%	46.59%	46.67%	46.24%	47.45%	47.34%	47.95%	47.37%	46.23%
偏差系数	9.84%	7.30%	4.68%	3.28%	2.10%	-0.46%	-1.45%	-3.61%	-4.38%	-4.47%

表 7-2（续）

指标	2003	2002	2001	2000	1999	1998	1997	1996	1995	1994
城镇化率	40.53%	39.09%	37.66%	36.22%	34.78%	33.35%	31.91%	30.48%	29.04%	28.51%
工业化率	45.97%	44.79%	45.15%	45.92%	45.76%	46.21%	47.54%	47.54%	47.18%	46.57%
偏差系数	-5.44%	-5.70%	-7.49%	-9.70%	-10.9%	-12.8%	-15.6%	-17.0%	-18.1%	-18.0%

数据来源：http：//data. stats. gov. cn/workspace/index；jsessionid=4CC7B6463E3BC86BBE91C 175639D22ED？m=hgnd。

从 1994 年以来我国的工业化率一直在 45% 左右波动，可见我国国内生产总值主要是由第二产业创造的。将城市化率和工业化率的差值作为偏差系数，可以看到在 2009 年以前，我国的城镇化率一直小于工业化率，我国工业化超前于城镇化，我国多年以来走的是一条工业化超前、城镇化发展滞后的道路。特别是城乡户籍制度，人为地阻止了农村人口向城市的自由迁移。随着近年对城镇化发展重要性的认识加深，国家采取各种措施促进城镇化的发展，工业化与城镇化的差距呈逐年缩小的趋势。1994 年两者相差 18.06%，而到 2008 年两者相差仅 0.46%，到 2009 年我国的城镇化率首次超过工业化率，超 2.1%。至此，长期以来城镇化滞后的问题得到改观，至此以后，我国城镇化率不断提高，城镇化滞后状态得以不断改变，我国实现了适度同步城市化。

从 1994 年以来我国国内生产总值主要由第二产业创造，与全球发达国家相比，第三产业发展滞后，世界比较发达的国家和地区第三产业占 GDP 比重均达到 70%，美国超过了 75%，我国香港地区超过了 90%，而我国截至 2013 年仅为 46.09%。[①] 大力发展第三产业是我国城镇化进一步发展的关键。但是发展第三产业有一个很重要的条件是城镇化程度要高，城镇化与第三产业是良性互动关系，城镇化程度越高，城镇居民越多，对第三产业的需求越旺盛；第三产业发展越好，为居民的集聚创造了良好的环境，促进了城镇化水平。

（三）城镇化和工业化对农村居民收入结构的影响

城镇化、工业化发展，我国农村居民工资性收入、经营性收入、财产性收入、转移支付收入不断增长（如表 7-3 所示）。第一，城镇化发展，导致外出务工收入大于农地经营性收入，更多的农民选择了外出务工，农村劳动力不断向第二产业和第三产业转移，拓宽了农民的就业渠道，增加了农民的工资性收入；第二，由于城镇化的发展，增加了对农产品的有效需求，促进了农业产量

---

① 丁茂战. 城镇化滞后致产业结构失衡 [N]. 江苏经济报，2012-06-01.

持续增加和农产品价格的不断上扬，导致农民务农收入的增长。但是由于农村土地和农业耕作技术进步的有限性，务农对农民收入的增长作用有限；第三，很多外出务工的农民将其土地租借给其他农民耕种，促进了务农农民耕作面积的增长，促进了农业产业化和规模化经营，提高了农业的劳动生产率，从而促进了农民的务农收入；第四，2004—2012年中央持续出台"一号文件"，强调加强农业、农村、农民"三农"问题的解决力度，实行"三补贴、两减免"等农业惠农政策，减轻了农民负担，通过对农民种粮食的直接补贴、养殖业的补贴、农民购买农业生产资料的补贴增加了农民的转移支付性收入，降低了农业生产的成本，激发了农民种粮和养殖的积极性，促进了农民收入的增长。因此，当前我国农民收入的增长，主要的促进力量是城镇化的发展和惠农政策的支持。

表7-3 农村居民家庭收入结构情况表 单位：元

年份 指标	2013	2012	2011	2010	2009	2008	2007	2006	2005	2004
人均纯收入	8 895.9	7 916.6	6 977.3	5 919.0	5 153.2	4 760.6	4 140.4	3 587.0	3 254.9	2 936.4
人均工资性纯收入	4 025.4	3 447.5	2 963.4	2 431.1	2 061.3	1 853.7	1 596.2	1 374.8	1 174.5	998.5
人均家庭经营纯收入	3 793.2	3 533.4	3 222.0	2 832.8	2 526.8	2 435.6	2 193.7	1 931.0	1 844.5	1 745.8
人均财产性纯收入	293.0	249.1	228.6	202.3	167.2	148.1	128.2	100.5	88.5	76.6
人均转移性纯收入	784.3	686.7	563.3	452.9	398	323.2	222.3	180.8	147.4	115.5

从表7-3可以看出，工资性收入和经营性收入一直是我国农村居民的主要收入来源，从2004年到2012年，农村居民的工资性收入和经营性收入占可支配收入的比重高达87%以上。但两者占农村居民纯收入的比重在不断下降，在2004年，农村居民家庭人均经营性纯收入为1 745.8元，而人均工资性收入为998.5元，两者占农民纯收入的比重为93.46%。到2013年，农村居民家庭人均经营性纯收入为3 793.2元，而人均工资性收入为4 025.4元，两者占农民纯收入的比重为87.89%，下降了5.57%。

从农村居民家庭收入的内部结构来看，2004年到2012年，农村居民家庭的经营性纯收入一直高于人均工资性收入，经营性收入是农村居民家庭的最主要收入（如表7-4所示），其中2004年到2008年，经营性收入占农民居民家庭纯收入的比重一直高达50%以上，但是随着城镇化、工业化、市场化的发展，越来越多的农民到城镇务工，在农村从事经营活动的人口减少，经营性收入占纯收入的比重不断下降。2004 年农村居民家庭的经营性收入占比为59.45%，到 2013 年占比为 42.64%，下降了 16.81%；与此同时，随着城镇化的发展，城市对农村人口的吸纳能力增强，越来越多的农民选择进城务工，农村居民家庭工资性收入增长速度加快，从 2004 年占人均纯收入的比重 34% 上升到 2013 年的 45.25%，上涨了 11.25%。到 2013 年，农村居民家庭的工资性纯收入首次超过了人均经营性纯收入，成为我国农村居民家庭纯收入的最主要收入来源。

表 7-4   2004—2012 年农民居民家庭收入结构

项目 \ 年份	2013	2012	2011	2010	2009	2008	2007	2006	2005	2004
工资性收入占纯收入的比重	45.25%	43.55%	42.47%	41.07%	40.00%	38.94%	38.55%	38.33%	36.08%	34.00%
经营性收入占纯收入的比重	42.64%	44.63%	46.18%	47.86%	49.03%	51.16%	52.98%	53.83%	56.67%	59.45%
财产性收入占纯收入的比重	3.29%	3.15%	3.28%	3.42%	3.24%	3.11%	3.10%	2.80%	2.72%	2.61%
转移性收入占纯收入的比重	8.82%	8.67%	8.07%	7.65%	7.72%	6.79%	5.37%	5.04%	4.53%	3.93%

与此同时，城镇化发展促进了城镇规模的扩展，增加了对建设性土地的需求，促进了城镇周边农村土地的升值，部分农村土地被征用或租用，通过征地补偿和租金，农民的财产性收入也不断提高，城市便捷的生活、先进的理念将影响城市务工农民的思想观念，有利于其形成现代的理财方式，改变单一的银行储蓄存款理财方式，从而有助于农民财产性收入的增加，因此，城镇化有助于农民财产性收入的增长。从 2004 年到 2010 年，我国农村居民家庭的财产性收入占纯收入的比重不断上升，在 2004 年农村居民家庭财产性收入占纯收入的比重为 2.61%，到 2010 年增长到 3.42%，增长了 0.81%，尽管增速缓慢，基数较小，但为农村居民家庭收入的增长增添了新的活力。财产性收入是美国居民收入的重要来源，财产性收入占可支配收入的比重基本维持在 25.31% 到27.78% 之间，与此相比，我国农村居民的财产性收入增长空间巨大。转移支付收入及其比重也持续增加，成为了农民增收的新亮点。

农民人均纯收入中工资性收入、财产性收入和转移性收入比重的持续提高，经营性收入对农民收入增长的贡献越来越弱，不仅使农民收入增长的源泉发生了明显变化，而且使农民收入来源更加多元化，农民收入结构不断优化，农民可以逐渐摆脱对务农收入的过度依赖。这种收入结构的"离农（农业收入）""离家（家庭经营性收入）"趋势越强，农民对农村的依赖越弱，对城镇的依赖越强，农民"市民化"的意愿就会更加强烈，这会进一步促进城镇人口的增加和城镇化的发展，这种收入结构调整趋势符合我国现阶段农村和城镇发展的要求。

从经营性收入的构成来看，农民家庭经营性收入包括第一产业的务农收入和第二产业、第三产业的非务农收入。其中，务农收入包括传统的农业、林业、牧业、渔业收入，非农产业收入包括第二产业的工业、建筑业以及第三产业的交通、运输、邮电业、批发贸易业、饮食业、社会服务业、文教卫生业等收入。从2004年到2012年，农村居民家庭经营性收入总体呈现下降的趋势，这种调整也反映在其内部结构方面（如表7-5所示）。务农收入是农民经营性收入的最主要来源，占经营性收入70%以上，其中农业收入又是最重要的组成部分，占农民经营性收入的60%以上。农民务农收入从2004年到2012年持续增长，但是从2004年到2012年其占农村经营性收入的比重一直在下降，2004年占比为80.08%，到2012年下降到77.04%。农业、林业、渔业、牧业产出对农民经营性收入增长的贡献在下降，也就是说导致农民经营性收入下降的主要原因是农民务农收入下降。农村居民务农收入占比的下降，一方面是由于农村农地、牧地等资源有限，产出增长有限，从而制约了务农收入的增长；此外，根据大卫·李嘉图《政治经济学及赋税原理》的观点，农业产品属于生活必需品，其收入需求弹性低，消费需求增长缓慢，因此也制约了农村居民务农收入的增长。另一方面也是因为从事第二、第三产业的生产效率高于农业，其回报也远远高于第一产业，农民将更多的精力从农业生产转入到了第二、第三产业的经营。从工业、建筑业来看，第二产业占农民经营性收入的比重比较稳定，在6%左右波动。从第三产业来看，交通、运输、邮电业、批发贸易业、饮食业、社会服务业、文教卫生业等收入占农民经营性收入的比重有了一定幅度的提高，从2004年的13.72%上涨到2012年的16.91%，其中2011年、2012年的增长幅度较大。第三产业经营性收入的增长，说明农村市场化程度在不断地提高，这种变化很大程度上是因为城镇化发展、新农村发展。

表7-5   2004年到2012年农民纯收入结构表

指标 \ 年份	2012	2011	2010	2009	2008	2007	2006	2005	2004
务农收入占经营性收入的比重	77.04%	78.21%	78.76%	78.68%	79.89%	79.56%	78.79%	79.67%	80.08%
第二产业占经营性收入的比重	6.05%	5.98%	6.42%	6.51%	6.12%	6.27%	6.30%	5.87%	6.20%

表7-5（续）

年份 指标	2012	2011	2010	2009	2008	2007	2006	2005	2004
第三产业占经营性收入的比重	16.91%	15.81%	14.82%	14.81%	13.99%	14.17%	14.91%	14.46%	13.72%

数据来源：http：//www. stats. gov. cn/tjsj/ndsj/。

　　农村居民收入的增长使其消费结余增加，这些收入通过投资、储蓄又增加了农民的财产性收入，从2004年到2012年，农村居民的收入结余不断增加（如表7-6所示），2004年收入结余为751.7元，到2013年，收入结余为2 270.4元，收入节约翻了接近2倍。收入结余增加，农村居民可用于储蓄和投资的财产就会增加，从而增加了农村居民财产性收入。

表7-6　　　　2004年到2013年农村居民家庭人均消费与收入结余　　单位：元

年份 指标	2013	2012	2011	2010	2009	2008	2007	2006	2005	2004
人均纯收入	8 895.9	7 916.6	6 977.3	5 919.0	5 153.2	4 760.6	4 140.4	3 587.0	3 254.9	2 936..4
人均消费支出	6 625.5	5 908.0	5 221.1	4 381.8	3 993.5	3 660.7	3 223.9	2 829.0	2 555.4	2 184.7
收入结余	2 270.4	2 008.6	1 756.2	1 537.2	1 159.7	1 099.9	916.5	758.0	699.5	751.7

　　由于转移为城镇人口，其农村土地经营性收入减少，在城镇务工，其工资性收入增加，其原来在农村的财产通过产权转移、流转、出租等方式可以获得财产性收入，而收入结余的增加也可为农民带来财产性收入。因此，城镇化发展不仅改变了农村居民的收入结构而且也增加了农民的财产性收入。目前，我国的城镇化发展对农民财产性收入增长的影响主要有以下几方面：

　　（1）城镇化发展，导致城镇的就业机会和就业收入增加，务农人口减少，从事第二产业和第三产业的人口增加，农民工资性收入增加。城镇化的发展使务农人口减少，城镇人口的增长使农产品消费需求增加，促进了农产品产量和价格的提升，而务农人口的减少导致部分耕地被其他农民耕种，从而导致这部分务农人口的劳动生产率提高、产品和价格的上涨、劳动生产率的提高，使农民的经营性收入增加。

　　（2）城镇化的发展，使建设性土地的需求增加，房地产的价格上扬，征地农民的财产性收入提高。

　　（3）城镇人口的增加导致住房需求的增加，部分农民通过出租房屋促进了财产性收入的提高。

　　（4）收入的增加，使农村居民的收入结余增加。在城镇生活过程中，部分农民的理财意识和能力得到培养，农民理财的收益率提高，从而进一步促进了农民财产性收入的提高。

（5）农民进城务工后，受城镇居民理财思想的影响，加之城镇的金融市场比农村发达，农民的财产可以带来更大的资本增值收益。

二、东西部地区城镇化和工业化比较

（一）各省城镇化率

我国城镇化率不断增加的同时，各省的城镇化率也呈现增长趋势，但是各省的增长速度和城镇化率并不一致（如表7-7所示）。

表7-7 2004年到2012年各省城镇化率

年份 地区	2012	2011	2010	2009	2008	2007	2006	2005	2004
北京市	86.29%	86.23%	86.18%	85.93%	85.00%	84.92%	84.49%	84.32%	83.62%
天津市	82.00%	81.53%	80.44%	79.60%	78.01%	77.21%	76.32%	75.72%	75.07%
河北省	48.11%	46.80%	45.60%	44.50%	43.74%	41.89%	40.26%	38.76%	37.69%
山西省	52.56%	51.26%	49.68%	48.04%	45.99%	45.12%	44.03%	42.99%	42.12%
内蒙古自治区	58.69%	57.75%	56.61%	55.50%	53.42%	51.72%	50.14%	48.65%	47.19%
辽宁省	66.45%	65.64%	64.04%	62.10%	60.35%	60.05%	59.19%	58.98%	58.71%
吉林省	54.20%	53.71%	53.40%	53.33%	53.32%	53.22%	53.15%	52.96%	52.50%
黑龙江省	57.39%	56.91%	56.49%	55.67%	55.49%	55.40%	53.90%	53.49%	53.09%
上海市	89.61%	89.33%	89.31%	89.27%	88.60%	88.60%	88.66%	88.70%	89.10%
江苏省	64.11%	63.01%	61.89%	60.58%	55.61%	54.30%	53.20%	51.89%	50.50%
浙江省	64.01%	63.19%	62.29%	61.61%	57.90%	57.60%	57.21%	56.51%	56.02%
安徽省	47.86%	46.49%	44.81%	43.01%	42.10%	40.51%	38.71%	37.10%	35.51%
福建省	60.76%	59.61%	58.09%	57.11%	55.10%	53.01%	51.41%	50.40%	49.40%
江西省	48.87%	47.51%	45.70%	44.06%	43.19%	41.36%	39.81%	38.67%	37.00%
山东省	53.76%	52.43%	50.95%	49.70%	48.32%	47.61%	46.75%	46.10%	45.00%
河南省	43.80%	42.43%	40.57%	38.50%	37.70%	36.03%	34.34%	32.47%	30.65%
湖北省	54.51%	53.50%	51.82%	49.70%	46.00%	45.19%	44.31%	43.81%	43.20%
湖南省	47.96%	46.65%	45.10%	43.30%	43.19%	42.15%	40.46%	38.71%	37.01%
广东省	67.76%	67.40%	66.50%	66.18%	63.41%	63.37%	63.14%	63.01%	60.68%

表7-7(续)

年份\地区	2012	2011	2010	2009	2008	2007	2006	2005	2004
广西壮族自治区	44.82%	43.53%	41.81%	40.00%	39.21%	38.16%	36.24%	34.65%	33.63%
海南省	52.74%	51.52%	50.51%	49.83%	49.19%	48.01%	47.22%	46.05%	45.17%
重庆市	58.35%	56.98%	55.02%	53.00%	51.59%	49.98%	48.30%	46.69%	45.21%
四川省	44.90%	43.54%	41.83%	40.17%	38.70%	37.40%	35.60%	34.30%	33.00%
贵州省	37.84%	36.42%	34.97%	33.80%	29.88%	29.12%	28.25%	27.45%	26.86%
云南省	40.47%	39.30%	36.80%	34.70%	34.00%	33.00%	31.59%	30.49%	29.51%
西藏自治区	23.72%	22.73%	22.77%	22.67%	22.30%	21.92%	21.45%	21.05%	20.71%
陕西省	51.30%	50.01%	47.29%	45.76%	43.49%	42.09%	40.61%	39.12%	37.24%
甘肃省	40.12%	38.75%	37.17%	36.13%	34.87%	33.56%	32.26%	31.10%	30.02%
青海省	48.44%	47.47%	46.30%	44.76%	42.01%	40.79%	40.04%	39.23%	39.23%
宁夏回族自治区	51.99%	50.70%	49.92%	47.87%	46.08%	44.98%	44.10%	43.05%	42.28%
新疆维吾尔自治区	44.48%	43.98%	43.55%	43.02%	39.83%	39.65%	39.14%	37.95%	37.16%

　　其中，北京市和上海市的城镇化率一直都非常高，2004年就已将达到了83%以上，地区人口主要是城镇人口，农村人口极少，城镇化率已经达到80%的饱和值。究其原因是，城镇化的发展是一个循环系统，城镇化的水平较低时，城镇化和工业化的发展为农民提供了更多的就业机会，城镇能够吸纳更多农村剩余劳动力到城镇就业，为其提供高于经营性收入的工资性收入，农村家庭的收入提高，随着收入的改善，更多的农民转移到城镇，进而促进城镇化的发展。随着农村人口向城镇的转移，农村人口减少到一定程度以后，单个农村居民的经营性收入会逐步提高，农村人口向城镇转移的欲望下降，城镇化就达到了一个优化的边界，这也正是北京、上海等地区常年来城镇化率达到了80%多以后，难以继续提高的原因。

　　我国有些地区的城镇化率比较低，如西藏地区，2004年城镇化率仅为20.71%，到2012年城镇化率也比较低，仅仅为23.72%，该省农村人口居多。除此以外，还有河北、安徽、江西、河南、湖南、广西、四川、贵州、云南、西藏、甘肃、青海、新疆的城镇化率低于50%，农村人口比例高于城镇人口。究其原因是，这些地区的工业化发展滞后，城市能够提供的就业机会有限，就业收入提高有限，收入差距是农村劳动力流动的重要因素，当城镇的收入难以满足农村居民期待的收入水平时，农民城镇化的积极性不高。当然除了收入因素以外，迁移成本、户籍制度、教育制度、社会保障制度等也会影响到居民的城镇化意愿。

各省的城镇化速度也不一致，其中重庆、江苏、陕西、河南、内蒙古、安徽、河北、山西、福建、江西、湖南、湖北、四川、贵州、云南、甘肃从2004年到2012年城镇化率增长超过20%，而同期吉林只增加了1.69，西藏增加了3%，城镇化速度较低。

从城镇化发展的阶段来看，各地也有差异。美国学者诺瑟姆（Ray. M. Northam，1975）认为城镇化初期阶段城市化率在30%以下，加速阶段城市化率为30%~70%，后期阶段城市化率为70%~90%。按照这个划分标准，我国西藏地区还处于城镇化的初期阶段，而北京、天津、上海已经在城镇化的后期阶段，其余地区处于城镇化的加速阶段，其中辽宁、江苏、浙江、广州、福建城镇化率2012年已经超过60%，也就是说东部地区除了海南以外，其余七省都已经处于加速阶段尾部和后期阶段；而西部地区，贵州省城镇化率2012年才37.84%，刚刚处于加速阶段的开始期。新疆、青海、甘肃、云南、四川、广西城镇化率都不到50%，正是城镇化发展速度最快的阶段。

（二）各省工业化率

从各省工业化与城镇化的发展对比来看，我国有些地区呈现出城镇化超前，有些地区呈现出城镇化滞后的现象（如表7-8所示）。

表7-8　　　　　　　　　　2004年到2012年各省工业化率

年份 地区	2012	2011	2010	2009	2008	2007	2006	2005	2004	2012 城镇化率 与工业化率 之差
北京市	22.70%	23.09%	24.01%	23.50%	23.63%	25.48%	27.00%	29.08%	30.72%	63.59%
天津市	51.68%	52.43%	52.47%	53.02%	55.21%	55.07%	55.06%	54.67%	54.19%	30.32%
河北省	52.69%	53.54%	52.50%	51.98%	54.34%	52.93%	53.28%	52.65%	50.74%	-4.58%
山西省	55.57%	59.05%	56.89%	54.28%	57.99%	57.34%	56.48%	55.72%	53.74%	-3.01%
内蒙古自治区	55.42%	55.97%	54.56%	52.50%	51.51%	49.72%	48.03%	45.41%	41.05%	3.27%
辽宁省	53.25%	54.67%	54.05%	51.97%	52.37%	49.66%	49.08%	48.08%	45.89%	13.20%
吉林省	53.41%	53.09%	51.99%	48.66%	48.20%	46.84%	44.80%	43.67%	42.59%	0.79%
黑龙江省	44.10%	47.39%	48.47%	47.29%	51.96%	52.02%	54.18%	53.90%	52.35%	13.29%
上海市	38.92%	41.30%	42.05%	39.89%	43.25%	44.59%	47.01%	47.38%	48.21%	50.69%
江苏省	50.17%	51.32%	52.51%	53.88%	54.85%	55.62%	56.49%	56.59%	56.24%	13.94%
浙江省	49.95%	51.23%	51.58%	51.80%	53.90%	54.15%	54.15%	53.40%	53.66%	14.06%
安徽省	54.64%	54.31%	52.08%	48.75%	47.44%	45.80%	44.35%	41.98%	38.76%	-6.78%
福建省	51.71%	51.65%	51.05%	49.08%	49.14%	48.40%	48.72%	48.45%	48.07%	9.05%

表7-8(续)

年份 地区	2012	2011	2010	2009	2008	2007	2006	2005	2004	2012城镇化率 与工业化率 之差
江西省	53.62%	54.61%	54.20%	51.20%	50.99%	51.30%	50.20%	47.27%	45.31%	-4.75%
山东省	51.46%	52.95%	54.22%	55.76%	56.81%	56.82%	57.42%	57.05%	56.44%	2.30%
河南省	56.33%	57.28%	57.28%	56.52%	56.94%	55.17%	54.39%	52.08%	48.89%	-12.53%
湖北省	50.31%	50.00%	48.64%	46.59%	44.86%	44.39%	44.18%	43.28%	41.19%	4.20%
湖南省	47.42%	47.60%	45.79%	43.55%	43.52%	42.14%	41.45%	39.61%	38.83%	0.54%
广东省	48.54%	49.70%	50.02%	49.19%	50.28%	50.37%	50.66%	50.35%	49.20%	19.22%
广西壮族 自治区	47.93%	48.42%	47.14%	43.58%	43.27%	41.65%	39.58%	37.92%	36.51%	-3.11%
海南省	28.17%	28.32%	27.66%	26.81%	28.18%	29.04%	28.96%	26.21%	25.08%	24.57%
重庆市	52.37%	55.37%	55.00%	52.81%	52.78%	50.65%	47.90%	45.10%	45.37%	5.98%
四川省	51.66%	52.45%	50.46%	47.43%	46.21%	44.01%	43.44%	41.53%	39.02%	-6.76%
贵州省	39.08%	38.48%	39.11%	37.74%	38.47%	39.00%	41.37%	40.95%	40.62%	-1.24%
云南省	42.87%	42.51%	44.62%	41.86%	43.09%	42.71%	42.77%	41.19%	41.59%	-2.40%
西藏自治区	34.64%	34.46%	32.30%	30.96%	29.27%	28.84%	27.55%	25.53%	23.94%	-10.92%
陕西省	55.86%	55.43%	53.80%	51.85%	52.79%	51.87%	51.70%	49.61%	48.91%	-4.56%
甘肃省	46.02%	47.36%	48.17%	45.08%	46.43%	47.31%	45.81%	43.36%	42.24%	-5.90%
青海省	57.69%	58.38%	55.14%	53.21%	54.69%	52.55%	51.18%	48.70%	45.42%	-9.25%
宁夏回族 自治区	49.52%	50.24%	49.00%	48.94%	50.67%	49.51%	48.43%	45.88%	45.44%	2.47%
新疆维吾尔 自治区	46.39%	48.80%	47.67%	45.11%	49.50%	46.76%	47.92%	44.73%	41.40%	-1.91%

由表7-8可以看出，东部地区的城镇化与工业化发展水平较高，除了河北省以外，全部都呈现城镇化超前发展状态。其中北京市、上海市、天津市、广东省、海南省的工业化率远远低于城镇化率，城镇化超前发展。这些城市的城镇人口主要从事的不是第二产业，而是收入更高的第三产业。这些地区由于经济发展快速，第二产业和第三产业需要大量的外来就业人口，为了提高对外来就业人口的吸引力，这些地区不仅提供了更高的劳动收入，而且还取消了对外来务工人员征收的各种不合理的费用，主动加强对农民工的培训，提高农民工就业收入的稳定性和持续性。这些投入和政策优惠，进一步增加了这些城镇对外来居民的吸引力，减少了企业的"用工荒"和季节性缺工。而且，北京市从2004年以来工业化率已经出现了持续小幅下降的现象，第三产业占比则超过50%，2000年发达国家工业占GDP比重平均水平仅为28.6%，这说明北京地区已经进入了工业化后期阶段。

西部地区，除了重庆、内蒙古、宁夏适度城镇化发展以外，其余地区全都呈现出城镇化滞后发展状态。其中西藏地区2012年的工业化率为34.64%，同期城镇化率为23.72%，工业化率超过城镇化率。除此以外，河南、四川、安徽等地区工业化率也超过城镇化率，城镇化滞后发展。这导致城镇的集聚效应难以发挥，如果这些地区通过农民市民化促进城镇化的发展，不仅这些居民的生活、教育、医疗、交通、住房、通信等需求可以拉动城镇相关产业的发展，促进工业化水平的提高，而且也有利于持续为工业化发展提供所需要的劳动力。

（三）东西部地区城镇化和工业化水平比较

从 2004 年起我国的城镇化已经越过了初期阶段，城镇化进入到了加速阶段，城镇化率大于 30%，小于 70%（如表 7-9 所示）。在这个时期，我国东、中、西部地区已经有了一定的工业基础。但是，我国东、中、西部的城镇化水平并不一致，东部地区的城镇化率一直高于中西部地区，东部地区的城镇化率从 2004 年的 53.61%增长到 2012 年的 63.09%，而同期西部地区的城镇化率从 2004 年的 34.52%增长到了 2012 年的 45.98%。从城镇化的增长速度来看，西部的城镇化速度高于东部地区和中部地区，从 2004 年到 2012 年，西部的城镇化率提高了 22.45%，而同期东部、中部的城镇化率提高了 9.49%、9.20%，西部地区的快速城镇化使其城镇化率在 2008 年的就高于中部地区，但是还是一直低于全国的城镇化率，不过与全国城镇化水平的差距呈现缩小趋势，到 2012 年两者的差距缩小到 6.59%。

表 7-9　　　　　　　　2004 年到 2012 年东、中、西部城镇化率

年份 地区	2012	2011	2010	2009	2008	2007	2006	2005	2004
全国城镇化率	52.57%	51.27%	49.95%	48.34%	46.99%	45.89%	44.34%	42.99%	41.76%
西部城镇化率	45.98%	44.74%	42.99%	41.44%	39.66%	38.48%	37.00%	35.69%	34.52%
中部城镇化率	44.48%	43.46%	42.15%	40.66%	39.64%	38.70%	37.48%	36.38%	35.27%
东部城镇化率	63.09%	62.16%	61.01%	60.02%	57.59%	56.68%	55.72%	54.86%	53.61%

从东、中、西部地区工业化与城镇化发展的对比来看，东部地区的城镇化率 2012 年为 63.09%，而工业化率为 48.23%，城镇化率高于工业化率，城镇化超前发展，而且城镇化率与工业化率之间的差值越来越大，2004 年东部地区城镇化率比工业化率仅仅高 3.13%，到 2012 年已经高出 14.86%，城镇化速度高于工业化发展速度，与此同时，东部地区第三产业快速发展，工业化程度从 2009 年开始下降。而在西部地区，2012 年城镇化为 45.98%，低于全国平均水平，工业化率为 44.65%，西部城镇化率略高于工业化率，属于适度城镇

化发展，城镇化发展和工业化发展还有很大的空间。而且在 2011 年以前，西部地区的工业化率一直都高于城镇化率，城镇化发展水平滞后于工业化发展水平。

表 7-10　　　　　2004 年到 2012 年东、中、西部的工业化率

地区＼年份	2012	2011	2010	2009	2008	2007	2006	2005	2004
西部地区工业化率	44.65%	45.26%	44.45%	42.41%	42.62%	41.19%	40.68%	38.77%	37.20%
中部地区工业化率	52.05%	52.90%	51.99%	49.93%	50.50%	49.53%	49.00%	47.38%	45.18%
东部地区工业化率	48.23%	49.35%	49.72%	49.53%	50.83%	50.75%	51.35%	51.12%	50.48%

三、城镇化、工业化发展对农村居民财产性收入的影响

1. 城镇化、工业化发展对农村土地、房产价格的影响

城镇化、工业化发展将影响农村土地、房产价格。从表 7-11 可以看出，从 2004 年到 2012 年，各省的城镇化和工业化不断深入，我国各省区农民家庭的住房价值也呈现不断增长态势。农村居民家庭的住房价值增长，不仅影响居民的财产价值，而且影响着居民的财产性收入，影响着居民的幸福感。Wang（2012）的研究指出，居民家庭的房产财富可以通过出售、出租、抵押等多种途径来实现住房收益，带来财产性收入，这种财富的增长会使居民调整自己的消费水平，进而增加生活的幸福感。[①] 刘宏（2013）通过实证研究得出，农村居民对房产更为看重，无论是绝对价值还是相对价值，房产价值对于农村居民生活幸福感的影响程度较大。[②]

---

① Wang, S. Credit Constraints. Job Mobility and Entrepreneurship：Evidence from a Property Reform in China [J]. The Review Economics and Statistics，2012，94（2）：532-51.

② 刘宏，明瀚翔，赵阳. 财富对主观幸福感的影响研究——基于微观数据的实证分析 [J]. 南开经济研究，2013（4）：95-110.

表 7-11 　　　　　　　　2004 年到 2012 年农村居民家庭住房价值

单位：元/平方米

区域	地区	2012 年	2011 年	2010 年	2009 年	2008 年	2007 年	2006 年	2005 年	2004 年
东部	北京市	3 192.1	2 101.6	1 365.6	1 202.1	1 086.4	1 081.7	727.2	650.3	763.6
	天津市	1 858.3	1 600.5	1 025.2	1 037.0	991.2	920.4	795.8	659.8	524.6
	河北省	693.1	684.4	342.7	330.1	317.9	309.3	307.6	294.6	249.0
	海南省	866.0	842.1	445.9	388.0	351.4	314.2	278.9	269.6	227.5
	辽宁省	818.9	813.8	505.1	455.2	431.0	403.3	356.1	343.4	285.2
	广东省	867.5	832.4	465.6	437.8	418.2	394.7	379.2	376.9	319.6
	浙江省	1 256.3	1 280.0	593.2	527.8	498.5	478.4	435.6	416.1	362.1
	上海市	2 470.8	2 372.4	2 017.3	1 695.1	1 496.3	1 419.2	1 237.1	988.8	549.9
	江苏省	881.1	833.2	557.8	507.3	464.5	435.8	412.3	400.6	301.8
	福建省	830.5	791.0	481.5	455.5	420.8	390.0	377.6	315.7	279.1
中部	安徽省	637.2	591.8	385.9	340.0	312.1	286.0	249.1	238.9	206.4
	江西省	487.3	469.1	272.8	253.4	219.2	212.9	198.8	188.4	164.2
	山东省	568.2	552.2	387.8	369.7	354.5	322.8	306.3	284.0	232.9
	山西省	553.3	547.4	309.6	302.9	293.9	289.3	280.2	277.0	208.9
	河南省	510.8	493.1	322.6	293.7	269.1	256.0	227.0	213.8	182.3
	湖北省	546.3	538.0	292.1	259.6	232.8	209.0	188.0	171.7	148.6
	湖南省	432.9	431.9	226.2	215	200.7	192.5	184.7	177.8	166.1
	广西壮族自治区	470.6	454.4	269.3	250.5	237.7	221.8	215.0	205.8	154.1
西部	内蒙古自治区	523.3	479.5	244.7	231.3	216.3	209.9	199.4	167.3	163.6
	四川省	506.6	489.5	280.9	254.6	215.7	200.5	189.8	173.4	149.1
	贵州省	531.8	519.8	238.6	214.2	191.2	170.8	157.4	142.9	120.5
	云南省	589.7	573.2	312.8	271.9	234.0	214.9	189.3	179.5	166.5
	西藏自治区	316.8	314.5	280.5	271.1	265.5	260.9	206.6	189.7	159.6
	陕西省	616.5	613.6	292.7	274.3	255.3	232.3	223.2	216.1	188.7
	甘肃省	547.5	537.3	255.8	239.3	207.1	189.7	183.9	182.4	172.5
	青海省	506.8	461.3	269.1	211.0	182.1	172.4	157.9	157.8	107.0
	宁夏回族自治区	501.9	480.9	265.3	233.8	208.6	187.5	193.9	185.8	157.1
	新疆维吾尔自治区	486.4	452.4	252.1	226.5	207.1	187.3	168.4	161.0	146.0

　　随着工业化和城镇化的发展，农村居民家庭住房价值和财产性收入不断增

长，其主要基于以下原因：

（1）由于工业化的发展，促进了对土地的需求，城镇土地增值速度快，从而带动了农村土地的增值。由于土地增值的幅度更多取决于供需关系，土地需求多的地方往往是工业化、城镇化发展较快的地方，因此工业化越发达，城镇化率越高，土地增值越多。东部地区的各省份，经济发展程度高，工业化发展快速，对土地的需求较多，这些地区的土地价值更高。

（2）由于投资增加，各地对建设用地的需求增加，由于城镇土地有限，随着投资的增加城镇土地难以满足建设用地需要，各省往往会通过征用农村土地满足建设需求，进而对农村土地的需求增加，对农民土地的征用导致农民的财产性收入增加。而土地增值越高的地区，农村土地价值越高，农民的房产价值越大，农民的财产性收入增加越多。土地需求量大的地方，由于征地多，获得土地增值收益的农民范围广，更多的农民能够获得财产性收入。

（3）由于工业化的发展，投资增加，农民入城务工收入高于农业经营收入，农民工工作的迁移，导致对城镇住房需求的增加，从而促进了城镇房地产及周边农民房地产的需求和价值增长。这种增长带动了居民的财产性收入增长，同时也带动了房地产投资，进而进一步增加了对建设用地的需求。建设用地需求的增加，导致对农业土地征用的增加，这将促进农村居民财产性收入的增加。

（4）城镇化发展，促进了房地产的发展，导致对一些原材料和劳动力的需求增加，由于资源的稀缺性，建设原材料和人工成本上涨，建设成本增加，进一步促进居民房地产价值的上涨。城镇住房价值的增长，建设成本的上涨，也会带动农村地区的存量住房价值和新建住房价值的提高。

基于以上原因，今年来我国的工业化和城镇化发展使农村居民的房产、土地带来的财产性收入增加，但是我国各省、各地区农民房地产的差异很大，从表7-11可以看出，北京地区2012年农民房地产价值已经达到3 192.1元/平方米，而西藏地区却仅仅为316.8元/平方米，北京市是西藏地区的10倍。各省农村居民家庭住房价值差别大的原因主要在于：

（1）工业化和城镇化发展不均衡的影响。各地的投资政策、交通条件、人口素质、居民消费水平、投资意识、金融发展水平等因素导致不同地区对投资的吸引力存在显著差异，这种差异将影响各省的工业化和城镇化速度。西藏地区的城镇化率和工业化率较低，农村居民的房产价值也较低，而北京、天津、上海已经在城镇化的后期阶段，农民房产价值较高，辽宁、江苏、浙江、广州、福建城镇化率2012年已经超过60%，这些地区农民的房地产价值在全国也是处于优势地位，农房价值较大。西部地区，城镇化正处于加速阶段，新疆、青海、甘肃、云南、四川、广西、贵州、西藏的城镇化率都不到50%，农民房地产的价值在全国的价值也是比较低的。

（2）各省对外来劳动力需求的差异。工业化和城镇化发展，促进了就业岗位的增加，劳动力的供给小于需求，就会促使这些地区的劳动力价格上涨。劳动力价格上涨，导致这些就业岗位对其他地区劳动力的吸引力增加，从而导致外来务工人员流入。外来人口的流入，不仅促进了这些地区的工业化发展，也促进了这些地区的城镇化发展，促进了对土地、房地产需求的增加，这将影响农村居民土地价值和房产价值，影响居民的财产性收入。由于各地的工业化和城镇化水平及发展速度不一致，从而导致了对就业人口的需求数量存在差异，这种差异将影响当地的工资水平，影响对外来人口的吸引力。工资水平越高的地区，其对外来人口的吸引力越高，人口越容易流入，越能促进该地区房地产价值的升值。在我国，东部地区的工资水平较高。例如北京地区，2012年城镇单位就业人员平均工资为84 742元/人·年，而西部地区的甘肃省为37 679元/人·年，云南省为37 692元/人·年，东西部地区工资水平差异明显，农村居民由于教育素质等原因主要从事一些低端的劳动，在发达地区工作的工资水平对中西部地区农民有较大的吸引力，而且这些发达地区具有较多的需求岗位，从而使更多中西部地区居民涌入了这些发达地区，促进了这些地区房地产需求的增加及这些地区工业化和城镇化的发展，进而促进了这些地区农民财产性收入的增长。

（3）由于城镇的住房价值在不断上涨，也促进了农村地区的房产上涨。城镇化率高的、城镇化速度快的地区城镇住房价值上涨较快，相应的，这些地区的农村住房价值变动也较大。

2. 工业化、城镇化发展对农村居民家庭房产价值的影响

农村居民家庭的房产是其主要的财产。严琼芳（2013）在2012年7月对我国东、中、西部9个省市的农村居民家庭进行了实地调查。调查结果显示，金融资产在农村居民家庭财产中构成比例最高，达44.12%（金融资产中主要是活期存款和定期存款，有微小比例的保险金，其他如股票、债券、基金类的金融产品几乎是空白）；第二是房产，为32.06%；家庭主要耐用消费品现值占19.85%，位列第三；家庭经营资产只占3.97%，所占比例最少。和家庭财产总量分布状况不同，农村居民家庭财产构成没有明显的地区差异性表现。而且，无论东部、中部、西部，金融资产在农村居民家庭财产构成中的比例均是

最高的，其次是房产，接下来是家庭主要耐用消费品和家庭经营资产。① 本书将统计年鉴中各省农村居民人均住房面积和农村居民人均住房价值相乘，可以估算出我国各省农村居民房产总价值（如表7-12所示），可以看出我国各省农村居民房产价值的差异。从表7-12可以看出，东部省份农村居民人均住房总价值远远高于西部地区居民。

表 7-12　　　　　2004—2012 年各省农民人均房产价值表

地区		2012 年	2011 年	2010 年	2009 年	2008 年	2007 年	2006 年	2005 年	2004 年
东部	北京市	121 938	80 071	52 302	46 281	42 044	43 052	28 943	23 671	26 115
	天津市	56 306	48 335	29 526	29 658	28 051	26 047	21 964	17 155	13 063
	河北省	24 259	23 338	11 035	10 530	9 760	9 310	8 951	8 367	6 499
	上海市	149 236	139 734	120 433	102 045	93 219	86 855	74 226	55 966	32 884
	江苏省	44 760	41 077	25 826	22 930	20 438	18 696	16 822	15 463	11 016
	浙江省	78 016	78 592	35 770	32 460	30 159	28 130	25 134	23 551	18 576
	山东省	21 819	20 045	13 457	12 644	11 699	10 233	9 403	8 406	6 265
	福建省	42 189	39 392	22 871	21 317	19 399	17 355	16 010	12 628	10 662
	广东省	27 500	25 555	13 596	12 565	11 668	10 736	10 087	9 686	8 150
	海南省	21 823	20 379	10 969	9 312	8 012	7 101	6 164	5 877	4 436
	辽宁省	23 994	23 519	13 739	12 290	11 378	10 365	8 974	8 619	6 816
中部	吉林省	14 916	14 276	9 187	8 308	7 295	6 672	5 779	5 433	5 205
	黑龙江	20 616	20 165	10 791	10 494	9 209	8 591	7 672	6 773	5 222
	安徽省	22 493	20 476	12 387	10 540	9 332	8 265	6 975	6 450	5 139
	江西省	22 854	21 579	10 912	10 009	8 242	7 835	7 137	6 424	5 139
	山西省	16 931	16 367	8 762	8 481	7 788	7 464	7 005	6 676	4 867
	河南省	19 359	17 998	11 130	9 839	8 530	7 731	6 447	5 815	4 722
	湖北省	24 584	23 780	11 976	10 410	9 079	7 942	6 918	6 181	5 008
	湖南省	20 130	20 040	9 500	8 966	8 168	7 739	7 259	6 828	6 063

---

① 严琼芳. 我国农村居民家庭财产现状与结构分析［J］. 中南民族大学学报：自然科学版，2013（6）：124-127.

表7-12（续）

	地区	2012 年	2011 年	2010 年	2009 年	2008 年	2007 年	2006 年	2005 年	2004 年
西部	内蒙古自治区	13 030	11 604	5 408	5 135	4 650	4 408	4 008	3 296	3 092
	广西壮族自治区	16 942	15 859	9 129	8 292	7 535	6 765	6 364	5 906	4 145
	重庆市	18 972	18 028	9 810	8 075	7 634	6 740	6 112	5 603	4 924
	四川省	19 200	18 454	10 281	9 344	7 528	7 058	6 586	6 000	4 398
	贵州省	15 741	15 282	6 442	5 655	4 837	4 185	3 746	3 358	2 663
	云南省	18 693	17 712	9071	7 804	6 412	5 738	4 884	4 523	3 913
	西藏自治区	9 124	8 963	7 097	6 669	6 372	5 975	4 339	3 623	3 399
	陕西省	22 749	21 967	9 191	8 339	7 404	6 458	6 004	5 619	5 057
	甘肃省	13 195	12 734	5 372	4 930	4 121	3 699	3 512	3 411	3 088
	青海省	15 052	12 363	5 759	4 283	3 606	3 327	2 921	2 840	1 851
	宁夏回族自治区	12 999	11 734	6 606	5 728	4 819	4 313	4 188	3 902	3 362
	新疆维吾尔自治区	13 230	11 808	6 076	5 323	4 722	4 196	3 705	3 397	2 789

数据来源：国家统计局网站。

其中：人均房产价值＝各省农村居民人均住房面积×农村居民人均住房价值。

根据表 7-12，对各省农村居民人均房产总价值的极值进行分析（如表 7-13 所示），可以发现我国农村居民人均房产总价值最高的省份是上海，常年保持最高价值，人均房产总价值最低的省份一直位于西部地区，如西藏、甘肃、青海。我国农村居民人均房产总价值的差异非常突出，从 2004 年到 2007 年，这个差距一直在快速的扩大，在 2007 年我国农村居民人均房产最高值和最低值之间差距为 26 倍多，从 2007 年到 2012 年他们之间的差距呈现缩小趋势，在 2012 年上海农民人均房产总价值是西藏地区的 16 倍。

表 7-13　　2004—2012 年我国农村居民人均房产最大、最小值

年份项目	2012	2011	2010	2009	2008	2007	2006	2005	2004
最大值	149 236.32 上海	139 734.36 上海	120 432.81 上海	102 045.02 上海	93 219.49 上海	86 855.04 上海	74 226.00 上海	55 966.08 上海	32 884.02 上海
最小值	9 123.84 西藏	8 963.25 西藏	5 371.80 甘肃	4 283.30 甘肃	3 605.58 青海	3 327.32 青海	2 921.15 青海	2 840.40 青海	1 851.10 青海
差距倍数	16.36	15.59	22.42	23.82	25.85	26.10	25.41	19.70	17.76

农村居民房产价值的差异，决定了农村居民房产所能够给居民家庭带来的

财产性收入多寡。

首先，农村居民房产价值的差异直接影响了房地产的租金，房产价值越高，房屋的租金越高。农民的房产除了出租给个人居住以外，还可以出租给一些企业作为厂房或者仓库，也可以租给一些组织经营。这些收入已经成为一些地区农村财产性收入的关键来源。例如，在浙江省临安、德清、安吉等县市，一些旅游公司通过租用农民的房产，发展"农家乐"，接待游客，而农民则可以通过房产出租获得财产性收入。

其次，农村居民房产价值的差异直接影响到了房地产买卖的价格或者拆迁补偿的价格。房产的价值大，农民房产所能够带来的财产性收入就比较高。

最后，农村居民房产价值差异直接影响到"以房易股"价值。有些地区通过"以房易股"的方式对农村居民未居住的房产进行经营，提高了房产的价值，增加了农民的财产性收入。例如无锡高新区新安街道成立了房权换股份的富民合作社，将400多户拆迁户多余的安置房换成了股权，股权按照房屋的价值进行折算，合作社通过对这些房产的集中经营而获得收益，每年农户可以获得相应的财产性收入。房产价值越大，获得的财产性收入越多。

相比较而言，西部地区农民的劳动生产率无法大幅提高，收入增长受到限制，而且房产价值、土地价值较低，也制约了农民财产性收入的增长。

3. 城镇化、工业化发展对农村居民收入结余和财产性收入的影响

城镇化、工业化发展不仅影响到居民的土地、房产价值，而且还影响居民的收入结余。收入结余多，农村居民就有更多的资金用于金融投资和增值性资产的购买，直接影响到居民的财产水平和财产性收入的提高。城镇化、工业化发展有利于促进农村居民务工收入和务农收入都得到持续的稳定增长，主要有以下原因：

（1）城镇化、工业化发展使更多的农业人口从务农工作转向务工工作，由于工业和第三产业的劳动生产率较高，人均产值和利润较高，务工工作的工资也较高。华中师范大学中国农村研究院调查咨询中心在2012年对全国248个村落6 192个农村的调查数据显示，中国农村务工家庭收入远超务农家庭，务工家庭的户均现金收入和人均现金收入分别是务农家庭的2.27倍和1.93倍。收入最高的20%的农户中，务工农户占比为88.9%，务农农户占比为11.1%；收入最低的20%的农户中，务工农户占比为17.5%，务农农户占比为82.5%[①]，务工工作更有利于农村居民收入的增长，是否有劳动力务工以及工

---

① 佚名. 农村务工家庭收入远超务农家庭 [N]. 工人日报, 2012-08-26.

资性收入多寡成为农民收入差距扩大的主要因素。

（2）城镇化、工业化发展促进了工资水平的上升。近年来，我国的经济持续稳定地发展，第二、第三产业的年增长率十分突出，从2004年起到2012年，我国的 GDP 增长率分别为 10.1%、11.3%、12.7%、14.2%、9.6%、9.2%、10.4%、9.3%、7.7%，经济快速增长促进了对劳动力的需求。与此同时，劳动增长率总体上呈现下降趋势，从2004年到2012年的劳动增长率为0.9%、0.8%、0.7%、0.6%、0.4%、0.3%、0.1%、1.1%、0.7%。当前我国的经济增长方式主要是以房地产为代表的劳动密集型产业，这些产业的发展主要是对廉价的农民工劳动力需求，劳动力的供需关系发生了明显的变化，从2004年开始，我国东部沿海珠三角、闽东南、浙东南等加工制造业聚集地区出现了"民工荒"现象，当年珠三角地区的缺工有近200万人。农民工劳动力既面临着供给总量的不足，又面临着需求总量的增加，劳动力供需结构的变化促进了农村居民务工工资水平的上升。而且，在2008年世界金融危机的背景下，我国为缓解危机对国内经济的影响，政府还投入了以基础建设为主的4万亿元投资。这种经济发展模式，导致了劳动力的相对稀缺，促进了农民工工资水平的上涨。

（3）需求的增长促使农民务工工资的增长。这段时期我国的物价整体呈上涨趋势，通货膨胀下为保持生活质量，各行业纷纷上调了员工的工资水平。与此同时，农民工的年龄结构已经发生很大变化。现在70后、80后甚至90后农民已经成为工人，这部分农民工有更高的教育水平，他们中间有一些人期待能够在城镇生存和发展，甚至为后代提供更好的生活和教育环境。这需要他们具有更高的收入水平，也促使他们对与城市居民同工同酬的意识不断加强，是农民工工资上涨的重要推动力。

（4）需求的增长促使农民经营性收入的增长。随着经济的增长，对以农产品的原材料经济增加，例如服装产业的发展对棉产品的经济增加、酒业发展对粮食的需求增加，对农产品需求的增长促进了农产品价格的增长；越来越多的农民到城镇务工，对农产品的需求也随之增加；务工劳动力价值的增加，务农劳动力的减少，促使农村务农的劳动力要求更高的经济收入。以上这些要素共同作用，促进了农产品价格的上涨，而农产品价格的上涨使农民的经营性收入得以增长。此外，近年来，我国政策非常强调对农民农业经营的支持和鼓励，例如2004年中央一号文件提出"集中力量支持粮食主产区发展粮食产业，促进种粮农民增加收"，2005年中央一号文件又提出"中共中央国务院关于进一步加强农村工作提高农业综合生产能力若干政策的意见"，2008年中央一号文件提出"关于切实加强农业基础建设进一步促进农业发展农民增收的若干意见"，2009年中央一号文件提出"关于2009年促进农业稳定发展农民持续增收的若干意见"，2012年中央一号文件提出"关于加快推进农业科技创新持续增强农产品供给保障能力的若干意见"，2013年中央一号文件提出"关于加快发展现代农业进一步增强农村发展活力的若干意见"。这些政策都涉及农业经营、产出效率与经营性收入，这使得农民家庭经营收入的增长有了政策的支持和保障。

城镇化、工业化发展提高了农村居民收入，增强了农村居民的消费能力，对农村消费的增长具有促进和拉动效应。这主要表现在：

（1）促进了农村居民生活消费水平的增长。随着工业化的发展，各种便利性的生活用品、提高生活品质的产品不断出现，例如手机方便了人们获取信息，冰箱、冰柜方便了食品的存放，电视丰富了人们的生活，摩托车、汽车、三轮车方便了人们的出行和物质的运输。随着农村居民收入的增加，居民对各种丰富多样的食品、衣着、药品等医疗产品、家用电器、交通通信产品、文教娱乐产品等的需求不断增强，农村居民从满足基本生存需要向追求生活质量提高转变，这必然将增加农村居民的消费。生产基本农产品向高效率、高质量生态型农产品的转变，农民能够购买而且也愿意购买各种新型工业产品，这将促进农村居民消费的增长。

（2）促进了农村居民生产物资消费的增长。随着工业化的发展，各种提高生产效率、提高农产品质量的生产工具不断涌现，例如减少动植物病虫害的各种药品、提高操作机械化的各种农用工具等不断推陈出新，增强了对农民的吸引力，随着农村居民的城镇化，农村务农居民要求有更高的劳动效率；随着城镇居民对农产品质量要求的提高，农业生产从基本农产品向高效率、高质量生态型农产品转变，这些都强化了农民购买各类生产物资的愿望。随着农民收入的增加，农民能够购买而且也愿意购买各种新型工业产品，这就促进农村居民生产物资消费的增长。

（3）城镇化改变了农村居民消费观念。城镇化、工业化提高了农民的收入，使农村居民具有了消费能力，工业化使产品市场更为丰富，为农村居民的消费提供了可能，但是决定农民是否消费的关键在于农村居民的消费理念、消费习惯和消费偏好。城镇化的发展有效地促进了城乡经济、文化、产品、技术等信息的交流，进入城镇务工的农村居民会受到城镇居民消费习惯的影响，并且将这些消费思想和消费信息向农村地区扩散，进而改变农村居民已有的消费习惯和消费偏好。

随着农村居民家庭工资性收入、经营性收入的增长，消费支出的增加，我国各省农村居民家庭收入结余也呈现出增长趋势（如表7-14所示）。其中东部地区的北京、天津、上海、浙江地区显著高于全国其他地区，2013年农村居民家庭收入人均结余超过4 000元，而在西部地区农村居民家庭的收入结余较低，陕西、甘肃、青海、宁夏、贵州五省农村居民家庭收入结余不足1 000元，其中青海省仅仅为136.2元，甘肃省仅为258.2元。2013年东部地区最高农村居民家庭人均收入结余是西部地区的40多倍，这个差异远高于城乡之间收入差距、省级之间居民的可支配收入差距以及工资性收入差距。在西部地区，西藏居民的收入结余虽然较高，2013年有3 004.2元，但是这种结余是基于低消费、低收入背景下的高结余，西藏居民同年的纯收入仅仅为6 578.20元，消费为3 574元，而同期西部其他地区居民的消费水平都在4 700元以上。

表7-14　　　　　　　2004—2012年农村居民家庭收入结余表　　　　单位：元

地区 \ 年份	2013	2012	2011	2010	2009	2008	2007	2006	2005	2004
北京市	4 784.3	4 596.8	3 658	4 007.5	2 771	3 377.2	3 040.3	2 551	2 030.6	1 553.4
天津市	5 686.0	5 689.0	5 595.8	5 138.2	4 414.4	4 085.4	3 471.8	2 886.8	2 543.9	2 377.4
河北省	2 967.8	2 717.3	2 408.5	2 113.1	1 800	1 669.9	1 506.6	1 306.5	1 315.9	1 336.2
山西省	1 340.8	790.4	1 014.4	1 072.4	939.3	999.7	983.1	927.6	1 013.0	953.1
内蒙古	1 327.4	1 229.3	1 133.9	1 068.8	969.4	1 038.1	696.9	569.9	542.7	523.8
辽宁省	3 363.7	3 385.3	2 890.1	2 418.4	1 704.0	1 762.5	1 405.2	1 023.5	884.3	1 234.1
吉林省	2 241.5	2 412.0	2 204.2	2 090.0	1 363.0	1 489.5	1 125.9	940.4	958.0	1 028.4
黑龙江	2 820.5	2 885.8	2 257.1	1 819.5	965.5	1 010.9	1 014.9	934.2	676.7	1 167.8
上海市	5 360.3	5 832.2	5 004.5	3 767.5	2 678.5	2 320.6	1 299.7	1 132.7	969.9	737.5
江苏省	3 688	3 063.8	2 710.4	2 575.3	2 199	2 028.1	1 774.8	1 678	1 709.2	1 761.4
浙江省	4 345.8	3 899.2	3 105.6	2 373.7	2 275.6	1 723.8	1 463.6	1 277.6	1 227.0	1 285.0
安徽省	2 373.4	1 604.5	1 274.9	1 271.9	849.3	918.4	802.3	548.2	444.8	685.6
福建省	3 033.0	2 565.3	2 237.7	1 928.6	1 664.5	1 534.2	1 413.6	1 243.4	1 157.8	1 073.8
江西省	3 127.9	2 699.9	2 231.7	1 877.0	1 542.3	1 388.0	1 050.2	782.9	645.2	691.3
山东省	3 227.2	2 670.5	2 441.5	2 183.1	1 701.6	1 564.5	1 363.7	1 224.5	1 194.8	1 118.1
河南省	2 847.6	2 492.8	2 284.0	1 841.5	1 418.5	1 410.0	1 175.2	1 031.7	979.0	889.1
湖北省	2 587.2	2 125.0	1 887.2	1 741.5	1 310.1	1 003.8	907.5	686.9	669.0	801.0
湖南省	1 762.6	1 570.1	1 387.7	1 311.6	888.1	707.5	526.8	376.3	361.3	365.5
广东省	3 325.8	3 084.2	2 646.1	2 374.7	1 887.1	1 527.3	1 421.7	1 193.8	982.8	1 125.1
广西壮族自治区	1 585.3	1 073.9	1 020.4	1 088.1	749.3	705.3	476.6	356.6	145.1	376.6
海南省	2 877.0	2 631.7	2 279.9	1 829.2	1 655.8	1 506.9	1 234.8	1 023.3	1 034.9	1 072.2
重庆市	2 535.6	2 364.7	1 978.3	1 652.1	1 336.3	1 241.3	982.6	668.6	667.2	656.5
四川省	1 586.8	1 634.7	1 453.1	1 189.4	320.7	993.3	799.4	607.4	528.6	503.2
贵州省	693.8	851.3	689.6	619.4	583.4	631.2	460.3	357.5	324.6	425.3

表7-14(续)

地区＼年份	2013	2012	2011	2010	2009	2008	2007	2006	2005	2004
云南省	1 397.7	855.2	722.1	553.7	444.4	112.0	-3.1	54.9	252.8	293.2
西藏自治区	3 004.2	2 751.8	2 162.7	1 471.8	1 132.2	976.2	570.6	432.8	354.1	390.6
陕西省	778.4	647.8	536.2	311.2	88.4	157.1	85.1	79.2	156.1	248.4
甘肃省	258.2	360.5	244.5	482.7	213.6	322.8	311.7	278.6	160.3	387.9
青海省	136.2	25.5	71.7	88.2	136.8	164.6	237.3	179.4	175.5	281.3
宁夏回族自治区	441.3	828.9	683.4	661.7	700.4	586.5	652	513.1	414.4	393.3
新疆维吾尔自治区	1 177.4	1 092.4	1 044.4	1 184.8	932.5	811.1	832.4	704.9	557.8	555.0

数据来源：国家统计局数据。

其中：农村居民家庭收入＝农村居民人均纯收入-农村居民人均消费。

　　随着农村居民家庭收入结余的不断增长，农村居民家庭财产逐渐积累，这些财产成为农民财产性收入的重要来源。但是不同地区，农民收入积累能力的差异，也将导致这些地区居民财产差异。在我国农村，居民家庭的收入结余一般主要的投向是金融投资、住房修建等财产。严琼芳（2013）的调研结果显示金融资产在农村居民家庭财产中构成比例最高，达44.12%，房产为32.06%，且东部、中部、西部地区之间财产构成没有明显的地区差异性。[①] 按照这一比例，居民收入结余中绝大部分都投向了金融资产和房产。

　　在金融资产中，张珂珂（2013）根据2012年农村居民家庭实地调查的样本数据，银行储蓄存款在农村居民家庭金融资产中构成比例最高，达到80.38%；现金在家庭金融资产中占比为13.40%；国库券、股票、保险类金融产品所占比例最小，为6.22%。[②] 这种财产分布的原因是：农民有了收入结余之后，往往首先想改善居住条件，特别是在一些征地补偿的地区，补偿按照农民家住宅的面积给予补偿，农民修大房子的意愿更为强烈；其次，由于农村居民长期缺乏相关的医疗保障、养老保障，为了孩子教育、婚嫁指出、医疗费用、养老费用等需求，农民往往将收入留存以银行储蓄形式进行理财，以满足未来的货币资金需求；此外，由于农村居民财产性收入少，纯收入主要来源工资性收入、经营性收入，这都是农民辛辛苦苦赚取的血汗钱，农民对其保值保本的投资心理意愿强烈，再加之农村金融发展的滞后，农民对现代新型金融理财知识和信息匮乏，所以农村居民的金融资产投资主要是银行储蓄存款，而国

---

　　① 严琼芳. 我国农村居民家庭财产现状与结构分析 [J]. 中南民族大学学报：自然科学版，2013（6）：124-127.

　　② 张珂珂，吴猛猛. 我国农村居民家庭金融资产现状与影响因素的实证分析 [J]. 金融发展研究，2013（7）.

库券、股票、保险类金融产品所占的比例较小。

在不同地区，我国农村居民银行储蓄存款、现金和新型金融产品所占的比例是有所区别的。根据张珂珂（2013）的研究结果显示，银行储蓄存款占家庭金融资产比例在西部农村地区最高，其次为中部地区，东部地区最小；而现金占家庭金融资产的比例在东、中、西部地区相差不大；东部地区新型金融产品所占家庭金融资产比例为8.24%。这几乎为中部地区所占比例的两倍，是西部地区所占比例的两倍多，反映了东部农村居民在金融资产方面更加侧重于收益。农民金融资产的这种分布差异是因为现金主要是满足居民日常开支，所以其差异不大；而东部地区农民家庭收入结余高，除了满足未来预防性的支出以外还有部分闲钱可以用于其他投资，而且东部地区农村金融较为发达，农民理财意识和知识较中西部地区高，所以东部地区农村居民可以将更多的收入结余投资于新型金融产品以获取更高收益；而在西部地区，农村居民的收入结余少，很大部分的收入需要满足未来的养老等预防性支出，可以用于投资金融产品的资金少，再加上西部地区金融发展的滞后和金融知识、信息的匮乏，西部地区农民更愿意将收入结余投入银行储蓄存款。

西部地区农村居民收入结余较之东部地区少，可供于投资金融资产的财产少，根据张珂珂（2013）的研究，我国东、中、西部地区农村居民家庭金融资产均值分别为47 925元、40 900元、21 283元，东部地区农村居民家庭金融资产均值为西部地区的2.25倍。而且西部金融资产投资主要是收益率较低的银行储蓄存款，而东部地区居民将更多的财产用于更高收益的金融产品投资，因此西部地区农村居民的金融资产所能够带来的财产性收入在总量上明显低于东部地区居民。

第八章 重庆市农村居民财产性收入增长的实践经验

西部地区城镇化和工业化的发展，使农村居民纯收入和财产性收入呈现逐年上涨的趋势，但是，在西部地区农业人口占地区总人口的绝大多数，大农村格局使农村居民的财产性收入增长缓慢。特别是在我国实施西部大开发政策之前，资金投资、政策倾斜、外资投资等不断投向沿海经济发展条件较好的地区，使得西部地区的经济增长更显著滞后于东部地区，农村居民财产性收入增长落后于东部地区。Corbridge 指出城乡二元化发展格局的形成很大程度上是因为政府制定出的价格保护策略造成农产品价格过分的低廉，且投资偏向于城市和工业，导致农业技术水平低下，农村基础设施和卫生、文化等公共服务落后①。为了促进西部地区的发展，2000 年 10 月中共十五届五中全会提出了实施西部大开发战略，政策开始向西部地区倾斜。随着西部大开发各项政策的落实，西部地区居民收入和财产性收入有了一定程度的增长，特别是 2007 年重庆市和成都市获准设立全国统筹城乡综合配套改革试验区，这两个地区农村居民的财产性收入增长途径得以扩展，财产性收入增长速度得以显著提高。本章将剖析重庆地区的城乡统筹改革对农民财产性收入的影响。

一、重庆市开展城乡统筹改革的必要性

（一）城乡统筹的含义

城乡统筹是指打破历史和制度设计形成的"重城市、轻农村"的城乡二元经济发展模式，改变和摒弃"城乡分治"的观念和做法，改善过去"三农"

---

① Lipton, Michael. Why Poor People Stay Poor: Urban Bias in World Development [M]. London: Maurice T. Smith, 1977.

问题仅"就三农抓三农"发展思路。通过体制改革和政策调整充分发挥工业对农业的支持和反哺作用、城市对农村的辐射和带动作用，将农村与城市、农业与工业、农民与市民作为一个共同发展的系统来解决好农业、农村和农民问题，缩小城乡发展差距，使农村居民与城市居民一样享有平等的权利、均等化的公共服务、同质化的生活条件，使城乡居民拥有平等的发展机会。

城乡统筹发展的实质是要解决农村生产效率低下、农业增收困难、农村居民收入相对较低的"三农"问题，城乡统筹发展的核心是农民收入增长。重庆市市长黄奇帆说："解决城乡统筹，要三管齐下：一是加快工业化；二是推动城市化；在城市化、工业化推动的过程中，还要注意统筹推动城乡的一体化。"工业化发展能够促使城市和工商企业吸纳更多的农民就业，创造农民向非农产业和城镇转移的工作条件，为农民的城镇化生活创造物资基础；城市化发展是城市能够吸纳、公平对待进程务工农民，为农民进城生活发展创造公平条件；城乡一体化协调发展是最终的目标，形成"一元经济社会结构"，实现城乡协同发展、共同富裕的目标。

（二）重庆市城乡统筹的必要性

1997 年 3 月 14 日，全国人大八届五次会议通过了设立重庆直辖市的议案。作为新中国最年轻的直辖市，重庆市集大城市、大农村、大库区、大山区和民族地区于一体。其中多是库区、山区，土地资源以山地、丘陵为主，约占 90%，平坝不足 10%，地理地形条件和自然环境制约了城市经济的发展，城市建设成本高于平原地区，城市基础设施建设落后，农业现代化水平低，很多地方几乎没有工业。

全市 3 100 万人口中有 2 413.95 万人为农村人口，总人口的八成分布在农村，城镇化率仅仅为 29.5%，低于全国城镇化率 30.5% 的水平。2007 年重庆市劳动年龄的劳动力资源人口为 2 055 万人，其中农业劳动力资源人口达到 1 470万人，比重为 71.5%。但是农村地区生产经营分散、农村要素资源配置不活跃，劳动生产效益差，城乡收入差距大，城市居民人均可支配收入为 13 715.25元，而农村居民纯收入为 3 509.29 元，农民人均收入不到城镇居民收入的三分之一，农民居民收入不到全市平均水平的85%，城乡二元结构矛盾突出。提高农业人口的人均产出，提高农业的劳动生产率是重庆市城乡统筹改革面临的巨大难题。

重庆市不仅城乡居民收入差距大，而且不同地区的农民收入和人口分布差异也较大。重庆市的农业人口主要集中在渝东北、渝东南地区，约集聚了重庆

51%的农村人口、80%的贫困人口。渝东南是指重庆东南部武陵山区周边的少数民族集中区县，包括黔江区、石柱县、秀山县、酉阳县、武隆县、彭水县6个区县，约1.98万平方千米。渝东北是以重庆三峡库区为主体的11区县，分别是：万州、奉节、忠县、丰都、巫山、巫溪、垫江、梁平、城口、开县、云阳，担负着三峡库区的生态环境和库区水质保护重任。渝东南和渝东北地区属于生态敏感区、生态脆弱区，以生态保护为重，工业、现代化农业、服务业发展长期滞后。2007年渝东南和渝东北地区有1 576个贫困村，占全市贫困村总数的78.8%；绝对贫困人口40.96万，占全市绝对贫困人口总数的81.3%，其中渝东南14.76万人、渝东北26.2万人；低收入贫困人口96.48万，占全市低收入人口总数的87.6%，其中渝东南32.13万人、渝东北64.35万人。就渝东南和渝东北来讲，绝对贫困人口和低收入人口总数达到137.44万人，占两个区域总人口的11.1%，是全市贫困人口十分集中的区域。从农民收入来看，渝东南农民人均纯收入为2 636元，渝东北农民人均纯收入2 644元，分别相当于当年全市农民人均纯收入3 509元的75.1%和75.3%，仅相当于当年全市城镇居民人均可支配收入13 715元的19.2%和19.3%。①

重庆市城乡发展的差距、区域间发展的差距决定了要实现社会的和谐发展，必须要立足实际解决好"三农"问题，促进农村居民收入的增长和生活条件的改善。

（三）财产性收入问题的解决主要依赖于城乡统筹发展

城乡人口分布不合理、农村发展落后、农民收入远低于城镇居民，导致重庆市农村居民财产积累有限，再加之农村金融和农民理财能力的匮乏，导致重庆市农村居民财产性收入较低。从2007年来看，重庆市城镇居民家庭人均财产性收入为248.72元，而农村居民家庭仅为43.76元，城镇居民是农村居民财产性收入的5倍多，城乡居民财产性收入的差距远大于可支配收入的差距。从财产积累能力来看，农村居民在2007年人均纯收入3 509.29元，而支出为3 756.05元（如表8-1所示），收入不抵支出，农村财富积累为负，这必然导致农民财产性收入较低。从2007年重庆市农村居民家庭不同收入组的财富积累能力来看，低收入户、中低收入户、中等收入户、中高收入户农村居民的纯收入都低于其消费支出，只有高收入家庭的纯收入高于消费支出，这也就是说

---

① 佚名. 渝东南、渝东北地区农村贫困问题研究及其对策措施 [EB/OL]. 重庆发展网. http：//www. cqfz. org. cn/news. asp? id＝3390&module＝696.

有 80%的农民 2007 年都没有能力积累新的财富，只有高收入农村家庭当年才有能力积累新的财富。因此，重庆市农村居民财产性收入的增长，不只是要培养农民理财能力、理财意识，及发展农村金融，关键是要有财可理，要提高农民家庭的收入，让农民的沉淀财产变为可以带来财产性收入的资产，而这个问题的解决关键在于城乡统筹发展。

从财产性收入的组间分布来看，低收入户、中低收入户、中等收入户的财产性收入都低于全市农村居民人均财产性收入，只有中高收入户和高收入户的财产性收入才高于全市农村居民人均财产性收入，也就是说有 60%的居民财产性收入低于平均水平，绝大多数农民的财产性收入较低。从财产性收入的组间差距来看，财产性收入的差距大于可支配收入的差距，高收入户农村居民人均纯收入是低收入户的 4.5 倍，但是财产性收入高收入户是低收入户的 9 倍，是所有收入中差距最大的。然而从财产性收入的组间绝对差距来看，高收入户比低收入户人均多 105.29 元，差距远远低于其他收入。2007 年高收入户的纯收入是 6 835.96 元，低收入户的人均纯收入为 1 510.87 元，高收入户比低收入户人均多收入 5 325.09 元，因此，重庆市要实现城乡统筹发展，要缩小居民的财产性收入差距，关键还是在于增长农民的工资性收入和经营性收入，加速农村经济发展，加速农村结构转型。

表 8-1　　　　2007 年重庆市不同收入组农村居民家庭收入情况表　　　单位：元

指标	总平均	低收入户（20%）	中低收入户（20%）	中等收入户（20%）	中高收入户（20%）	高收入户（20%）
平均每人纯收入	3 509.29	1 510.87	2 505.26	3 341.30	4 376.16	6 835.96
工资性收入	1 559.30	671.06	1 040.55	1 537.90	2 078.21	2 916.04
家庭经营纯收入	1 639.82	732.61	1 283.50	1 618.23	1 978.11	3 017.11
财产性收入	43.76	13.13	27.27	22.93	57.01	118.42
转移性收入	266.41	94.06	153.94	162.24	262.84	784.39
平均人均支出	3 756.05	2 609.94	3 040.82	3 633.09	4 496.52	5 602.11

数据来源：2008 年重庆市统计年鉴。

二、重庆市城乡统筹改革的主要内容

在 2007 年，重庆市获准设立全国统筹城乡综合配套改革试验区后，重庆市改革的步伐加快，政府制定了一系列改革措施促进了城市城镇化、工业化、城乡一体化发展，到 2012 年年底重庆市常住人口的城镇化率已经达到 57%，高于全国平均水平，农民财产性收入得到显著增长。这期间，重庆市政府围绕"推进区域协调发展、劳务经济健康发展、土地集约利用"三条主线开展改革试验，有计划、分步骤、有重点地推进启动了户籍制度、土地管理和使用制度、社会保障制度、公共财政制度、农村金融制度、行政体制等方面的一系列探索改革，促进城市和乡村的经济社会协调发展，大力促进农民收入增长，为农民向城镇转移奠定了良好的物质基础的同时也增加了农民的财产性收入。

重庆市在城乡统筹改革期间，陆续出台了若干政策：2007 年重庆市委出台了《中共重庆市委关于印发重庆市统筹城乡综合配套改革试验的意见的通知》；2008 年重庆市向国务院上报了"试验区"建设总体方案；2009 年 1 月 26 日国务院颁发了《国务院关于推进重庆市统筹城乡改革和发展的若干意见》（即国务院 3 号文件）；2009 年 4 月 28 日，国务院办公厅正式复函批准了《重庆市统筹城乡综合配套改革试验总体方案》。这些政策在总体上对重庆市统筹城乡综合配套改革进行了顶层设计，提出了"一圈两翼"的经济发展布局。其中"一圈"是指以主城区为中心的一小时经济圈，"两翼"是指以万州为中心的三峡库区核心地带为渝东北翼，以黔江为中心的乌江流域和武陵山区为渝东南翼。"一圈两翼"的发展布局对重庆市的经济发展、工业布局、城镇发展、人口分布等进行了详细的规划：在经济发展和工业布局上，分别发挥三大区域各自的优势，取长补短，争创特色，错位发展，实现经济的共同腾飞；在人口分布上，作为农村人口大区的渝东南和渝东北两翼地区实施生态移民和加快剩余劳动力转移，依托一小时经济圈带动渝东南和渝东北两翼地区发展，促进人口向城镇的转移；通过工业化和人口的城镇化转移，以工促农，以城带乡，发挥工业化、城镇化对农业、农村发展的辐射带动作用，逐步缩小市域的城乡差距和区域差距，形成大城市带大农村的整体推进的一体化发展格局。梳理重庆市实现以上城乡统筹改革目标的具体措施，可以归纳为以下几个方面：

（一）着眼于统筹城乡，解决"农村富余劳动力往哪里去"

重庆市农村居民财产性收入的增长，关键是收入结余的增加，由于农业经营性收入的有限，增加农村居民收入最关键的途径在于增加工资性收入。而农村本身的就业岗位有限，因此要解决农村的收入增长问题，关键在于推动农村富余劳动力的转移。

1. 推动农村富余劳动力的转移

重庆市人口大多分布在农村，城镇人口与农业人口分布不合理。截至2007年，重庆户籍人口为3 235.32万人，其中非农人口876.97万人，农业人口2 358.35万人，按户籍人口计算，重庆2008年户籍城镇化率仅为37.19%。即使考虑到一部分农村劳动力进城务工经商，农村常住人口为1 454.65万人，城镇常住人口为1 361.35万人，城镇化率为48.3%，绝大部分人口仍在农村从事农业生产劳动。由于重庆市农民户均耕地面积较少，约3亩（1亩≈667平方米），为全国的二分之一左右，人均耕地少，现代化农业技术难以在农村推广，农业生产规模化程度低，农村土地表现为土地利用率低、产出效益低，农业产业的效率低于第二、第三产业。2007年农业产业以44.8%以上的劳动力份额创造了11.7%的产出，比较劳动生产率为0.26，而非农业部门以55.2%的劳动力创造了88.3%的产出，比较劳动生产率为1.61，农业部门劳动生产率的低下导致农村居民收入较低。因此，解决农村居民收入低的问题不能单纯地依赖于农业技术的推广和农业生产效率的提高，解决问题的关键是解决农业人口分布不合理的问题，如果将农村富余劳动力人口从农业转向劳动生产率较高的第二、第三产业，那么进程务工的富余劳动力可以获得工资性收入，从而增加家庭收入；在家务农的居民由于耕地面积增加，可以获得规模经济，从而促进家庭收入的增长。因此，重庆市城乡统筹的关键是促进农村富余劳动力的转移。

重庆市农村富余劳动力众多，各区域间城镇化和经济发展水平不均衡，因而，农村富余劳动力的转移要因地制宜地采取多种途径。一种途径是重庆市通过本地工业和服务业的发展吸纳农村富余劳动力的就近转移。但是工业和服务业的发展是一个渐进的过程，特别是一些工业基础薄弱、基础设施条件差的地区，要发展工业的难度大，仅依赖本地第二产业和第三产业的发展难以快速地吸纳当前富余劳动力。因此，解决当前农村富余劳动力的转移，重庆市除了就近转移的模式以外，还探索出了异地转移的模式。重庆的渝东南和渝东北两翼地区，农业人口众多，地理条件复杂，生态环境脆弱，投融资渠道不畅以及产加销一体化能力薄弱，工业滞后，服务业缺乏，通过自主发展工业和服务业的方式来吸纳农村富余劳动力的能力较弱，农村富余劳动力的就业需要在区域外通过异地转移模式来解决。重庆市的异地转移分为区域外转移和区域内转移，一方面重庆市政府通过与市外政府间劳务合作，将农村劳动力向对口支援省市、沿海经济发达地区转移，例如连续多年向新疆输送短期拾花工，来解决部分农村富余劳动力的就业问题；另一方面，重庆市在市内开展渝西片区区县与渝东南、渝东北地区区县劳务对口支援，促进农村富余劳动力向渝西片区转移就业。

2. 第二、第三产业发展带动就业增长

尽管异地转移就业能够带动当前的富余劳动力就业，但是这并不能长远地解决重庆市城乡统筹发展的问题，重庆市只有自己发展好了第二产业和第三产业才能更好地为农村居民提供可靠的、稳定的就业环境。因此大力发展第二产业和第三产业是重庆市政府城乡统筹改革的重点工作内容。

对于第二产业和第三产业，重庆市并不是盲目的发展，而是根据已有的工业基础、劳动力数量、市场发展趋势等确定重庆市工业产业和服务业在各区县的具体发展内容和发展方式，通过五大功能区定位，有重点地在不同区域实现工业、服务业差异化发展。五大功能区中都市功能核心区发挥引领作用，重点发展工业设计、电子商务、金融结算等生产性服务业，推进工业向价值链高端发展，这些产业是高新技术产业、资本技术密集型产业，是产业的发展制高点。都市功能拓展区和城市发展新区是全市工业发展新的增长极，聚集全市90%左右的工业产值，形成电脑、云计算与大数据2个世界级千亿产业集群，通信设备及物联网、软件与服务外包、液晶面板、汽车、摩托车、化工、金属材料7大国家级千亿产业集群，轨道交通、风力发电、服务器、智能装备等30个以上百亿级产业集群，这些产业主要根据重庆市现有的工业基础，通过对传统产业的升级更新来实现产业的可持续发展，新兴工业产业也大多在这个区域，为重庆市未来的工业产业发展培育新的增长点。都市功能拓展区以两江新区为龙头，其他片区竞相跟进，重点发展战略新兴产业，建设电子信息、汽车和高端装备等支柱产业研发和总装基地，集聚全市80%的电子信息产业产值、70%的汽车产业产值。城市发展新区是先进制造业的主战场，要大力发展装备、化工、消费品、电子配套等战略性、支柱型产业，建成全市工业经济的主要承接地和川渝、渝黔区域合作的产业密集带，聚集全市90%的化工产业产值、70%的装备产业产值、70%的材料产业产值。两大生态区即渝东北生态涵养发展区和渝东南生态保护区，依托区域内资源禀赋，着力推进特色产业，聚集全市50%的消费品工业产值和60%以上的清洁能源产值。

以上的产业布局、产业发展方向、产业发展重点，解决了重庆市高新技术产业和传统产业、虚拟经济和实体经济产业、劳动密集型与资金技术的关系，处理好了发展与环境资源保护之间的关系，重视了生产性服务业、生活性服务业的发展，为大量劳动力进城务工、进城发展奠定了坚实的基础，也为未来产业竞争奠定了基础。这其中，最为重要的是重庆市解决好了资金技术密集型发展模式和劳动密集型发展模式之间的关系。因为发展资金技术密集型产业，第二、第三产业对劳动力的吸纳能力相对有限，而重庆市本身确是一个劳动力富裕的城市，但是资金技术密集型的产业却常常是高科技企业，能够吸纳的劳动力有限，因此重庆市把资金技术密集型的高新技术产业主要布局在核心区和发展新区，高新技术产业是产业发展的趋势，这些产业将奠定重庆市未来高科技竞争的基础。而且作为老工业基地的重庆，目前的工业基础很多还尚不具备发展资金技术密集型产业，如果淘汰现有的工业企业，将导致城镇的就业吸纳能力不升反降，保持现有工业竞争优势是重庆产业发展的重点，并且在现有重要产业的基础上通过产业集聚形成规模经济，通过对传统支柱产业的改造升级带动现代生产性服务业的发展，在改造升级中构建新的产业优势，促进产业发展。劳动密集型产业能够吸纳更多的劳动力就业，这些产业可以在劳动力丰富的地区大力发展，但是由于企业的技术水平不高，效率过低，成本过高，容易在市场竞争中淘汰，故重庆市需加强对这些产业所有者和劳动力的培养，提高其素质和技能，以适应市场竞争。

通过大力发展第二产业和第三产业，从 2007 年到 2012 年，重庆市大量的农村富余劳动力从农业生产转移到第二、第三产业（如表 8-2 所示）。在 2007 年全市工业企业数量为 3 942 个，工业总产值为 43 632 489 万元，从业人员 1 082 675 人。到 2012 年全市工业企业数量为 4 985 个，增加了 1 000 多家工业企业；工业总产值为 130 951 235 万元，增加了 87 318 746 万元，接近增长了两倍；从业人员 1 549 702 人，就业人口增加了 467 027 万人。与此同时，第三产业快速发展，在 2007 年第三产业从业人员为 515.92 万人，到 2012 年第三产业就业人口为 617.82 万人，增加了 101.9 万人。到 2012 年第二、第三产业共计比 2007 年多吸纳 230 多万人就业，第一产业的从业人员比重从 2007 年的 44.8%下降到 2012 年的 36.3%，第二产业的就业人口从 20.1%增加到了 25.9%，第三产业成为吸纳就业人口最多的产业，就业人口比重从 35.1%增加到 37.8%，我市从业人员就业"一、三、二"格局调整为"三、一、二"格局，工业成为就业增长最快的部门，第三产业成为就业人数最多的产业部门。

表 8-2　　　　　　　　　2007—2012 年从业人员基本情况表　　　　　　单位：万人

年份	从业人员总计	城镇	按产业分			分产业比重（%）		
			第一产业	第二产业	第三产业	第一产业	第二产业	第三产业
2007	1 468.87	631.65	658.52	294.43	515.92	44.8	20.1	35.1
2008	1 492.43	665.74	652.19	307.66	532.58	43.7	20.6	35.7
2009	1 513.00	696.82	638.08	326.04	548.88	42.2	21.5	36.3
2010	1 539.95	733.70	621.29	351.86	566.80	40.3	22.9	36.8
2011	1 585.16	790.70	604.38	390.80	589.68	38.1	24.7	37.2
2012	1 633.14	856.17	592.59	422.73	617.82	36.3	25.9	37.8

重庆市本地第二产业和第三产业的发展，能够带来更合理的人力资源利用。重庆市农民工到沿海的一些开发区务工，每年一到春节期间，农民工常常需要回家与亲人团聚，这接下来的一两月时间里，工厂的开工不足，造成潜在生产力的极大损失，而且农民工返乡、返城的交通成本也是一种损失。重庆市自身工业和服务业的发展，由于近土、近乡，重庆任何工业园区都不会出现一年有两三个月的停工现象，基本上是 12 个月都开工，每到年底，重庆吸纳的外地订单、企业投入总是能增长 20%～30%，农民务工收入有更大的保障，交通成本下降，这也更有利于重庆市农村居民财产性收入的增长。

（二）如何解决人口的合理分布问题

城镇的收入高于农村，通过第二产业和第三产业的发展将使城镇对农村富余劳动力的吸纳能力增强，农村居民在城镇务工已经成为一种常态。在农民大量进城的情况下，如果城镇基础设施、生活设施、社会保障措施滞后于工业的发展，第一，将影响城镇现有居民和进城务工农民的生活质量；第二，将影响农民市民化的意愿，城镇仅仅是农民暂时工作的场所，而不是其长期发展的场所，也难以从根本上改善农村居民的生活条件，改善城乡收入差距；第三，如果不能有序地引导进城人口合理分布，将会造成有些城镇人口过度集中，过度城镇化，有些城镇的城镇化滞后，这些都会导致就业问题，并影响这些城镇的居民收入。

1. 城乡统筹前期重庆市城镇化状况

2007 年重庆 40 个区县共有 897 个乡镇，出现了一批对农村发展带动作用明显的小城镇，但是全国千强镇重庆只有 1 个，人口超过 200 万的特大城市只有主城区，20万以上人口的中等城市只有万州、涪陵两城区，其余区县的人口规模都比较小，因此，城镇对农业人口的吸纳、对农业的扶持还比较滞后，还没有形成大城市、中等城市和小城市相结合的合理的城市结构，50万~100万人口的中等城市存在断档。2007年，"一圈"的城镇化率为61.3%，"两翼"的城镇化率仅为29.0%，还不足"一圈"城镇化率的一半，其中渝东北翼城镇化率为31.0%，渝东南翼城镇化率仅为23.0%，城镇化发展呈现出了"一高两低"的格局，这种格局导致了重庆市的城镇化在实践中存在四个方面的问题：

（1）重庆市主城区的城镇化率较高，工业化率较高，具有经济集聚功能、带动功能和辐射功能，但是其他地区特别是两翼地区的城市化率和工业化率较低，且周边缺乏相应的城市经济增长极辐射和带动这些区域的经济发展，导致重庆市城镇化发展不平衡，区域差异较大。

（2）主城区由于产业、技术、资本、人才、信息等方面高度聚集，严重超载，人口过多，环境污染等导致工业产值的上升并没有带动城镇生活环境和生活质量的提高，反而工业污染、生活成本高涨让城镇生活对农民市民化的吸引力下降了，农民市民化的意愿下降。

（3）由于城镇建设的落后，大部分进程务工农民缺乏留在城镇生存和发展的必要保障，公共服务均等化程度滞后，人的城镇化存在各种障碍，导致农民市民化的程度低。2008年重庆市常住人口城镇化率为48.3%，户籍城镇化率仅为37.19%，尚有11%的进城农民还不能真正成为城市居民、融入城市社会。

（4）城镇化进程中人的城镇化滞后于土地城镇化，工业扩展，城镇的面积扩展，但是人的城镇化进度滞后，导致一些城区建设成为浪费。仅仅依赖于城市工业和服务业发展、土地规模扩张的物质投入式城镇化方式难以为继，重庆市政府在城乡统筹的过程中转变城镇化发展方式，通过"人的城镇化"内涵式发展方式提高城市发展质量。以上这些问题导致重庆市为了改变已有的城镇化发展状况，在2007年以后重庆市政府以"人的城镇化"为新型城镇化发展的核心，主要采取了一些措施，有效地促进了重庆市城镇化的发展。

2. 重庆市城镇化建设的主要措施

重庆市的城乡统筹发展，不仅仅是让农村人口在城市就业，增加收入，更要通过城镇就业带动农村居民及其家庭在城镇安居乐业，以帮助农村留守居民实现农业的规模化经营，实现农村居民生活水平、生活条件的整体提高。而要达到这个目标，最关键的是农民愿意在城镇留下来，能够在城镇留下来。因此，在大力发展工业的同时，重庆市政府非常重视城市化的发展，通过各种措施促进城镇化发展，以便农村居民能够在城镇安居乐业。钱纳里的世界发展模型指出，初始城镇化由工业化推动，工业化促进了人口的集聚；在工业化过程中，工业企业为获得聚集效应而出现产业集聚发展，进一步促进了劳动力在地理上的集中，带动了非农产业就业比重提高和城镇人口比重的提高；城镇化又推动了生产要素的集聚，提供了工业化发展的载体和平台，培养了消费群体，进一步促进了工业化的发展，从而使城镇不断地发展，规模不断地扩张。重视工业化对城镇化发展的带动作用，注重城市化发展对工业化的推动作用，重庆市政府双管齐下，通过工业化和城镇化共同发展来实现重庆市的城乡一体化统筹发展。

（1）合理布局城市功能集聚区。城镇化规划的水平，不仅关系城市建设的质量和品位，也直接影响城市运行成本和效率。为了促进城镇化与工业化的协调发展，重庆市对新型城镇化道路进行了科学合理的规划，明确指出重庆市的城镇化要走以人为本、优化布局、城乡互动、产城融合、生态文明、文化传承的新型城镇化道路。为此，重庆市政府提出了四级城镇体系和"一圈两翼"区域发展"两大格局"的"多中心、组团式"城镇化发展规划，各个组团分类布局、相对集聚、互相配套，板块特色鲜明，组团之间，依靠自然山水体系和城市绿化带合理分隔，并通过城市快速路、轨道交通等互联互通，有效疏导人流、物流、资金流，促进城市资源优化配置和提升基础设施利用效率。四级城镇体系，是指一个中心特大城市（指重庆市主城区），6个区域性中心城市，23个一般区县城，以及100个中心镇和400个小城镇，形成"1+6+23+500"的大都市连绵带，并以6个区域性中心城市为核心形成若干个城镇群。其中，发展壮大万州、涪陵、黔江、江津、合川、永川6个区域性中心城市为重点，增强这些区域对周边村镇农村的辐射带动作用，实现以大带小全面发展；把万州作为重庆第二大城市来进行建设，使其成为渝东北经济中心和三峡库区对外开放重要门户，通过其辐射带动作用促进渝东南和渝东北地区经济发展。23个区县作为城镇化的重要支点，按照功能开发和产业发展并重，扩容提质和凸显特色并举，成为区县域经济的中心和农村劳动力转移的主要载体，逐渐建成一批20万以上人口规模的中等城市。关注小城镇发展，小城镇是统筹城乡发展的重要节点，是城乡连接的纽带。按照布局合理、规模适度、功能完备、特色鲜明、生态良好的原则，集中打造100多个中心镇，示范带动周边小城镇建设，中心镇建设注重特色开发。加强历史文化名镇保护，规范开发行为，切实保护好古村落、古宅、特色民居和各种自然、人文风貌，加快特色旅游名镇建设，发展乡村旅游。

（2）科学合理的城镇规划。传统的城镇化观念是修更多的马路、住宅、商业设施，建更多的企业，招聘更多的农民工。重庆市的城镇化不单纯求大，不仅仅是物质的城镇化，而是以人为核心的新型城镇化，按照科学的测算，实现合理的、适度的城镇化。100万人口的城市，按照国际惯例建成区面积大体就是100平方千米，低了就会拥挤，高了就是浪费；包括住房、工厂、交通、商业、公共服务等用地面积按照人均占用100平方米左右规划；住房建设方面，发达国家人均住房面积一般在30~40平方米，重庆市人多地少，人均30平方米比较合理，也就是1 000万人口的城市建3亿平方米住房就可以了，再多容易出现泡沫，而商业设施方面，每2万元的商业零售额可配置1平方米的商铺，每2万元GDP可配置1平方米写字楼；垃圾、污水设施方面，每人每天约产生1千克垃圾，综合用水0.3吨并产生0.25吨污水，相关基础设施应按此配建。城镇建设可持续发展思想，坚守绿色、低碳理念，建设资源节约、环境友好的适合人居的城镇。

（3）注重城镇化发展质量。城镇化是城镇人口占全部人口的比重，以此为出发点，我国很多地区在城镇化过程中强调城镇人口的增长，城镇规模的扩展，城镇经济的发展，强调房地产业、基础设施和企业投资的增长，而不是以人为中心，忽视了城镇的公共服务均等化、资源节约、环境友好、产业结构合理的可持续发展问题。重庆市在城镇化建设中，加大财政投资，强调以人为本，注重城镇化发展，不断提高城镇的品味和特殊性、便捷性和适居性。

在环境方面，重庆市倡导节能环保的生活和生产方式，严格保护森林、绿地和水体，严格"三废"的排放，政府规定到2020年重庆市建成区绿化覆盖率达到41%，城市生活垃圾无害化处理率和生活污水集中处理率分别达到100%和90%，建制镇分别达到50%和25%，主城区空气质量优良以上天数保持在315天以上。

在城镇建设方面，重庆市不搞千城一面，而是注重挖掘当地的传统建筑符号，体现城镇的民族文化、传统文化和历史，合理布局，及时跟进与市民生活息息相关的电信、邮政、银行、消防等配套服务，适度建设一批文化、体育设施和主题公园、憩园、城市绿地，方便市民休闲、健身、娱乐，发展城镇公交事业，积极推进城乡客运一体化，提高城镇的生活便利性和舒适性。

在城镇经济发展方面，重庆市政府以"1+2+7+36"工业园区群为依托，坚持产城融合、园城互动，以工业园区作为城镇化发展的支撑平台，促进人口向城镇的集聚，提升城镇对人口的吸纳能力。

农村居民在城镇生活，就需要在公共服务方面和城镇居民一样享受均等化的服务。为了解除农村居民的后顾之忧，重庆市从 2010 年 8 月起，在全市全面启动统筹城乡户籍制度，陆续出台了 36 个户籍制度改革政策文件，打破了城乡户口的二元化结构，在城乡实行户口一体化登记管理制度，将农业户口和非农业户口统称为重庆市居民户口，消除了农民向城镇转移的体制性障碍。重庆户籍制度改革的准入标准较低，全面放开乡镇落户，在重庆城镇工作了 3 年以上，或者在重庆城镇有已经落户的亲属的农民工，即使是租房也可落户，购房入户不再有房屋面积、所处位置、购房金额的限制，此措施提高了农村居民转户的便利性和灵活性。

办理了城镇户口的农民工就能享受到五个"一步到位"，即跟城市居民享受同样的养老、医疗、住房、教育、就业等社会服务和生活保障。如推进公立医院和基层医疗卫生机构综合改革，建设好综合性、专科性医院，特别要加强社区卫生站、乡镇卫生院标准化建设，提高城镇医疗保障能力；加快大、中、小学和学前教育、职业教育发展，完善校点布局，均衡教育资源，有效缓解跨区就读问题，健全覆盖城乡的就业培训体系，提高劳动者素质和就业质量。

以上这些措施，从宏观上合理地对各城镇的发展方向进行了布局，搭建了城镇之间的关联发展，考虑了城镇的容量和承载能力，从微观上解决了进城务工居民的就业、医疗、养老、孩子教育、职业教育等问题，这既有利于城镇健康、可持续发展，又增进了城镇对农村居民的吸引力，在此条件下农村居民进城工作和发展的意愿大大提高，城镇人口布局也逐渐科学合理。

（三）市民化农民的居住问题如何解决

农村居民进城务工居住，由于其工作往往是低知识含量和低技术含量，处于企业内部的低端岗位，从事一些价值增值较低的工作，其工资水平往往较低。这也就是说，农民仅仅依赖工资性收入，往往可能处于城镇的低收入阶层，即使农村居民能够获得和城镇居民一样的社会保障，但是由于工资性收入较低，他们也很可能从农村贫困复归于城镇贫困。而且，我国的农村居民历来对住房都特别地看重，如果农民想在城镇安居乐业，首要的条件是"居者有其屋"，如果他们的辛苦劳作尚不能使得他们在城镇拥有自己的一套住房，那么农民迁移到城镇生活的意愿也会下降。为了促进农村居民在城镇的安居，缩小他们与城镇居民之间的财富差距，重庆市政府采取了住房保障措施解决农民的城镇居住问题，采取农村住房的增值措施促进了农民财产性收入的增长。

农村居民进入城镇的住房问题重庆市政府采取"低端有保障、中端有市场、高端有约束"的调控举措来给予解决。重庆市政府规划 30%的低收入家庭通过政府提供的公租房等保障性住房解决住房问题;60%中等收入家庭通过住宅市场购买普通商品房解决住房问题;10%高收入人群购买高档别墅和商品住房。这部分住房征收特别房产税,税收收入全部用于公租房的建设和维护。具体内容主要如下:

(1) 政府力量解决农村居民城镇住房问题。对于农村中低收入家庭,在城镇购买普通商品房具有一定的难度,特别是在房价上涨的背景下,这些家庭攒钱的速度可能还赶不上房价上涨的速度,这部分居民的城镇化居住问题需要政府给予帮助才能够解决。重庆市对这些低收入人群推出了公租房兴建计划,与廉租房、经济适用房、危旧房和棚户区改造安置房、城中村改造安置房、农民工公寓 5 种保障方式,形成"1+5"保障性住房体系,力争实现城市低收入群众住房保障"全覆盖"。其中公租房重庆市采取大规模的建设,预计到 2020年,重庆市将建设 4 000 万平方米的公共租赁房,改变了住房主要由市场提供的单一普通商品房的市场体系。重庆市的公租房具有四大特点:一是建设低成本,公共租赁房由政府投资,国有企业承建,其建设用地以划拨方式提供,享有税费优惠政策。二是入住低门槛,凡年满 18 周岁,有稳定就业岗位和收入来源,具有租金支付能力,本市无住房或住房面积低于城市住房保障标准,都可以申请公共租赁住房,不受户籍限制,租赁期最长为 5 年。这就打破了城乡和内外差别,让新就业大、中、专毕业生、进城务工人员、引进的专业人才和外地来渝工作人员都能够安居乐业。三是租金较低且稳,公租房租金相当于同类商品房出租价格的 60%,只求收支平衡,保持相对稳定。四是交通便捷,重庆市的公租房均分布在轻轨沿线或交通、环境、配套等条件较好的地区,平均容积率控制在 3.8,与商业楼盘实行"混搭",均衡享受公共服务,避免出现城市贫民窟。① 只要住满 5 年后,公租房租居民还可以按"成本价+银行利息"购买自住。一次性付款购买的,不再支付租金;分期付款的,未付款面积按照规定缴纳租金。公租房不得上市交易,购买人需要转让的,由政府回购,回购价格为原销售价格加同期银行活期存款利息,不会随着房价的上涨而上涨。

(2) 社会力量解决农村居民城镇住房问题。为了降低政府的住房保障负担,重庆市也鼓励农村居民家庭自主购房,对农民工家庭在城镇首次购买普通商品住房和二手房、自主解决住房问题的,免缴相关契税,减少农村居民购房

---

① 佚名. 重庆住房: 低端有保障、中端有市场、高端有约束 [EB/OL]. [2010-04-17] http://www. gov. cn/jrzg/2010-04/17/content_ 1584811. htm.

负担。此外，重庆市政府规定，用工单位在符合城市规划和土地利用总体规划的前提下，可利用自有存量土地，修建适合农民工居住的集体宿舍。开发区和工业园区要按照节约、集约用地的原则，统一代用工单位统筹规划，集中配套建设一定规模的集体宿舍和"探亲房"，面向园区内企业和务工农民工出租。同时鼓励社会单位和人员将闲置房屋改建为适合农民工租住的公寓，面向进城务工农民出租，可减免租赁受益应缴纳的营业税、房产和企业所得税等相关税收。①

（四）土地怎么办

农村富余劳动力转移到城镇，需要城镇建设用地的支持，这些土地怎么来？农村居民迁移到农村就业和发展，农村的土地怎么处置？如何形成开发与保护并重、收益合理分配、规范有序的土地流转和利用制度？

随着重庆市城镇化的推进，第二产业和第三产业的快速发展，城市建设用地需求的大量增加，到2020年，全市需建设用地将超过2 000平方千米，但是城市建设用地数量有限，从而导致城市人口密度太大、容积率太高、房地产价格太高，制约了工业化和城镇化的发展；与此同时，大量的农民进入城镇工作，农民在农村占用的宅基地大量闲置浪费，而且要坚守3 300万亩耕地红线，农村耕地也存在撂荒现象，一些农村土地被粗放浪费使用。城市建设用地的短缺与农村建设和用地的闲置共存，土地的结构性失衡成为重庆市政府城乡统筹改革的重点，通过推进农村土地资源城乡流转，满足了城市建设用地的需求，满足了农村耕地的保护需要，满足了进城务工农民闲置财产的增值，增加了农民的财产性收入，使农村居民更有条件在城市安居乐业、体面生活。主要措施主要如下：

城镇建设用地的紧张，要求城镇必须集约化合理使用土地，重庆市一方面通过合理调控城镇建设用地规模、布局和供应节奏，来实现现有城镇建设用地的集约化使用：①优化用地结构，严格土地用途管制，优先保障重大基础设施和民生项目用地需求；②合理分配用地指标，保证小城镇发展应有的空间；③坚持节约用地，促进土地集约开发和二次利用，提高土地利用水平。

另一方面，重庆市积极挖掘农村建设用地的使用潜力，利用城乡建设用地的增减挂钩方法，通过宅基地复垦释放农村大量的闲置建设用地，以地票制度

---

① 佚名. 重庆多种措施让进城农民工"居者有其屋" [EB/OL]. [2007-12-15] http: // www. cq. xinhuanet. com/news/2007-12/14/content_ 11944433. htm.

为依托，将复垦的宅基地释放的土地指标流转到城镇，增加了城镇可使用的建设用地指标，成功地满足了城镇建设发展用地的需要，又盘活了农村存量的、闲置的、浪费的建设用地，提高了建设用地的集约化使用。其主要内容包括：

对农村居民土地权利的确认。农村土地属于集体所有，农民市民化意愿最大的心理障碍在于对农村土地和房产的处置政策。很多农民不愿意市民化，让农村土地闲置的一个根本原因就是担心人变成了城里人，但是农村的土地和房产却没有了。这样一方面制约了农民市民化的积极性，另一方面不利于农村土地的集约化使用。对此，重庆市认为所有权是一种财产权，使用权也是一种财产权，即使农民工转户到了城里，农村的土地使用权还是可以继续保留，由他自行处置，给亲戚朋友用或是自己留着，或者将土地的使用权转让出去，保障农户宅基地，用益物权和土地承包权维护了农村居民的财产权利。农民财产权利的确定，稳定了农户的土地预期，农民可以安心外出打工，安心市民化，踏实地流转土地，这不仅可以增加农民的工资性收入，而且也可以通过转包、出租、转让、入股等方式给农民带来土地和房产的财产性收入。例如，2007年7月1日，重庆市工商局出台新政策，在农村土地承包期限内，在不改变土地用途的前提下，允许农民以农地承包经营权出资入股企业或者设立农民专业合作社，这不仅增加了农村居民收入的来源渠道，也促进了农业企业的发展，有利于农村土地的规模化运营。

促进农村闲置土地增值。当重庆市农村居民在城市落户之后，其土地所有权和使用权尽管归其所有，但由于土地没有变卖出售或者出租，土地处于闲置状态，一方面导致资源浪费，另一方面也没有为其带来财产性收入。重庆市建立城乡统一的建设用地市场，推出地票制度，农民闲置的宅基地可以交给政府复垦为耕地，并按照复垦的面积获得相应的地票。地票是一种财产权利，表明农村居民拥有农村建设用地的使用权。地票是新增建设用地的指标，当房产商或其他单位需要征地，农民就可以出售相应的地票指标，地票可以跨区域使用，地票的使用代表着农村建设用地的减少和城镇可建设用地量的增加，一增一减，实现城乡建设性用地的综合性平衡，使城镇建设用地总量有所增加、城市建设用地需求更有保障，房地产价格也不会因土地太少而变得畸形高涨，满足了城镇化建设发展的用地需要；与此同时，农村的耕地总量不减少的政策要求也得以保证，目前重庆市每年都有几万亩宅基地变成耕地；通过地票的市场化交易，农村偏远地区的土地得到增值，除复垦等成本后，农民就可以获得相应的土地财产性收入。

（五）钱从哪里来

城镇化建设、第二产业和第三产业的发展、农村居民城镇住房需求的满足都需要政府有足够的资金支持，这些钱从哪里来呢？重庆市对此主要采取了以下措施：

（1）城镇化发展的资金来源：①财政每年安排7亿元，支持小城镇建设，提高对中心镇的补助标准。切实搞好土地储备和两级开发，增强预算外资金对城镇建设的保障能力。②拓宽融资渠道，采取银行贷款、发行债券、信托融资等方式，多渠道筹集建设资金。③鼓励民营经济参与城镇建设。

（2）农村居民农业发展的资金来源渠道拓展。农户的经营发展常常依赖于家庭的自有资金，由于农民资金的有限和收入的有限，按照现有的金融体制，银行不愿意借钱给农民，农户很难得到贷款，农村金融已经成为农民增收和现代化农业发展的一个瓶颈，常常制约了农村居民收入的增长。在几年前重庆1.6万亿元的贷款总额里农户贷款却仅有30多亿元，农民得不到贷款，这已形成了现代农业发展过程中的一个瓶颈。重庆农民有3 400万亩承包地、5 600万亩集体林地和7亿多平方米的房屋，价值至少1万亿元，如果10%向银行抵押，就能贷款1 000亿元之多，而实际上，2010年全市11 000亿元的金融机构贷款余额中仅有2.6%为农户贷款。为了让农户得到银行的资金支持，重庆市对农村居民的土地承包经营权、农村居民房屋和林权"三权"进行了确权颁证，在宅基地量化为财产权时，15%归集体、85%归农民，承包地和林地则20%归集体、80%归农民。在明确了农民的宅基地、耕地、林地使用权后，农民就可以把这些使用权用于质押，这一政策增加了农民的融资能力，有利于农业生产力的发展，有利于农村居民通过财产质押获得更大的财产性收入增值。为降低涉农贷款的风险和坏账，重庆市政府出资成立了农村"三权"抵押贷款风险补偿专项基金，一旦发生坏账，净损失的35%由专项基金补助，其中市级承担20%，区县承担15%。除此以外，重庆市政府构建了农村"三权"抵押融资"伞形"担保体系，组建了兴农融资担保公司，市国资注入30亿元，中国农业发展银行注入15亿元，形成45亿元注册资本金，按照"政府推动、市场运作、统筹管理、两级联动"的思路，兴农担保公司又在30多个区县各组建了一家注册资本金1亿元的子公司，形成80亿元左右、覆盖全市的"伞形"担保体系，按现行担保法规定总体上可以担保贷款800亿元左右。对于承贷农户自担的1/3，当坏账发生时，农民作为贷款使用人理应承担相应责任，融资机构有权依法对农民的抵押财产进行处置。实际操作中，为保证农民利益的底线，资产管理公司按"优先+市场化"的原则，出租给无力还贷的农民，保障其基本生产生活，避免造成新的社会问题。

（3）农村居民住房资金的来源渠道创新——住房换宅基地，社会保障换集体土地承包地。农民工资性收入、经营性收入低，财产积累有限，要让农民市民化，在城镇居住生活和发展，传统的靠积蓄来购买住房的思路是难以满足农村居民的住房需求的，重庆市提出了用农村居民的宅基地换取城市房屋的策略。2008年重庆市九龙坡区按照城市建设用地增加和农村建设用地减少相挂钩的方法，将农村宅基地的20%左右集中兴建新型农村社区，将腾挪出的80%的农村宅基地指标置换为城市建设用地，用多得的土地出让金等收益来补贴农民购房。

三、重庆市城乡统筹改革对农村居民财产性收入的作用途径

重庆市以工业化、城镇化和城乡一体化为核心的城乡统筹改革实践，使重庆市的工业化率得到了稳步发展，城镇化率不断提高，农村居民的收入结余不断增加，城乡居民的收入差距有所缩小，农民的财产性收入来源渠道和数量都得到了增长（如表8-3所示），从2007年重庆市设立为全国城乡统筹综合配套改革试验区以来，到2012年，重庆市的城镇化率提高了8.37%，工业化率提高了1.72%，农民的收入结余增加了1 294.3元，财产性收入从2007年的43.8元增加到了2012年的175.6元，增长了近3倍，重庆市的城乡统筹改革有力地促进了农村居民财产性收入的增长。

表8-3 　　　　　　　　重庆市城乡统筹改革的影响 　　　　　　　单位：元

指标\年份	2012	2011	2010	2009	2008	2007	2006	2005	2004
城镇化率	58.35%	56.98%	55.02%	53.00%	51.59%	49.98%	48.30%	46.69%	45.21%
工业化率	52.37%	55.37%	55.00%	52.81%	52.78%	50.65%	47.90%	45.10%	45.37%
收入结余	2 535.6	2 364.7	1 978.3	1 652.1	1 336.3	1 241.3	982.6	668.6	667.2
财产性收入	175.6	139.7	90.5	67.8	50.9	43.8	27.3	30.7	33.1

研究重庆市的城乡统筹改革对农村居民财产性收入的影响，可以通过以下几条路径：

途径一：增加农村居民经营性收入和工资性收入，增加农民的可支配收

入，通过收入增长来提高农民的财富积累能力，奠定农民获得财产性收入的基础。首先，完善农业支持保护制度，提高农民务农收入。稳定基本农田和粮食播种面积，提高单产水平，继续实施良种补贴等支持政策；推进大中型农业灌区工程建设，加快实施小型农田水利工程，大力发展旱作节水农业和节水灌溉；鼓励和支持农民开展各种小型农业基础设施建设；加强山区综合开发，加快林业产业发展；推进柑橘优势产业带建设，继续实施柑橘种苗补贴政策；支持重庆现代畜牧业示范区建设，加大对规模化养殖小区、良种繁育体系、动物疫病防控体系建设的扶持力度，加强畜牧业发展和养殖废弃物无害化处理和综合利用；支持重庆建设全国农业机械化综合示范基地，继续实施农机具购置补贴政策，认真落实农业机械化各项税费优惠政策；在重庆开展"通村公路"建设试点，支持具备条件的建制村水泥（沥青）路建设，将已撤并乡镇的公路改造纳入"通村公路"工程统筹安排；继续推进"村村通"电话工程，加强农村地区互联网接入能力建设和面向"三农"的信息服务平台建设。这些措施促进了农业的现代化、农产品交易的便利化和信息化，从而促进了农民收入的增长，此外，还促进了农村居民非务农收入的增长。具体为：①促进农产品交易，发展农业服务业。支持重庆大中型农产品批发市场、重要商品储备基地、三峡库区中药材集散地、粮食流通体系和农业科技贸易城建设，构建现代物流基地。②加快老工业基地改造，促进农民工资性收入增长。充分发挥现有工业基础优势，培育发展新兴产业，增强主导产业的优势和活力。发展壮大汽车和摩托车、装备制造、石油和天然气化工、材料工业和电子信息五大支柱产业，形成实力雄厚、关联性强的优势产业集群。③促进农业相关的旅游业发展，促进农民增收。综合开发现代旅游产品，积极发展渝东南地区民族特色手工业和民俗生态旅游，培育一批功能齐全的特色旅游景点。通过以上这些措施使农村居民的务农收入和非务农收入都得以显著的提高，从而为农村居民的财产性收入增长奠定良好的基础。

途径二：通过农民财产权利的确定和财产权的转移，促进农民现有沉淀财产增值能力。重庆市通过建立统筹城乡的土地利用制度，促进农民财产性收入增长。主要的方法有：①加快农村承包地、林地、宅基地"三个确权到位"。确权是土地要素流转的基础。②划定永久性基本农田，建立保护补偿机制，加强土地整理工作，发展土地置换、地票交易、土地复垦基金，支持和指导重庆创新土地整理复垦开发模式。在城郊结合部，农民集中居住后的新建房可直接办产权，腾出建设用地给农民作出补偿后，可办工业园区，如果已纳入城市规划就可直接用作商品房开发；对远郊地区而言，农民集中居住节约的土地可以以地票形式到土地交易所交易，促进城市资本流向农村；土地出让中要征收占补费用，只要在新农村建设中复垦了宅基地，就能得到相应的补助。③按照依法自愿有偿原则，允许农民以转包、出租、互换、转让、股份合作等形式流转土地承包经营权；规范承包方之间以土地承包经营权入股，开展"发展农民专业合作社"试验项目。设立重庆农村土地交易所，开展土地实物交易和指标交易试验，逐步建立城乡统一的建设用地市场，通过统一有形的土地市场、以公开规范的方式转让土地使用权，率先探索完善配套政策法规。

途径三：通过减负增加农村居民的财产。①农民财产性收入的增长缓慢除了其工资性收入、经营性收入低的因素以外，还有一个因素就是农村居民的社会保障体系不健全，农村居民预期的消费支出较高，其资金往往沉淀在收益率较低的银行存款上。重庆市政府通过公共服务均等化，增加了对农村居民的转移支付，减少了农村居民的支出，有效提高了农村居民的财产积累能力和财产购买能力。例如，重庆市实行农村合作医疗制度、80 岁以上的老人直接享受养老待遇制度、农村居民最低生活保障制度、公租房和廉租房制度等，都为农村居民家庭的支出减负，有利于农村居民财富的积累。②农民财产性收入的增长要让农民买得起资产，重庆市通过合理的拆迁补偿制度让农村转户居民能够拥有城镇房产和财产性收入。农村拆迁居民是在城镇化进程中利益最容易受到侵害的群体，在征用其土地和住房的过程中，如果得不到合理的补偿，他们将面临着缺乏基本生活保障的困难。为此，重庆市大力加强农民市民化的安居保障工作，探索失地农民的有效补偿方式，激励农村居民在城市发展。例如2007 年 9 月重庆市九龙坡区陶家镇实行"拆一还三"的优惠政策，凡退出宅基地的农民，可在康居村内按人均 25 平方米、每平方米 380 元的价格购买住房一套。在此基础上，每户还可按镇政府公布的成本价，按人均 25 平方米的面积，再购买一套住房。同时，可优先按成本价购买职工公寓或康居村内的门面，通过房屋出租获取稳定的收入。① 这一政策的实施使 717 位农民自愿签订了"退出宅基地使用权，退出土地承包经营权"的协议，从而实现了"农民变市民"的转变。这一政策，第一，保证了农民在城镇的居住条件要比农村居住条件好，对农民改善生活条件具有吸引力；第二，购房价格具有优惠措施，与现有的同区位的城镇住房相比，价格优惠，农民购买后具有财产增值效应；第三，在城镇拥有多余的房产，通过出租或者出售能够给农民带来稳定的

---

① 佚名. 九龙坡改革突破 陶家镇 717 位农民变为市民 [EB/OL]. [2007-09-29] http://www. cq. xinhuanet. com/2007/2007-09/29/content_ 11288992. htm.

财产性收入。稳定的财产性收入能够增强农民对未来生活的信心，促进农民向市民的转变。

途径四：通过建立城乡统筹的金融体制，促进农民经营性收入和财产性收入的增长。邓小平同志曾指出："金融很重要，是现代经济的核心。金融搞好了，一着棋活，全盘皆活。"农村金融的发展，成为重庆市农村居民收入增长的重要助推力，重庆市农村金融的主要措施如下：①通过三权抵押，使农村居民能够获得金融融资，增加财产的增值能力，并且不断创新抵押贷款方式，针对农业产业化和种养大户的特殊性，推出"公司（专业合作社）+基地+农户""基地农户"等信贷方式，并限定贷款审批时限，提高办贷效率，为农民提供了便捷的金融服务。① 支持开展商业性小额贷款公司试点，大力推进农村金融产品和服务创新。②完善农村基层金融服务体系，规范发展多种形式的新型农村金融机构和以服务农村为主的地区性中小银行，目前国有、股份制商业银行等传统金融机构和村镇银行、农村资金互助社、贷款公司等新型金融机构已经覆盖了重庆市大部分区县，乡镇 POS 机布设和定时流动金融服务基本实现全覆盖。③建立农村信贷担保机制，探索建立农业贷款贴息制度，降低农村居民的融资成本。④依托全国金融市场中心建设整体布局，待时机成熟后，优先考虑在重庆设立全国性电子票据交易中心，持期货交易所在重庆设立当地优势品种的商品期货交割仓库，支持在重庆设立以生猪等畜产品为主要交易品种的远期交易市场，促进农民经营性收入的增长。⑤积极推进"三农"保险，扩大政策性农业保险覆盖面。

通过以上这些措施，重庆市农村各收入组的居民收入明显增长（如表 8-4 所示）。

表 8-4　　2012 年重庆市不同收入组农村居民家庭收入情况表　　单位：元

指标	总平均	低收入户（20%）	中低收入户（20%）	中等收入户（20%）	中高收入户（20%）	高收入户（20%）
平均每人纯收入	7 383.27	3 005.94	5 025.71	6 869.09	9 182.53	15 920.69
纯收入比 2007 年增长的比例	110.00%	99.00%	101.00%	106.00%	110.00%	133.00%

---

① 黄奇帆. 重庆市农村金融的探索与实践 [N]. 农民日报，2012-05-09.

表8-4(续)

指标	总平均	低收入户（20%）	中低收入户（20%）	中等收入户（20%）	中高收入户（20%）	高收入户（20%）
平均消费总支出	5 018.64	3 936.17	4 218.74	4 512.57	5 643.79	7 733.09
平均收入结余	2 364.63	-930.23	806.97	2 356.52	3 538.74	8 187.60
家庭经营纯收入	2 975.31	874.23	1 762.05	2 429.55	3 568.38	7 918.40
财产性收入	175.56	85.26	96.26	164.35	242.87	360.77
财产性收入比2007年增长的比例	301.19%	549.35%	252.99%	616.75%	326.01%	204.65%
转移性收入	831.63	415.82	611.43	772.93	1 027.15	1 620.43

数据来源：2012重庆市统计年鉴。

到2012年重庆市各收入组居民的平均每人纯收入明显增长，低收入户、中低收入户、中等收入户、中高收入户和高收入户家庭收入都基本翻番。从收入结余来看，到2012年只有低收入户的收入结余为负，其余的家庭收入结余都得到了显著改善，在2007年农村居民家庭平均收入结余为负数，其中低收入户、中低收入户、中等收入户、中高收入户的收入都不抵支出，收入结余为负数，到2012年除去生活费用支出外，各收入组居民的收入结余都得到了明显增长。从财产性收入来看，2012年比2007年农民财产性收入增长了3倍多，其中低收入组的居民财产性收入从2007年的13.13元增加到了2012年的85.26元，财产性收入增长了5倍多，居民的财产性收入得到了显著增长。

第九章 居民财产性收入增长差距的来源路径研究

伴随着经济快速稳定的发展，国民财富不断增长，居民财产性收入步入了快速增长的轨道，财产性收入的增长速度已经超过同期工资性收入的增长速度，成为我国居民收入增长的重要来源渠道。财产性收入在大幅增长的同时，其绝对收入额和增长速度在不同人群之间的差异也开始扩大。蔡昉（2012）、茅于轼（2007）认为当前我国居民之间劳动收入差距有所缓和，收入分配不公主要来自财产性收入。财产性收入差距不仅表现为城乡居民的差距，且城镇内部居民之间、农村内部居民之间的财产性收入差距也非常明显，城镇居民内最高收入人群（10%）的财产性收入是最低收入人群（10%）的20多倍；农村居民高收入人群（20%）的财产性收入是低收入人群（20%）的10多倍。城乡之间的财产性收入差距可以归结于制度、改革、地理位置、教育水平等原因，而城镇内部、农村内部居民之间的财产性收入差异是如何造成的呢？毕竟在1978年改革开放时，由于我国长期实行中央政府高度集权的计划经济体制和公有制产权制度，我国城镇居民之间、农村居民之间的收入差距非常小，家庭财产积累的差距也很小，且绝大多数家庭财产性收入单纯地来源于银行存款。本章将探讨居民财产性收入增长差距的具体缘由。

一、影响居民财产性收入增长的因素

关于影响财产性收入的因素，国内学者作了大量的研究，李实（2009）、夏锋（2003）、杨新铭（2010）、刘江会（2010）等认为家庭财产存量、居民收入流量、制度变迁和财产性收入增长机会是主要因素。从居民收入流量角度，宋玉军（2008）指出区域经济发展水平的不同、行业的不同，导致居民收入差距，从而造成财产积累差异，最终导致获得财产性收入机会也不同。李金凤、李晶龙（2008）认为当前我国收入分配差距由劳动性收入差距逐渐转向财产性收入差距，财产性收入差距也是造成居民收入分配进一步恶化的原因。从财产存量来看，任净、赵亚静（2009）分析指出我国居民财产性收入的差距源于财产分布的不平等，其中城镇大于农村居民的财产分配不平等程度。在城镇居民财产构成中，最不平等的是房产价值的分配，其不平等程度超过了金融资产；相反，在农村居民财产构成中，最不平等的是金融资产分配，它超过了土地价值、房产价值。从制度变迁的角度，易宪容（2007）指出，财富成为财产和资本需要具备两个前提，一是需要明晰地界定个人财富产权；二是需要拥有合适的投资工具、投资产品和市场。与此同时，在公有产权私人化过程中，保证居民财富公平增长的关键是公平和公正的产权转化机制，假如国有财富转化分配机制难以公平、公正地实现，那么在最初始的地方财产分布就存在严重的分配不公。从财产性收入增长的机会来看，机会对于不同家庭并不相同，刘凤根（2008）认为城乡股票市场结构不合理，严重制约了农村居民财产性收入的普遍提高。

以上学者的分析都是从某个角度出发分析我国居民财产性收入增长的差异，但是这些因素是独立的影响还是共同作用？作用的路径是怎样的？目前还没有学者对此进行系统地研究。笔者认为，考虑到财产性收入是财产的衍生物，其增长实际上取决于两个变量，一个是财产基数，一个是财产的投资收益率。财产基数主要受收入结余、继承（包括馈赠赞助等）、制度和法律对社会成员财产再分配、融资负债方式以及其他（包括权力寻租、博彩等）的影响，财产基数的总和决定了居民的财产量，财产量的多少决定了其投资能力，同时不同财产类型的财产量也形成了居民的财产结构。财产投资收益率，在既定的经济发展水平和市场制度下，主要受居民家庭财产投资结构、个人投资动机、人力资本积累，例如教育、财产投资经验的影响。财产能够获得多大水平的投资收益率，还受到中介变量经济环境系统风险的影响，例如经济周期、市场制度、经济的发展水平等都会影响到投资收益率。因此，影响居民财产性收入增长差异并不是独立的几个因素，而是由这一系列相互关联的因素组成的影响系统（如图9-1所示），系统中的每一个影响因子对财产性收入的作用机理并不是完全相同的。财产性收入增长的差异，就是这些影响因子通过不同的作用路径共同影响的结果。

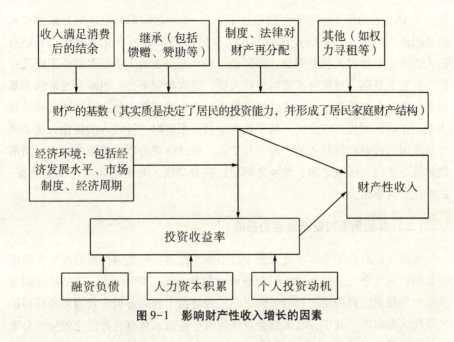

图 9-1　影响财产性收入增长的因素

二、财产来源对财产性收入增长的影响

（一）收入结余对财产性收入的强化

根据经济学中收入与消费的关系，随着收入的增长，居民的边际消费倾向递减，即当居民的收入水平达到一定程度以后，尽管其消费的绝对值会提高，但是由于基本生活需求和奢侈性需求基本饱和，其开支上升的幅度很小。这就是说，随着居民收入的增长，可以用来投资的剩余财产会增多，这些增加的财产又能够进一步带来财产性收入的增长，从而带来财富的"马太效应"。但是对于低收入群体而言，其收入还远未能满足其基本生活需求和奢侈性需求，去除消费开支后剩余财产不多，有些甚至为零，而且即使收入增长，其消费需求会升级，从而出现收入增长，但剩余财产并不一定增加，财产性收入的增长十分有限。因此，收入结余对居民财产性收入的强化将导致高收入者和低收入者之间的收入差距通过财产性收入进一步扩大。要控制居民之间的收入差距和财产性收入差距，合理调控居民劳动收入差距是最为重要的保障措施。

丛亚平（2011）指出中国的基尼系数已从改革开放初的 0.28 上升到 2007

年的 0.48，近两年不断上升，已超过了 0.5。城镇居民最高收入组与最低收入组之间的人均年收入差距从 1985 年的 2.9 倍扩大到 2009 年的 8.9 倍，且还有扩大趋势。行业收入差距明显，特别是一些垄断企业的工资高出最低工资几十倍，甚至上百倍，导致财富流向少数人群，造成分配不公。国际上通常认为基尼系数超过 0.4 就意味着财富已过度集中，这些研究都表明我国居民之间的收入差距正向扩大化方向发展，基于收入结余对家庭财产性收入的强化，这必然导致我国居民财产性收入差距进一步扩大，最终体现为收入差距。所以，当前调控行业之间、区域之间、城乡之间居民的劳动收入差距是政府"缩差共富"的势在必行举措。

(二) 其他因素对财产差距的影响

我国居民财产的取得主要来源于以下四个渠道：一是通过家庭收入去除消费后的收入结余；二是来源于财产继承（包括馈赠、赞助等）；三是社会制度变革对居民家庭财产结构和数量的影响；四是由于权力寻租或者博彩等获得的其他收入和财产。其中，收入结余对居民财产性收入具有自我强化效应，是渐进的，而其他的来源渠道对居民财产性收入的影响则是激进的变迁。继承（包括馈赠、赞助等）是居民所拥有的财产突然增加，将拉开代内人群之间的财产和财产性收入，从而可能导致同一代人无论怎样努力也无法在收入上和拥有财产继承的同一代人相比，造成代内收入差距和机会不公，对此，国外主要是通过继承法和赠与法来给予合理治理。目前，我国已经形成了一批较为富裕的社会阶层，但是相关的赠与法、继承法却还没有出台，从而导致富二代甚至富三代现象，成为破坏机会平等和代际平等的最大因素。权力寻租是一种非法的收入和财产来源渠道，由于居民权力地位的差异导致收入不公，是各国力图通过法律和制度制止的。改革开放以来，由于相关制度的不健全，各种灰色收入成为权力阶层的又一重要的甚至超过工资收入的收入和财产来源，这也是加剧我国居民之间财产性收入差距的重要原因。社会制度的改革，当涉及对社会成员的财产分配时，将使有些群体受益，有些群体受损，受益的群体本身是社会的优势群体或者是高收入群体，受损的群体是社会的弱势群体或者低收入群体，则社会改革将导致居民之间的财产性收入差距进一步扩大，反之则有利于财产性收入差距的缩小。改革开放以来，我国的新型农村社会养老保险、新型农村合作医疗等社会保障制度改革有助于缩小城乡居民之间的收入差距，但是我国住房改革、住房公积金制度乃至农村的土地制度却不利于缩小居民之间的财产性收入差距。我国的城镇住房制度改革，让很多城镇居民用很廉价的价格拥有了房产，而农村居民或者城市中没有固定工作的居民就没有享受到这样的改革收益，从而导致财产在居民中分配的不均等。张合林（2008）认为农民为什么获得或拥有的财产性收入很少？不是因为农民没有财产，而是农村土地集体所有制，农民个人没有土地的处置权、收益权，导致农民的土地财产性收入得不到保障，难以像城镇居民的家庭财产一样，有均等的机会进入市场交易，并获得同等的财产收益，这是城乡居民财产性收入差距增大的重要原因。目前重庆市通过了"地票"交易、农房改造、农村集体产权股份化改造等制度改革，其核心就是通过制度改革增加农民的可支配财产，从而缩小城乡居民财产性收入差距。

三、财产基数和结构对财产性收入的影响

（一）投资能力对财产性收入差距的强化

收入结余不仅影响到居民财产量的增减幅度，而且也决定了贫富居民的投资能力，财富的数量决定了投资的可选择机会和投资收益。例如，一个家庭拥有 2 万元的财产积累，看到房屋增值带来的财产性收入非常可观，但是由于没有首付支付能力而看着投资机会从身边溜走，只能选择另外的投资机会但收益率较低，例如银行存款，2 万元只能选择活期、定期存款；而另外一个家庭有 5 万元的财产积累，则可以选择银行收益率更高的理财产品。因此，财产积累的数量通过对投资机会的影响从而导致居民投资收益率的差异，最终导致居民财产性收入差异。

另一方面，居民家庭财产数量直接关系到耗费精力所带来的边际收益率。如果居民家庭的财产基数少，耗费时间和精力所带来的财产性收入边际收益将可能小于将这些精力投入劳动中所带来的收益。例如，一个家庭只拥有10 000元的财产积累，并且将全部精力用于这 10 000 元的投资和管理，其能够带来的财产性收入增长也是十分有限的，如果这些精力耗费在其他劳动途径，获得的劳动收入可能远远高于 10 000 元所带来的财产性收入增长。而财产数量多的家庭则相反，财产性收入对其收入的影响更大，对财产投资耗费的精力更多，更容易积累投资经验和寻求投资渠道，这也从人力资本角度导致了不同家庭投资能力的差异。

（二）财产结构与投资路径的自我依赖

根据 Thaler（1980，1985）提出的禀赋效应，人们往往对于已经拥有的某种物品赋予的价值要高于这种物品不属于他/她时的评价。这种禀赋心理导致居民认为放弃已经拥有的物品是一种损失，为了避免失去禀赋所引起的痛苦，人们往往不愿意改变现有财产所处的状态。也就是说，居民容易保持现有财产的投资状态，而不愿意将财产投资到其他领域，这表明财产初始分配形式是影响财产性收入的一个因素。例如，当财富分配为股权、房产时，居民通常一直持有该类财产。

但是，居民的投资路径并不是一直不变的。按照道格拉斯·C.诺斯的制度变迁思想，制度安排决定交易成本和生产成本，影响经济主体的经营绩效。当政策、法规等外在制度改变时，既有的投资路径下居民投资收益明显持续下降，或者持有这些资产的保有成本增加，或者投资收益明显低于其他投资路径，基于资本逐利的原则，投资路径的自我强化循环会被打破，改而投资其他收益率更高的理财产品。例如，2001年以来我国央行持续多次降息，并征收储户的利息税，此时银行存款的投资收益率不断降低。而此时由于住房制度改革和股权分置改革的推动，股票投资和住房投资的收益率远远高于银行储蓄，为了实现家庭财产的保值、增值，储蓄存款分流向股市和房市。在这些投资领域，居民获得了比银行存款、购买国债更满意的投资收益率，这就导致居民不断的将财产投资到这些市场，强化类似的投资行为，再次形成路径依赖，从而导致2002—2007年，出租房屋收入成为财产性收入的最大比重，而金融财产性收入则成为财产性收入的第二大来源。总之，不管是因为禀赋效应导致的投资路径依赖，还是投资收益率导致的投资路径打破，居民现有的财产结构所决定的投资收益率要么维持，要么提高，居民财产性收入增长的差异只会维持或者扩大。

四、投资收益率对财产性收入增长的影响

（一）融资负债能力对投资收益率的强化

居民的财产性收入不仅仅依赖于其所拥有的财产数量，而且取决于其可以支配的投资数量。也就是说，除了自己拥有的财产以外，居民还可以通过融资负债等途径增加自己的投资资产，融资负债能力的差异将影响到居民的资产购

买能力，进而对投资收益率和单位财产收益率产生影响，最后反应为居民财产性收入的差异。在我国，由于缺乏相关居民信用体系的建立，居民在银行的融资负债主要采用存单质押贷款、小额信用贷款和抵押担保贷款等形式。其中，存单质押贷款和抵押担保贷款都以居民拥有存款单、人寿保险单或者一定的抵押物为前提，因而，抵押担保物的多寡直接制约着居民的融资能力强弱。富裕居民的财产越多，融资能力越强，其财务杠杆效应越明显，而贫穷的居民家庭，其融资能力有限，其财产获得更高投资收益率的机会就更少。至于个人小额信用贷款，银行主要是对贷款人的职业及收入的稳定性进行规定，考查其是否具有按期偿还贷款本息的能力。一般而言，居民所在的工作单位要与银行具有良好的合作关系且需由其代发工资，由于这些限制条件，很多就业不稳定的居民没有申请小额信用贷款的机会。所以，基于财产的原因或者工作的原因，不同的居民向银行融资的能力是不同的，这也导致不同的家庭财产性收入的增长不同。

2000 年来，银行的住房抵押贷款融资方式使很多居民能够通过按揭的方式购买住房。由于房价的飞涨，房产的升值使居民的房产类财产性收入快速增长，而没有能力支付首付的居民则无法享受到这一财富快速增长的过程。另一融资购买住房的渠道是公积金贷款，但是由于公积金制度覆盖面还不完全，部分居民难以享受到这一制度的优惠，黄静（2009）的研究指出，在缴纳了公积金的居民中，高收入者使用公积金的概率远远大于低收入者，获得的贷款总额也高于低收入者。因此，有产者和高收入者在此轮房地产升值过程中通过融资负债获得了更多的财产性收入增长。

（二）投资动机对投资收益率的影响

根据凯恩斯的货币需求理论，居民家庭的财富由于交易性动机、预防性动机和投机性动机的需要，不同经济水平的家庭，其选择的金融产品、投资工具具有一定的差异性，投资产品的不同决定了居民家庭投资风险和收益的差异。Lopes（1987）认为居民的投资风险意愿受害怕和希望两种情绪的操控，害怕是居民过度担心最坏的结果出现，希望是居民渴望自己看重的最好结果能够出现。由于害怕，居民投资会避免风险过大的渠道，避免财富水准降得很低；由于希望，居民渴望通过投资高收益的渠道，从而使自己变得更加富有。基于这种分析，Shefrin & Statman（1994）提出居民在实际生活中，常常将自己的投资分为两个部分，一是低风险的低收益率的安全投资，二是风险性较高、收益率较高的让自己更富有的投资。对于贫穷的居民家庭来说，在选择投资产品和投资工具时，首先将考虑货币的交易功能和预防性功能，选择低风险的、稳定的、安全的金融工具，例如银行储蓄存款、买卖国债等，在还有财产余额的情况下才会拿出少部分财产投资风险较高的金融产品，因此其财产的投资收益率低。而对于富裕的家庭而言，在选择金融工具时，去除交易功能和预防性功能的需要，家庭财产往往还有很多富余，这时通过财产的合理组合寻求更高收益的投机性需求，实现资金最大程度的保值、增值成为家庭的选择，例如购买股票、期货、债券、基金、黄金等，这些产品的收益率更高，当然风险更大。目前，我国最高收入人群选择的投资方式多以兴办自己的实业成为股东，而一般收入的家庭则通过购买上市公司股票成为股东，由于我国资本市场的不健全，上市公司的经营投资、股息分配、资金利用等决策主要是以大股东的利益为出发点，因此，普通股民和大股东所处的地位不同，其股权所获得的利益保障程度也是有差别的，这种差别最终将反应为居民财产性收入的多寡。

（三）人力资本积累与投资收益率

人力资本的素质是影响居民的财产投资收益率的关键要素之一。美国经济学家舒尔茨认为人的技能、知识、健康的投资会引起个人收入的增长。与财产投资相关的人力资本积累途径，一是通过教育和培训，二是通过社会实践。由于我国城乡居民教育水平的差异明显，刘飞、谢建文（2008）认为农民理财方式和观念落后、投资理财相关知识的缺乏是制约农民财产性收入增加、导致城乡居民财产性收入差距的主要因素。另一方面，财产的多少直接影响到居民花费在财产投资方面的精力投入，从而导致投资经验、社会资本等人力资本积累的差异，这也将导致居民财产性收入的差异。

当人们由于缺乏投资所需要的知识、经验和技能时，其投资行为缺乏自信，在投资决策过程中，参考其他投资主体的预期信息和决策信息或者模仿其投资行为是常见的现象，因此出现从众投资行为。此时按照资本逐利原则，通常出现大量投资流向某些高回报率的特定领域和市场，个体的有限理性投资行为在市场上最终演化为非理性的羊群效应，从而使得这些领域和市场的价格波动被成倍的放大，市场风险增大，如果此时居民缺乏相关的投资理财知识，再加上禀赋效应的作用，居民的财产性收入很容易随市场巨幅波动。例如，近年来我国居民的投资更多流向房地产市场和股票市场，导致房租收入、房产增值收益和股市投资收益成为城镇居民财产性收入来源的主渠道，这两个市场的价格波动将严重影响居民财产性收入的增长。

五、经济环境对财产性收入增长的影响

居民的财产性收入受社会经济环境的影响，例如经济发展的水平、经济发展的周期、社会制度的变革和产业结构等。以经济发展周期为例，在不同的时期，居民家庭财产性收入受到的影响是不同的。在通货膨胀时期，拥有实物资产多的家庭其资产价格随着物价上涨也不断地向上冲，此时资产价格上涨的收益大于消费支出上涨的损失，家庭财产性收入增长；如果资产价格增长速度高于劳动力收入增幅，则会导致居民实际资产购买能力的下降，居民拥有财产的能力削弱；对于只有工资性收入或者货币性财产的家庭，当通货膨胀率高于工资增长率和银行利率时，意味着居民实际收入水平和财产性收入水平下降。而在经济萧条时期，为了鼓励投资，利率通常下降，资产的价格下降，居民的财产性收入下降，此时富余家庭的财产缩水从绝对量上来看可能更多，但是从相对水平来看，却不一定，因为那些依赖于工资性收入的贫穷家庭随着经济的不景气，其劳动报酬往往下降，甚至失业，其家庭财富积累下降甚至为负，这必然影响财产性收入的增长。制度的变革常常会对居民财产的分配、财产性收入的收益率、获得财产性收入的机会等方面产生影响。例如，金融资源配置遵循单一的抵押和担保原则，陆磊（2007）认为广大缺乏财产的人群必然无法获得金融资源的扶持，由此必然导致财产分布的不均匀。再如，夏新平、潘红波（2007）指出我国股市为了解决流通股和非流通股的问题而推行的股权分置改革之地，提高了流通股的价值，增加了股民的财产性收入。居民的财产性收入还受产业结构的影响，不同产业的投资回报率是不一样的，由于税收制度改革、产业技术进步等都会影响居民的财产投资收益。例如，农业税的取消使农业投资的收益率提高，从而有助于农民财产性收入的增长。

第十章 我国西部地区农民财产性收入增长的主要措施

如何增长西部地区农村居民的财产性收入？各国的管理实践给出了不同的答案，我国各省市也从自身的实际对居民财产性收入的增长进行了摸索。那么究竟哪一条路径才更有利于我国西部地区农村居民财产性收入的增长呢？

一、西部地区农民财产性收入增长的着力点

财产性收入能够让居民获得更大的生活幸福感，能够影响居民的消费、心理感知、工作选择，财产性收入能够让居民对未来的生存和发展更有自由选择权，但是，财产性收入也是影响收入差距和社会结构的最主要来源，甚至能够产生代际遗传作用。为此，各国政府都非常关注对居民财产性收入的调控。发达国家居民的财产积累有着比较长的历史，居民财富积累水平较高，市场经济较为发达，财富投资的渠道广。20 世纪最伟大的经济学家费雪阐释说，财产别无他用，唯一的用途就是能把"收入"源源不断生产出来供人们享用，财产性收入已经成为一些发达国家居民的主要收入来源，甚至成为影响居民收入差距的重要缘由。与此相适应，这些国家对财产性收入的调控主要是通过较为完备的税收制度，即遗产税、综合所得税等方式来对居民的财产性收入进行调控。发达国家的这种财产性收入的治理策略是否适合我们国家呢？

（一）西部地区农民财产性收入增长的主要着力点

从当前来看，多年以来的低收入使我国居民的财产积累较少，特别是在改革开放以前，我国城乡居民的财产积累更是微不足道。由于财产积累的有限，财产性收入增长自然乏力，财产性收入对于大多数老百姓来说还尚未成为收入的主要来源，居民的收入主要还是依赖于工资性收入和转移支付收入。由于财

产性收入在中国尚是一个新生的事物，党的十七大报告指出"要坚持和完善按劳分配为主体、多种分配方式并存的分配制度，健全劳动、资本、技术、管理等生产要素按贡献参与分配的制度……逐步提高居民收入在国民收入分配中的比重……创造条件让更多群众拥有财产性收入"。因此，在我国当前阶段，我国财产性收入管理的主要任务是创造条件让更多老百姓增加财产性收入。对财产性收入差距的调控需要两手抓：一手促进广大老百姓财产性收入的增长，一手通过税收政策对高财产性收入居民的收入水平进行调控，避免居民之间的收入差距过大。

从当前我国农村居民内部的财产性收入来看，财产性收入差距并不是农村居民收入差距的关键来源，财产性收入差距的调控不是当前的主要任务。2012年，农村高收入组居民的财产性收入为885.3元，而同期城镇居民人均财产性收入为707元，农村最高财产性收入组的财产性收入仅仅相当于城镇居民的中等水平。从西部地区的重庆来看，2012年农村高收入户的财产性收入为360.77元，而同期城镇居民的中低收入户财产性收入为357.56元，农村居民中财产性收入最高的人群的财产性收入仅仅相当于城镇居民的中等或者中等偏下的收入水平。因此，当前农村内部居民财产性收入的主要管理任务是如何促进其增长。

如何提高我国农民的财产性收入是学者和政府关注的热点。很多学者研究了我国农村居民财产性收入的来源，主要包括集体分配股息红利、土地承包经营权转让收入、租金（包括农业机械租赁）、无形资产出让净收入、税后利息、储蓄性保险投资收益等9个项目，其中当前收入来源主要集中在集体分配股息红利、土地承包经营权转让收入、租金等方面①。从财产性收入的可持续增长来看，也有学者指出我国农村居民的财产性收入短期色彩浓，我国部分地区农民财产性收入波动较为明显。土地征用补偿、集体林地经营权和林木所有权转让等一次性收入占比大是其主要原因。由于一次性收入具有不稳定、不可持续性，而且都以农民放弃耕地、林地等生产经营资本为代价，不仅一定程度上缩小了农民家庭经营收入增长空间，也削弱了农民获得财产性收入的本源和基础（刘春雨，2011）。对此，很多学者提出了农村居民财产性收入增长的途径，主要包括农村所有权制度，保障农民的资产可以转化为财产性收入；改革土地增值收益分配制度；完善社会保障制度，实现公共服务均等化；完善金融

---

① 刘春雨，等. 财产确权是增加农民财产性收入的基石——广东、云南农民财产性收入调研报告 [N]. 中国经济导报，2011-11-03.

服务，加快农村地区金融机构和证券机构的布局，加强对农村居民的理财教育等。这些措施从产权、社会保障、农村金融发展、农村教育发展等角度提出了增加我国农村居民财产性收入的思路。

这些思路对我国农村居民财产性收入的增长都提供了有益的参考价值。但是，从财产性收入的增长来看，获取财产性收入需要具备4个条件：①居民有能力积累财产；②财产能够具有投资渠道，变成资本；③居民具有投资能力，能够实现财产的增值；④财产权的维护。合法的财产性收入能够得到政府政策的保护。这四个条件中，最为关键的是第一个条件，农民能够拥有财产，财产是获取财产性收入的前提条件。对于我国农村地区来说，多年持续的城乡二元化的经济发展模式导致农产品价格低，农村社会保障水平低，农民的收入低，农村的收入扣除日常开支后的财富积累非常有限。与低收入相伴，农民财产性收入占纯收入的比重长期以来一直较低，2012年农村居民财产性收入占纯收入的比重仅为1.87%。因此，在当前阶段，纯收入低、财产积累能力弱是我国农村地区财产性收入的增长关键瓶颈。

在我国西部地区，这个问题表现得尤为突出，农民的收入低，扣除支出后，所能积累的财产低。财产是源，收入是流，离开了财产谈收入，不过是在说无源之水。以重庆地区为例，2007年人均总收入为4 532.4元，平均每人总支出为3 756.05元，收入结余为776.35元，其中低收入户的人均总收入为2 338.42元，人均总支出2 609.94元，收入结余为-271.52元；中低收入户的人均总收入为3 380.47元，人均总支出2 505.26元，收入结余为339.65元；中等收入户的人均总收入为4 312.88元，人均总支出3 341.30元，收入结余为679.79元。与收入的结余偏低相伴，2007年重庆市农村居民人均财产性收入仅仅为43.8元，其中低收入户的财产性收入仅仅为13.13元，中低收入户的财产性收入为27.27元，中等收入户为22.93元，而同期我国城镇居民的人均财产性收入为348.5元。农村居民收入节约的余额太小，财富总量偏小，财富增长能力弱是导致重庆市农村居民财产性收入总量偏小，增长乏力的关键因素。我国西部地区其他地区也存在类似的问题。2007年我国西部地区农村居民的人均财产性收入仅仅为64元，低于全国农村居民的财产性收入，到2012年我国西部地区农村居民的人均财产性收入仅仅为156元，财产性收入总量低，占农民纯收入的比重低。因此，在现阶段要增加西部农村居民的财产性收入，关键还在于增加农村居民的收入，减少农民的支出从而带动财富的积累。

（二）土地和房产对财产性收入的影响

财产是财产所有者的一组权利组合，包括财产的排他使用权、占有权、收益权、交易权、处分权等权能。居民拥有了财产，并不意味着其就能够拥有财产性收入，能否拥有财产性收入关键在于是否拥有这些财产的相关权利。按照行使这些财产权利是否能够带来增值收入可以分为生产性财产和生活性财产。生产性财产是可以创造增值收入的财产，是财产所有人通过行使财产的使用权、收益权、处置权等权能而获得的财产性收入；生活性财产则属于最终产品的范畴，社会成员可以占有和使用这些财产用于日常生活，但是不具有交易、处分和收益等营利的权能，不能获得财产性收入。居民要获得财产性收入，其财富必须是生产性财产，具有可以自由支配其财产的权利①，其财产要具有占有、支配、处分、收益的权能才能变为资本。

目前，我国农村居民主要拥有的财产包括金融资产、土地和房产、生产性固定资产、生活性耐用消费品和其他财产。其中，生产性固定资产主要是拖拉机、收割机等农业生产机具，这部分财产主要用于农业生产经营，不是绝大多数农村居民家庭的财产性收入来源。生活性财产主要是冰箱、洗衣机、空调等，这部分财产主要用于农村居民的日常生活，难以为农村居民家庭带来财产性收入。金融资产，是农村居民家庭普遍拥有的财产，包括现金、银行存款、证券、债券等，其中绝大部分农村居民持有的是活期存款和定期存款，股票、债券等金融资产持有较少，这部分财产能够为我国农村居民带来财产性收入。但是，在西部地区农村居民的金融资产总量较少，根据张珂珂（2013）的研究，我国农村居民家庭 2012 年金融资产户均值为 37 825 元，其中东部地区为 47 925 元，中部地区为 40 900 元，西部地区农村居民家庭金融资产均值为 21 283元，东部地区农村居民家庭金融资产均值为西部地区的 2.25 倍。尽管西部农村居民家庭金融资产较少，但是其带来的财产性收入却占了绝大部分，2012 年，西部地区农村居民家庭人均财产性收入为 156 元，按照家庭平均常住人口 3.9 人计算，西部地区农村居民家庭户均财产性收入不到 600 元，而西部地区农村居民家庭金融资产均值为 21 283 元，按照银行存款 3% 的年收益率计算，户均财产性收入也高于 600 元，因此，金融资产是我国西部地区农村居民家庭财产性收入的最主要来源。

土地和房产，尽管也是我国农村居民家庭普遍拥有的财产，但是，这部分财产对绝大多数农村居民家庭财产性收入的影响较小。按照 2012 年农村居民人均住房面积 37.1 平方米，每平方米的住房价值为 681.9 元，则人均住房价

<hr />

① 彭屹松，伍中信. 财产权利视角下居民财产性收入的提高 [J]. 求实，2010（6）：49-53.

值为 25 298.49 元，户均住房价值为 98 664.11 元，如果加上农村土地的财产价值，可以说农村居民家庭的土地和房产是其最主要的财产，但是这部分财产带来的财产性收入却很少。为什么土地和房产难以成为农村居民主要的财产性收入来源？究其原因，主要是我国的产权制度制约了这部分财产的增值能力。农村居民的土地和房产是没有完全权利的私有财产，我国农村的土地包括宅基地、耕地、林地、草地，以及其他依法用于农业的土地，由村、乡（镇）集体经济组织或者村民委员会经营、管理，农民只有使用权和有限的交易权，其中我国法律规定农村居民的宅基地不能转让给市民，只能将房屋转让给本集体内的其他农户，否则就是违法。对农村的耕地、林地、草地以及其他用于农业的土地，《中华人民共和国物权法》（以下简称《物权法》）第一百二十五条规定："土地承包经营权人依法对其承包经营的耕地、林地、草地等享有占有、使用和收益的权利，有权从事种植业、林业、畜牧业等农业生产。"承包地被依法征收、征用、占用，可依法取得相应的补偿，但是必须要维护土地的农业用途，不得用于非农建设，即使是转包、出租、互换、转让等方式也不能改变土地的农业用途。而且农村居民转为非农业户口的，应当将承包的耕地和草地交回。农村居民宅基地的法律规范约束了农村宅基地的市场交易权，宅基地难以自由交易。而且，目前的法律规定一个农户只能拥有一处宅基地，那么有条件成为受让人的农户数量非常有限。在几乎没有市场需求的情况下，农户的宅基地和房产转让价格必然极低，农村宅基地的流转价格难以反映土地资源的稀缺程度，掩盖了真实的市场需求价格，农村宅基地及其房产流转带来的财产性收入有限。关于农村耕地、林地、草地的法律规定，无论土地如何流转，其农业用途的法律限定皆不能改变，之所以这样规定，在于守住 18 亿亩土地红线，保障国家粮食安全。农业用途不能改变，农业的产出增长有限，从而使农民的经营性收入增长有限，土地流转不能改变土地用途，也制约了农村土地的价值增值。农村居民转为市民后，土地将被收回，这抑制了农村居民市民化的意愿。以上这些因素导致农村居民的土地和房产能够给居民带来的财产性收入较低。即使是农村居民的承包地被依法征收、征用、占用而取得的相应补偿往往是一次性的财产性收入。例如，安徽省 2009 年前三季度村居民财产性收入人均 112.31 元，其中土地征用补偿收入占到财产性收入的 61.9%，这些财产性收入只能获得一次，难以实现农民财产性收入的持续增长。因此，要让农民的财产性收入增加，除了提高农村居民的纯收入以外，关键还在于让农村沉淀的土地和房产价值能够通过市场交易获得增值，农民不仅需要拥有使用权，还需要拥有交易权和收益权，让土地和房产由流动增值困难的财产转变为能够给农民轻易带来财产性收入的生产性财产，通过产权制度的变革，使农民的财产成为资本。

二、西部地区农村居民收入增长的策略

如何提高西部地区农村居民财产性收入？重庆市以"城镇化、工业化、城乡一体化"为核心的城乡统筹改革实践可谓成效显著，从 2007 年至今重庆市农村居民财产性收入显著增长，从 43.76 元增加到 2012 年的 175.56 元，增长了近 4 倍，而且每年稳步可持续地增长。从重庆市提升农民财产性收入的做法中，我们可以总结出提升西部地区农村居民财产性收入的主要思路：获取财产性收入要以拥有财产存量为前提，当前我国绝大多数西部农村居民财富存量低，财富积累主要通过劳动收入的消费节约，要让西部农村居民财产性收入增长关键是要让这些居民有更多的劳动收入。农村居民劳动收入主要来源于第一产业、第二产业和第三产业，其中第一产业农民主要获得经营性收入，第二产业和第三产业农民主要获得工资性收入。要提高西部地区农村居民收入，需要分析不同产业对农民收入增长的差异。具体为：

1. 加强第一产业对农民收入增长的促进作用

在现阶段，我国第一产业因为受土地规模和农业技术的限制，其农产品产出价值的增长有限，从而制约了农民务农收入的提高。如下表所示，各年度第一产业的人均增加值都低于第二产业的人均增加值、第三产业的人均增加值和人均国内生产总值。以 2013 年为例，从事第一产业的就业人口为 24 171 万人，占总就业人口的 31.4%，而第一产业增加值为 56 957 亿元，占国内生产总值的 10.01%，人均产出价值低，这直接制约了农民收入的增长。

农业产业的发展对我国农村居民收入增长的促进作用有限，特别是在我国西部地区，由于西部地区地形等自然条件的制约，很多地区不仅农业生产条件差，基础条件也较差，而且在重庆等地甚至是人多地少。耕作技术的落后、耕种面积的有限、交易市场的不发达，严重制约了农村居民经营性收入的增长。因此，要增加西部地区农村居民的经营性收入，一个方面是在条件符合的地区采用农业现代化措施，提高耕种技术和耕种效率，例如在内蒙古、青海、甘肃等人少地多地区，可以改善基础设施条件，提高农业现代化水平，提高农业产出。另一方面，在人多地少的重庆、四川、云南等地区，要提高农业的现代化水平关键在于提高人均的土地耕作面积，实现农业生产的规模经济，通过规模

化、现代化来提高农业产出。由于土地的供给有限，只有转移农村富余劳动力人口到城镇就业，才能够增加农村居民的人均土地耕作面积。从 2004 年到 2013 年，随着我国农村富余人口向第二产业和第三产业的转移，我国第一产业就业人口持续下降，2004 年第一产业就业人口为 34 830 万人，到 2013 年第一产业就业人口为 24 171 万人，农业人口的下降，提升了第一产业人均就业人口的劳动价值。以 1978 年为基期计算第一产业的人均增加值（如表 10-1 所示），可以看出随人口的减少，人均第一产业增加值不断提高，从 2004 年的 19.25 元增加到了 2013 年的 49.62 元，增长了 2.58 倍，年均增长了 3.04 元，因此，农业人口的转移使农民的有效劳动效率提高了。如果第一产业就业人口不减少，有限的土地其产值增长是有限的。因此，要提高农村居民的收入，就要从根本上破除城乡二元结构，减少农业负担人口，加快西部地区的城镇化进程，城镇第二产业和第三产业的发展能够吸纳更多的农村居民就业。也就是说，农村居民收入的增长，不仅仅是农业产业发展的问题，还是如何和第二、第三产业联动、城镇化联动的问题。

表 10-1　　　　　　　2004 年到 2013 年各产业人均增加值　　　　单位：万元

地区 ＼ 年份	2013	2012	2011	2010	2009	2008	2007	2006	2005	2004
第一产业就业人员（万人）	24 171	25 773	26 594	27 931	28 891	29 923	30 731	31 941	33 442	34 830
人均第一产业增加值	23 564	20 321	17 856	14 512	12 193	11 263	9 315	7 526	6 704	6 148
人均第二产业增加值	107 761	101 184	97 770	85 790	74 781	72 496	62 336	54 894	49 306	44 229
人均第三产业增加值	88 474	837 610	75 216	65 925	57 252	52 353	45 629	36 679	31 963	28 410
人均国内生产总值	41 907	38 459	35 198	30 015	25 608	23 708	20 169	16 499	14 185	12 336
以 1978 年为基期计算人均第一产业增加值	49.62	44.51	40.88	34.64	30.35	29.21	25.45	21.33	19.95	19.25

数据来源：http://www.stats.gov.cn/tjsj/ndsj/。

其中：人均第一产业增加值＝第一产业增加值/第一产业就业人口

人均第二产业增加值＝第一产业增加值/第一产业就业人口

人均第三产业增加值＝第一产业增加值/第一产业就业人口

当第一产业居民的人数减少以后，每个务农居民的耕种面积就可以扩张，从而带来规模经济，使农民的经营性收入增加。除了增加耕种面积以外，还可以通过提供农民的农业生产技术，提高劳动效率和产出。例如，通过推进大中型农业灌区工程建设、加快实施小型农田水利工程、发展旱作节水农业和节水灌溉农田林地等基本农地设施改造，改善生产条件；通过农产品品种改良，提高单位产出；通过使用现代化农业机具，提高劳动效率，实施农机具购置补贴和税收优惠政策，鼓励农村居民使用现代化的农业机械；通过使用现代化农业管理技术，使动植物的病虫害减少，提高产出量。农民的农产品生产出来以后，还需要经过销售环节才能变为农民的经营性收入，提高农产品交易环节农民的利润也是提高农民经营性收入的有效途径，例如，在农村发展农产品电子商务，使农产品减少中间渠道，能够使农民获得更大的收入，节约更多的农业生产成本；建立大中型农产品批发市场和物流基地，加速农产品信息化的发展，能够促进农产品的销售；政府对粮食等重要的农产品采用保护价收购，能够保证农民的收入；农产品销售之后的收入，政府持续地给予减免税优惠，能够使农民的经营性收入增加。

2. 大力发展工业

由于第一产业对农民收入增长的促进作用有限，因此农民增收问题主要依赖于第二产业和第三产业的工资性收入增长，可以通过提高现有农村居民的工资率和增加农村居民在第二、第三产业就业人数两种途径来实现。由于现有的在城镇就业的绝大多数西部农村居民文化教育水平不高，主要从事产业链低端的低技术含量的工作，劳动价值低，劳动报酬增长困难。因此，要增加西部地区农村居民的工资性收入，主要依赖于增强第二产业和第三产业对农村人口的吸纳能力，使更多的农村居民能够在第二产业和第三产业就业，并获得工资性收入，这需要促进西部地区工业化和城镇化发展。

加快西部地区工业化的发展，增加工业化对农民收入的促进作用。首先，工业化的发展增加了对劳动力的需求，促进了农业人口从务农向工业生产转移，工业产出的增值较大，技术创新和制度变革快于农业部门，从而使得工业部门的劳动生产率高于农村部门，这就导致城镇的工资性收入普遍高于农民的务农收入。农村人口向工业的转移，不仅增加了部分农民的收入，而且使得城乡居民之间工资性收入造成的收入差距缩小。大卫·李嘉图的《政治经济学及赋税原理》中认为城乡居民收入差距产生的根源在于工业和农业两部门在生产方式和产品需求方式上所存在的差异。随着农业人口向工业生产转移，农业劳动者收入水平低于城镇就业者收入水平的状态有所调整，有利于城乡收入差距的缩小。其次，工业化不仅有利于提高农民的绝对收入水平，而且有利于提高农民的相对收入水平。此外，工业发展，意味着需要更多的原材料投入，这就增加了对农产品等原材料的需求，从而促进了农业的发展，增加了农民的收入。农业人口向城镇人口的转移，农村的人均耕地面积会提高，从而提高了农村居民的经营收入，而农村人口转移到城镇，又扩大了对农产品的有效需求，从而有利于提高农民的务农收入。

工业化的发展可以有技术密集型和劳动密集型两种途径。技术密集型的工业化发展路径将提高资本的密集程度并降低工业增长的就业弹性，而且对员工的素质要求较高，农村居民现有的技术技能和知识水平往往难以满足，对农村居民的就业吸纳能力有限。但这类产业的市场竞争力较强，对地方产业的升级、产业机构的调整具有带动作用，西部地区可以根据自身的基础条件大力发展这类产业，作为地方产业的龙头，带动其他产业发展。劳动密集型的工业，其资本的密集程度较低，就业弹性高，能够吸纳更多的农村劳动力。但是这类产业的市场竞争力往往较弱，当其他地区的劳动力成本下降时，这些产业的竞争优势就会受到挑战。西部地区可以着重发展本地区具有特色的劳动密集型产业，通过特色产业的市场垄断提高市场竞争力。西部地区的工业化发展不是仅仅考虑单个城市的定位和布局，而是要建立城市群、城市圈的产业协调发展机制，依托现有产业基础和比较优势，联手打造优势产业集群，提升产业的协同效应，有序推进跨区域产业转移与承接，加快产业转型升级，构建具有区域特色的现代产业体系。此外，国际经验表明，国际上大多数国家和地区的第三产业就业人员远多于第二产业就业人员，中高等收入国家的第三产业就业人员也是第二产业的2~3倍，大力发展就业弹性大的服务业，建设现代服务业集聚区，也能够促进西部地区农村居民工资性收入的增长。

在促进农村居民进城务工获得工资性收入的同时，政府需要加强对劳动者工资水平的调控和指导，介入市场的分配体系，通过立法和制度保障农村居民收入获取与增长，维护农村居民劳动报酬权益。

3. 加速西部城镇化发展

随着工业化的发展，越来越多的农村人口到城镇就业、生活和发展，这就需要城镇提高吸纳能力，加快城镇化发展。西部地区第一产业就业人口所占的份额较高，城镇化提高的空间较大，2012年西部地区城镇化率仅为45.98%，低于全国52.57%的平均水平。城镇化不是一蹴而就，不是仅仅让农村居民迁移到城镇工作生活，而是一个缓慢的、人口增长与城镇经济互动的过程。过度城镇化会导致城镇的承载能力难以满足人口发展的需要，城镇化不足会导致城镇的发展得不到足够数量人口的支撑。因此城镇化发展，首先要做好科学的城镇化规划，从产业发展、城镇容纳能力、城镇科学配套、城乡协调发展、城镇之间协调发展等方面进行合理的全方位的规划。其次，注重城镇化发展的内涵质量，不搞千城一面，不仅仅注重 GDP，只关注就业数量，而是在城镇经济发展的同时要注重环保、生态的可持续发展模式，要以人为本，关注生活、娱乐、教育、医疗等配套设施的发展，实现人与自然的和谐发展。

4. 促进城乡一体化协调发展

长期的城乡二元发展模式，不仅使农村居民的收入低于城镇居民，而且农村居民的社会保障、公共服务等方面都无法取得和当地市民平等的权利与待遇。这使得农村居民迁移到城镇生活和工作的成本增大，保障不足，农民进城的动力不足。因此，要促进农民市民化和城镇化发展，我国需要改革城乡分割的户籍制度，促进农村剩余劳动力向城市的自由流动，完善社会保障体系，实现公共服务的均等化，统筹考虑进城务工居民的就业、医疗、养老、孩子教育、职业教育等问题，这样才能提高城镇对农村居民的吸引力，才能促进城镇的健康发展，避免城镇化造成贫民窟、鬼城。

建立城乡一体化的社会保障体系和公共服务均等化，不仅在于改善民生、维护公正、保持稳定等社会意义，对于促进经济增长、居民收入增长也具有重大的意义。首先，城镇各项服务产业和公共服务的全面发展，蕴含了很多服务业的发展机会，可以创造无数就业机会，增加居民的工资性收入；其次，健全完善的社会保障体系，如养老、医疗、教育等保障体系的均等化，能够减少农村居民的现期和预期支出水平，减少农村居民的后顾之忧，例如公租房、廉租房的建设，能够使得农民能够在现有收入水平下有更多的财产积累，从而获得更多的财产性收入。

三、盘活农民现有财产，促进财产性收入的可持续性增长

土地和房产是农民最主要的财产，但是这部分财产由于权利受到限制，因此市场交易不足，难以体现其资产的市场价值。与此同时，土地的细碎化经营制约了农村生产力的发展，难以实现土地规模经营，导致农村居民人均产出较低。推进农村土地制度创新，健全农村土地承包经营权流转市场，推动农村宅基地及其房产的流转，探索以土地使用权入股取得分红、收取租金收入等形式，使农民从土地的使用或转让中增加财产性收入是盘活农村居民房产、土地的最重要途径，也是提高农村生产力的重要途径。在重庆市盘活农民现有土地和房产的做法中，有以下经验可以借鉴：

（1）对于农地、林地、草地，重庆市盘活这些资产的方法是：在农村土

地承包期限内和不改变土地用途的前提下，允许以农村土地承包经营权出资入股设立农民专业合作社，经区县人民政府批准，在条件成熟地区开展入股设立公司和独资、合伙等企业的试点工作。这种做法首先明确了经营范围是与农业生产相关的项目，实现了防止土地用途发生变更，保护了农用地的农业用途，与现行法律规定相吻合。重庆市的公司化经营与目前各地土地流转的转包、互换、出租、转让等形式相比，有更多的优势：①转包、互换、出租常常是单个农民之间的行为，这种方式难以实现农用地大规模经营，而且农户本身受资金、技术等条件的限制，难以实现农业普遍的现代化经营，且受合同期限的影响，权利人并没有稳定经营的预期，从而导致农业投入意愿受到限制。②转让，依然是单个农民之间的行为，依然难以满足农业规模化、现代化的经营需要，而且转让产生的收益是一次性的，农民很难通过此种方式获得持续的稳定的土地增值收益。③重庆市以农村土地承包经营权入股设立有限责任公司，农民以土地等生产要素入股，公司土地统一建园标准、统一规划、统一管理、统一采购农资、统一销售，有利于实现农业经营的现代化和规模化，降低农业经营的成本，提高农业的生产效率，同时也将更多农村劳动力从土地中解放出来，通过雇佣劳动农民可以获得工资性收入，与此同时通过农地入股，通过保底收入、分红收入等方式获得持续性的财产性收入，农民不仅分享了土地的增值收益，保证了对土地的长期收益权，还有机会获得工资性收入，从根本上增加了农民增收的渠道。这种做法有别于很多地区的农民土地征用，农地、林地等一次性转让，让农民的财产性收入成为长期性的收入来源。

（2）农村集体建设用地。集体建设用地是乡村两级集体经济重要财产，农民能够据此获得集体建设用地增值收益和集体经济股息红利。但依据现行规定，集体建设用地和集体经济收益受到一定程度压缩。调研的佛山市两村都实行了集体经济农民入股，人均占有1~3股，近年每股年分红1 200~4 800元。这些分红很大程度上来源于集体建设用地出租收益，如果集体建设用地用途有所放开，农民能够获得更多分红。农村居民包括宅基地及其附属设施用地、乡镇企业用地、农村公共设施和农村公益事业用地等农村集体建设用地，土地所有权归集体，但宅基地永久使用权归属于农村居民，宅基地对农民来说具有福利性和社会保障性，是农民基本的生活保障，是农民的重要财产之一。这类资产国家规定通过出让、转让、出租方式取得的集体建设用地不得用于商品房地产开发和住宅建设，乡村集体成员使用集体建设用地兴办的企业和住房不能出让、转让、出租，长期以来农村集体建设用地与城市国有建设用地不同权、不同价，制约了农民集体建设用地增值带来财产性收入的途径，重庆市通过以下做法盘活了这类财产：①确权，对农村居民的宅基地进行排查。对集体所有权和使用权的权能做出清晰的界定，通过权能登记发证的形式对土地所有权予以确认。②复垦。对农村宅基地、一些废弃的远郊乡镇企业用地，经过复垦将这些闲置的土地变为符合栽种农作物要求的耕地，并经过土地管理部门严格验收后所产生的建设用地指标形成地票，由国土部门颁发凭证。重庆市还规定，凡农户申请宅基地复垦，必须有其他稳定居所，而且有稳定工作或稳定生活来源。同时规定复垦整理新增的耕地继续由原宅基地农民承包经营；自己不经营的，可再次流转，获得相应收入。③建立地票市场，重庆农村土地交易所以"地票"作为主要交易标的，通过城市建设用地增加与农村建设用地减少的增补平衡，农村和城市土地同地、同价、同权，从而使农村建设用地浪费问题得到了解决，使城市建设用地紧张的矛盾得到了缓解，保证了城乡的建设用地总量不增加、耕地总量不减少。通过地票交易制度，也使农村土地价值得到了增值，实现了产权的价值，以重庆为例，地票制度实行 5 年来，每亩复垦耕地地票的价格也经历了 8 万到 20 多万元的演变。同时，经过多年的摸索，重庆市目前规定地票的保护价格不能低于 12 万元，进一步保障了农村土地转移的收益。④合理的收益分配制度。地票交易收益是农村集体土地的收入，为进一步保护农民权益，需要用制度的形式规定农民和集体的收益分配比例，以保证地票交易的绝大部分收入归农户所有。以重庆市为例，重庆市政府规定在地票收益分配上，制定了 85∶15 的分配方案，即把地票成交价格扣除成本以后的85%给农民，15%给集体经济组织，地票的绝大部分收入归农民家庭所有，农村集体经济组织获得的土地收益，主要用于农民社会保障和新农村建设等。重庆市的这些措施巧妙地绕开了现行法律的相关制约，符合了《物权法》的相关规定，使农民市民化后闲置的宅基地资源得到了充分的利用，减少了农村土地浪费，大幅度地提升了偏远地区农村土地价值，增加了农民的财产性收入，促进了农民的城镇化和土地流转的意愿，促进了农村劳动力的转移，提高了农民进入城镇后的生活保障水平和发展能力。

除了盘活农民存量财产外，重庆市的城乡统筹改革还通过制度改革赋予农村居民财产，增加农村居民财产。例如新农村建设，其就使农村居民在城镇拥有了住房，而且让农村居民在城镇有多余的住房以获得财产性收入。

此外，重庆市还通过公租房、廉租房等制度，降低进城务工农村居民购买住房或者租住住房的价格，这些都有利于农村居民财产积累和财产性收入增长。

四、促进西部地区农民职业化教育

在市场经济体制下，影响居民财产性收入的重要因素是居民个人的能力和居民的收入积累水平。收入积累水平由居民的收入和居民的支出决定，而居民的个人能力主要是通过教育和实践来培养。因此，要促进农村居民财产性收入的增长，需要提高农村居民的知识和技能水平，特别是在信息技术、知识经济日益发展的今天，纯体力劳动的岗位越来越少，对劳动者的技能、知识和品德要求越来越高。劳动者的劳动贡献的大小，一般而言，与他所接受的教育和文化程度成正比，接受的文化教育程度越高其收入越高。

农业现代化生产，不仅要求农民愿意规模化生产，而且要求农民有文化、懂技术、会经营，这些现代农业生产、经营、管理技术需要通过传统教育、传帮带、职业教育等多种形式来培养，农村职业教育具有基础性和战略性的地位，要实现农业现代化，需要把农村居民培养成为职业农民，这就必须加大对农村教育、农村职业教育的投入。此外，农村富余的劳动力转移到第二产业和第三产业，这些产业的知识含量更高，技术发展速度更快，农村居民需要不断地更新已有的知识、技术，不断地学习相关的产业政策和职业要求，使自身能够胜任不断变化的岗位工作要求。最后，农村居民的市民化，需要融入城镇的发展，需要学习环境保护、生命安全等人本主义观点，需要学习相关的法律、法规以文明、守法地生活和工作，这些都需要不断深化农民的职业教育。职业教育的发展将为工业化发展和城镇化发展奠定良好的基础。同时，随着各种专业教育、职业教育的推进，农民的知识水平不断提高，人力资本价值不断提升，其投资理财意识会逐渐改变，个人的投资判断能力会显著增强，这将有助于农村居民更合理地投资其已有财产，有助于财产投资收益率的增长，从而促进农村居民财产性收入的增长。

五、加快农村金融的发展

当前我国的金融机构及其主要业务主要覆盖城市，而在广大的农村地区其则非常薄弱，在一定程度上限制了农民财产性收入的增加。因为农村金融发展的滞后，使股票、证券、债券等投资方式难以延伸到农村，农村金融机构很少有专门针对农民的理财项目，农民能够参与的金融商品有限①，农村居民获得金融机构融资的能力弱，这些都致使农民的财产性收入增长渠道受到限制。大力发展农村金融，是提高农村居民财产性收入的关键渠道。重庆市主要有以下做法：

（1）大力发展农村金融机构。完善农村基层金融服务体系，规范发展多种形式的新型农村金融机构和以服务农村为主的地区性中小银行，使乡镇 POS 机布设和定时流动金融服务基本实现全覆盖。

（2）通过三权抵押，提高农民的信贷融资能力。过去只能靠民间借贷完成融资计划，而城市居民可以通过抵押贷款、按揭等形式向银行借款融资来增加财产的增值能力。重庆市通过"公司（专业合作社）＋基地＋农户""基地农户"等增信方式为农民提供了方便快捷的金融服务，对中低收入家庭提供利率补贴等方式减少其费用负担，支持农户小额信用贷款。这些措施促进了农民财产性收入的增长。

（3）积极推进"三农"保险，扩大政策性农业保险覆盖面，降低农业的风险和损失，提高农业的收益，有利于提高农民的收入。

（4）发展农村信息产业，发展农产品电子商务和网络证券交易。通过参与现代化的电子市场，使农民的产品能够缩短流通过程，降低流通费用，增进与消费者的黏性；使农民有机会接触各种投资产品，不断完善自己的投资组合，从而获得更高的投资收益率。

六、加强税收对财产性收入的调节

家庭由于劳动收入的差距，因为制度改革或者权力寻租或者继承等导致获得财产机会的不平等，从而导致居民家庭拥有的财产基数不同。在生产流通过程中，收入分配依照要素贡献，必然导致财产性收入差距的进一步扩大。与此同时，财产性收入增长的自我强化，也会导致居民投资收益率的不同。另外，受宏观经济环境、制度变革、居民的人力资本积累等因素的影响，也会产生财产性收入分配的不平等。所以，影响居民财产性收入的因素可谓是多样的，每一影响因素的作用方式也不尽相同。这也就是说，对居民财产性收入的调控难

---

① 闫章荟，包志明. 农民增收缓慢的症结分析 [J]. 湖南农业大学学报：社会科学版，2007 (8)：29-32.

度将大于对居民劳动收入的调控，而且有些因素是政府能够调控的，而有些方面却是受到个体因素的影响。但是一国政府如果自由放任财产性收入的分配，那么必然出现的一个现象就是财产性收入普遍不平等，社会贫富差距扩大。因此，任何一个国家都有必要而且必须对居民财产性收入的差距和财产性收入的增长进行合理地调控，尽管其难度很大。

虽然农村居民之间的财产性收入差距不是当前的主要矛盾，但是我国城乡之间的财产性收入差距还是非常大，在增加农村居民财产性收入的同时，我国有必要借鉴发达国家的财产性收入调解方法，通过税收制度的完善，缩小我国城乡居民之间的财产性收入差距。目前世界各国的遗产税、赠与税和财产税主要是对财产征税，这些税种有助于防止社会财富过度集中，缓解财产性收入分配不公，杜绝不劳而获，具有积极意义，是个人所得税对财产性收入分配调节的有利补充。我国可以借鉴这些税法，结合我国的实际，在适当时机开设这些税种来调节居民之间的财产性收入差距。

当前我国采用的分类所得税制，不利于对居民不同来源的收入进行统一调控，不利于缩小居民收入差距，有必要改变传统的征税模式，逐步推行综合所得税制，实行对同一纳税人的各项收入所得合并，不管其所得来源，一并按照适用的超额累进税率计算纳税。综合所得税一方面有利于提高中低收入居民的财产性收入。部分原来要征税的财产性收入在综合税制下因其总收入低可能不会征税。另一方面有利于矫正工资性收入与财产性收入的"税率倒挂"现象。工资性收入和财产性收入都属于收入，相同收入相同税率，而且高收入家庭往往是财产性收入高，而不是工资性收入高，高收入高税率。从财产性收入调控的税收体系来看，我国目前对财产性收入的调控还没有形成系统的调控体系，例如对财产基数则没有纳入到调控的范畴，财产收益率、财产性收入获得机会等对不同群体的差异也鲜有政策从财产性收入调控的角度给予考虑，更多的调控政策是针对劳动收入和各类财产性收入结果进行调节。

总之，我国有必要从总体上统筹、设计、调控居民财产性收入的途径，从财产基数、投资收益率、获得机会、财产性收入再分配等方面全面设计财产性收入的调控思路，运用经济、法律和行政的手段促进广大群众财产性收入增长的同时，合理控制居民之间财产性收入的差距。例如，对财产基数的调控，除了合理控制居民的劳动收入差距外，还可以对继承和被赠与的财产进行控制，对权力寻租收入等严格立法，提高其违法的成本，通过制度改革提高低收入群体的财产；对于投资收益率和获得机会，可以通过教育培训等方式提高低收入家庭的人力资本积累；通过小额贷款的优惠提高低收入家庭的融资负债能力；

通过对家庭不同储蓄额度给予税收优惠或者利息优惠等措施，扶持低收入家庭财产性收入的增长；对于财产性收入再分配，可以完善现行的个人所得税税法，由分类所得税转向综合所得税，全面综合地调节居民的收入差距。

参考文献

[1] 夏锋. 增加群众财产性收入是缩小贫富差距的重要举措 [J]. 思想工作, 2008 (3): 20-21.

[2] 宋玉军. 我国大众居民财产性收入的机会创造与政府作为 [J]. 统计与决策, 2008 (14): 45-48.

[3] 任静, 赵亚静. 缩小财产性收入差距的对策分析 [J]. 辽宁师范大学学报: 社会科学版, 2009 (3): 35-37.

[4] 易宪容. 关于财产性收入 [J]. 银行家, 2008 (9): 130-131.

[5] 张胜波. 统计显示我国居民收入差距拉大 财富过度集中 [N]. 南方日报, 2011-12-06.

[6] 诺思. 制度、意识形态和经济绩效 [M]. 上海: 三联书店, 上海人民出版社, 2000: 109.

[7] 张合林. 实现农民的土地财产权益是增加农民财产性收入的根本途径 [J]. 城市发展研究, 2008 (5): 72-76.

[8] 刘巧绒. 增加农民土地财产性收入的土地产权障碍 [J]. 经济研究导刊, 2008 (11): 63-64.

[9] Lopes, Lola. Between Hope and Fear: the Psychology of Risk [J]. Advances In Experimental Social Psychology, 1987, 20: 255-295.

[10] 刘飞, 谢建文. 关于增加农民财产性收入的几点思考 [J]. 商业经济, 2008 (3): 5-6.

[11] 唐雪梅, 赖胜强. 财产性收入的社会经济影响及分配优化途径研究 [J]. 管理现代化, 2013 (1).

[12] Diener E. Subjective Well-being [J]. Psychological Bulletin, 1984, 95 (3): 542-575.

[13] Veli-Matti Tormalehto. Issues in Data Quality and Comparability in EU-SILC [R]. SSRN Working Paper, 2007.

[14] 迈克尔·谢若登. 资产与穷人 [M]. 北京: 商务印书馆, 2007.

[15] 贾康. 调节财产分布 培育"橄榄型"社会结构 [J]. 财经界, 2011 (7).

[16] 袁文平. "让更多群众拥有财产性收入"的意义重大 [J]. 财经科学, 2007 (11).

[17] Mitchell JM and Hadley J. Effects of Managed Care Market Penetration on Physicians' Labor Supply Decisions [J]. Quarterly Review of Economics and Finance, 1999, 39 (4): 491-511.

[18] 覃建芹. 基于土地制度改革的农村居民财产性收入增收研究 [J]. 管理现代化, 2011 (1).

[19] 韩士专. 幸福经济学之"收入观"新解 [J]. 江西社会科学, 2007 (3).

[20] Diener, E., Suh, E. M., Lucas, R. E., Smith, H. L. Subject Well-being: Three Decades of Progress [J]. Psychological Bulletin, 1999, 125: 276-302.

[21] Diener E, Biswas-Diener R. Will Money Increase Subjective Well-being? A Literature Review and Guide to Needed Research [J]. Social Indicators Research, 2002, 57 (2): 119-169.

[22] E. R. A. Seligman. 世界租税名著翻译丛书 (23) ——租税法 [M]. 蔡宗义, 译. 台北: 台湾"财政部"财税人员训练出版社, 1985: 139-140.

[23] Cummins R A. Personal Income and Subjective Well—being: A Review [J]. Journal of Happiness Studies, 2000, 1: 133-158.

[24] Johnson W, Krueger R F. How Money Buys Happiness: Genetic and Environmental Process Linking Finances and Life Satisfaction [J]. Journal of Personality and Social Psychology, 2006, 90 (4): 680-691.

[25] Biornskov, C. Determinants of Generalized Trust: A Cross-Country Comparison [J]. Public Choice, 2006, 130: 1-21.

[26] Rosenberg, M. Society and The Adolescent Self-image [J]. Princeton: Princeton University Press, 1965.

[27] Skinner, E. A. A Guide to Constructs of Control [J]. Journal of Personality and Social Psychology, 1996, 71: 490-570.

[28] Emmons R A. Personal Strivings: An Approach to Personality and Subjective Well-being [J]. Journal of Personality and Social Psychology, 1986, 51(5): 1058-1068.

[29] Cummins, R. A. Personal Income and Subjective Well-being: A Review [J]. Journal of happiness Studies, 2000, 1: 133-158.

[30] Glaeser, E. L., Laibson, D., and Sacerdote, B. An Economic Approach to Social Capital [J]. Economic Journal, 2002, 112: 437-458.

[31] Raffalovich, L. E. Growth and Distribution: Evidence from a Variable Parameter Cross-National Time-Series Analysis [J]. Social Forces, 1999, 78: 415-432.

[32] 张世伟, 周闯. 中国城镇居民不同收入群体的劳动参与行为——基于参数模型和半参数模型的经验分析 [J]. 管理世界, 2010 (5): 56-64.

[33] Sirgy M J. Materialism and Quality of Life [J]. Social Indicators Research, 1998, 43 (3): 227-260.

[34] 高敏雪, 王丹丹. "群众" 所拥有的财产性收入 [J]. 中国统计, 2008(1): 24.

[35] 刘伟. 房租的 "非财产性收入" 属性及居民收入分类研究 [J]. 统计研究, 2011 (6): 22.

[36] 白暴力. 让城乡居民收入稳步增长——为什么要深化收入分配制度改革 [M]. 北京: 人民出版社, 2008.

[37] 黄范章. 推行 "财产性收入" 大众化 深化收入分配体制改革 [J]. 经济社会体制比较, 2011 (2): 169-173.

[38] 张俊伟. 财产性收入与居民消费关系初探 [J]. 重庆理工大学学报: 社会科学版, 2010 (5): 4.

[39] Frederic L. Pryor. The Anatomy of Increasing Inequality of US Family Incomes [R]. SSRN Working Paper, 2006.

[40] 李实. 鼓励财产性收入将会加剧社会财富的集中 [J]. 人民论坛, 2007 (23): 23.

[41] 罗楚亮, 李实, 赵人伟. 我国居民的财产分布及其国际比较 [J]. 经济学家, 2009 (9): 90-99.

[42] 王天夫. 家庭财富累积影响未来社会结构 [N]. 中国社会科学报, 2010-09-08.

[43] 秦交锋. 居民财产性收入增长存在的问题 [J]. 人民论坛, 2007 (23).

[44] 王一鸣. 分配制度改革助推经济发展方式转变 [N]. 中国经济时报, 2007-11-08.

［45］ Robert J. Lampman. The Share of Top Wealth Holders in National Wealth ［M］. Princeton：Princeton University Press, 1962.

［46］ 杜鹏，汪锋，张宗益. 时间和收入来源对城市居民收入分配差距的影响——对深圳市城市居民家庭收入变动性和收入来源的实证研究 ［J］. 统计研究, 2008（12）：22-29.

［47］ 权衡. "收入分配——收入流动"现代框架：理论分析及其政策含义 ［J］. 学术月刊, 2008（2）：82-87.

［48］ Kotlikoff J. Laurence and Lawrence H. Summers. The Role of Intergenerational Transfers in Aggregate Capital Accumulation ［J］. Journal of Political Economy, 1981, 89(4)：706-732.

［49］ Samuelson, W., R. J. Zeckhauser. Status Quo Bias in Decision Making ［J］. Journal of Risk and Uncertainty, 1988, 1：7-59.

［50］ Shefrin H, R Thaler. The Behavioral Life of Cycle Hypothesis ［J］. Economic Inquity, 1988（24）：609-643.

［51］ Shefrin, H. M., M. Statman. Explaining Investor Preference for Cash Dividends ［J］. Journal of Financial Economics, 1984, 13（2）：253-282.

［52］ 李爱梅，等. 中国人心理账户的内隐结构 ［J］. 心理学报, 2007, 39（4）：706-714.

［53］ 张隆宏. 台湾地区个人捐赠行为及其所得诱因效果 ［J］. 财税研究, 2003, 35（4）.

［54］ Daneshvary, N., W. A. Luksetich. Income Sources and Declared Charitable Tax Deduction ［J］. Applied Economics Letters, 1997, 4（5）：271-274.

［55］ Mitchell JM and Hadley J. Effects of Managed Care Market Penetration on Physicians' Labor Supply Decisions ［J］. Quarterly Review of Economics and Finance, 1999, 39（4）：491-511.

［56］ 吴丽民，陈惠雄. 收入增长与幸福指数演化——基于浙江的实证分析 ［J］. 现代经济探讨, 2009（6）.

［57］ Banerjee, A., A. Newman. Occupational Choice and The Process of Development ［J］. Journal of Political Economy, 1993, 101：274-298.

［58］ 李恩平，李沁生. 增加财产性收入：基础、意义与问题 ［J］. 前进, 2007（12）.

［59］ 杨新铭. 城镇居民财产性收入的影响因素——兼论金融危机对城镇居民财产性收入的冲击 ［J］. 经济学动态, 2010（8）：62-66.

[60] 黄静，胡昊，屠梅曾. 我国住房公积金制度公平问题分析 [J]. 上海管理科学，2009（6）：84-87.